暨南大学高水平大学建设经费资助丛书

暨南史学丛书

糖·明清广东社会研究论丛

周正庆 著

中国社会科学出版社

图书在版编目(CIP)数据

糖·明清广东社会研究论丛 / 周正庆著 . —北京：中国社会科学出版社，2019.7
ISBN 978-7-5203-4523-1

Ⅰ.①糖… Ⅱ.①周… Ⅲ.①制糖工业—工业史—广东—明清时代 Ⅳ.①F426.82

中国版本图书馆 CIP 数据核字(2019)第 105027 号

出 版 人	赵剑英
责任编辑	刘　芳
责任校对	闫　萃
责任印制	李寡寡

出　　版	中国社会科学出版社
社　　址	北京鼓楼西大街甲 158 号
邮　　编	100720
网　　址	http://www.csspw.cn
发 行 部	010-84083685
门 市 部	010-84029450
经　　销	新华书店及其他书店
印　　刷	北京明恒达印务有限公司
装　　订	廊坊市广阳区广增装订厂
版　　次	2019 年 7 月第 1 版
印　　次	2019 年 7 月第 1 次印刷
开　　本	710×1000　1/16
印　　张	19
插　　页	2
字　　数	280 千字
定　　价	89.00 元

凡购买中国社会科学出版社图书，如有质量问题请与本社营销中心联系调换
电话：010-84083683
版权所有　侵权必究

序

对于个人文集，本人深为敬仰，在我的意识认知中，出版文集是讲资格的，大约必须具备两个条件方有资格出个人文集：一是名家大学，如郭沫若文集、季羡林文集等；二是耄耋老者，是个人学术总结之作。所以对于本人所在的文学院历史学科组通知，要给老师出版个人文集一事，也就没有关注。忽一日，作为历史学科领导者，暨南大学古籍所所长刘正刚教授给我打电话，希望我能出个文集，并且很认真地说希望能够支持学科组的工作，我很是愕然，既非大家，又非硕老，岂敢贸然出个人文集！然而为刘教授的真诚所感动，犹豫再三，考虑又是学科组布置的任务，只得应承，然仍心有戚戚，权且当作治史路上的一次期中总结吧。

既然是本人一次学术史的期中回顾，其主线就应以本人学术史的开始进行编辑，我发表的第一篇论文是《朱元璋重农政策研究》，发表于《广西师范大学学报》1991年研究生专辑增刊。之所以收入论文集中，不仅因为它是我学术史的开端，也因为它是硕士导师钱宗范先生指导的结果。论文所发虽为增刊，但钱老的关心与做学问的认真恍如昨日般影响着我的学术之路，此文也就有着非常之意义。

本人的学术研究方向有三个：一是中国糖业的发展与社会生活研究；二是明清广东社会史；三是闽东文书的整理与研究。

本人前期主要研究中国糖业的发展与社会生活，是文集的第一篇，以博士期间师从冯尔康先生作中国糖业史研究为主要方向，所收集的论文与中国糖业史相关。

中期主要关注广东社会，包括广东海防史、广东社会和人物，由本论文集的第二篇与第三篇构成。

序

论文集的第二篇是与鸦片战争博物馆进行科研合作的项目,是参与吴宏岐教授主持编写的《广东历史海防地理研究·明代卷》其中的一部分,内容主要涉及明代后期广东海防研究,由两篇海防史论文构成。

构成论文的第三篇多为参加各种学术研讨会撰写的论文,大多被收入会议论文集。关注面主要是明清广东社会与人物。

后期,本人在中山大学跟随陈春声、刘志伟教授做博士后研究,其间一直有兴趣而没有正式展开的地方文献研究,因机缘巧合,本人在闽东新发现了大量的民间文书,故学术方向有所转型,近年主要以对闽东民间文书的收集与整理为主,未来的学术生涯也将围绕这一领域展开研究,因研究正在进行,故所发表和撰写的论文,本次文集不做收录。

最后感谢暨南大学文学院历史学科组刘正刚、刘增合等领导,给了我一个反思与检视自己学术之路的机会,更重要的是使自己能有机会得以以论文集的形式致敬我在硕士、博士、博士后学习与研究阶段的导师。

2017年2月28日于广州旺水斋

目 录

第一篇 糖与古代中国社会

中国古代蜜糖的生产及其社会功用概论 …………………………（3）
16世纪中叶以前我国蔗糖业生产概论………………………………（13）
16世纪中至17世纪初我国蔗糖业生产技术的发展
　及其影响………………………………………………………………（27）
明清时期我国蔗糖外销的流向………………………………………（40）
清代广东糖业国内营销网络试析……………………………………（50）
清代广东民俗岁时用糖探究…………………………………………（64）
清末民初广东社会民俗中用糖的文化理念…………………………（75）
明清时期医学用糖的演变及其原因初探……………………………（86）
试述清人饮食用糖的特点……………………………………………（97）

第二篇 明清广东海防研究

明代广东沿海巡检司与营堡的地域分布 …………………………（113）
明末广东海防体系研究 ……………………………………………（157）

第三篇 明清广东社会

论朱元璋重农政策 …………………………………………………（211）
清代名臣陈宏谋 ……………………………………………………（220）
葡人入居澳门策略研究 ……………………………………………（228）
从《岭南摭怪》看15世纪越南的民间传说 ………………………（240）

17世纪民间天道观研究
——基于《广东新语》的讨论 ………………………………（249）
素馨出南海　万里来商舶
——清代中期以前的素馨花研究 ………………………（258）
晚清岭南大儒简朝亮学术思想研究 …………………………（278）
清末民初广州城市的环卫制度与环境整治 …………………（285）

第一篇
糖与古代中国社会

中国古代蜜糖的生产及其
社会功用概论

蜜糖的生产与使用在我国有着悠久的历史。在古代，蜜糖是仅次于蔗糖和饴糖的糖类食品，在人们的日常生活用品中有着较为重要的地位。然而，学者对蜜糖生产与使用的研究甚少，迄今为止没有专文对此进行论述。笔者在研究蔗糖业过程中对此有所关注，因而草成此文，希望抛砖引玉，得到同人们的指正。

一 蜜糖的生产

蜜糖，即蜜蜂所酿制的糖，蜜糖的生产即人类采集蜜糖的过程。
因为蜜糖能够在自然界中获得，所以人类利用蜜糖的历史肯定十分悠久。从《古今图书集成》①等书中所收集到的历史文献中我们看到，从周代开始已经有关于人类利用蜜糖的历史记载了，而人类实际利用蜜糖的时间，肯定比文献记载的要早。此后，人类利用蜜糖的历史典故在史书中时常出现。

两晋时，人类对野生蜜的采集已具较高的技巧与水平，我们可从晋人郭璞所作的《蜜赋》中有所了解："繁布金房，迭构玉室，咀嚼滋液，酿以为蜜。散似甘露，凝如割肪，冰鲜玉润，髓滑兰香。穷味之美，极甜之长，百果须以谐和，灵娥御以艳颜。"②

---

① 陈梦雷等：《古今图书集成》卷302《食货典·蜜部》，中华书局、巴蜀书局1988年版。
② 陈梦雷等：《古今图书集成》卷302《食货典·蜜部》。

考察人类利用蜜糖的历史，笔者认为唐代是具有划时代意义的历史时期。我们在唐代以前的许多文献中，均可以见到人类利用蜜糖的有关记载，但我们并没有能够从文献中发现人类对蜜蜂进行驯养、利用以及采集人工蜜的例子。因而笔者认为，以唐代为界，可以将蜜糖生产历史分为前后两个阶段。前一个阶段是人类采集与利用野生蜜的过程。唐代以前，因为蜜糖的生产是以采集自然界的蜂蜜为主，许多文献如《古今图书集成》等古代文献中均有比较详细的记载，笔者不打算再作罗列。后一个阶段是人类以利用野生蜜为主，兼以养殖蜜蜂、取蜜为辅的历史过程，而人类驯养蜜蜂与采蜜的过程，是技术不断获得改进与发展的进程，人类如何驯养蜜蜂和生产蜜糖是本文研究的重点。

人类对蜜蜂的驯养与认识是一个循序渐进的发展进程，通过对史料的分析，我们大致可以勾勒出这样的一个轮廓。至少在两晋时，人们养蜂取蜜，掌握较为熟练的技巧。我们可以通过张华的《博物志》了解这一点："人家养蜂，以木为器，开小孔，以蜜涂器，捕三两蜂纳器中，宿昔，蜂飞出将伴来，作蜜多少，随岁丰俭。"①

至唐，人们对蜜蜂了解更加深刻。唐代著名诗人贾岛曾经在诗中写道："凿石养蜂休买蜜，坐山秤药不争星。"②诗中告诉我们，至少从两晋开始，人类已经开始驯养蜜蜂、取蜜的事实。唐代文人段成式对自己隐居乡野、种果养蜂的桃花源式生活作了如下记载："成式修行里私第，果园数亩。壬戌年，有蜂如麻子蜂，胶土为巢于庭前檐，大如鸡卵，色正白可爱。"③唐代的人们在养蜂的过程中，知道蜜蜂有许多种类，并且逐渐对蜜蜂的习性有所了解。比如，唐人对竹蜜蜂习性的记载是："蜀中有竹蜜蜂，好于野竹上结巢，巢大如鸡子，有带，长尺许。巢与蜜并绀色可爱，甘倍于常蜜。"④蜂蜜质量的好坏，蜜蜂采蜜的时间和收取蜜糖的时间是关键。唐人在这方面已经有了一定的理论认识，认为"开蜜，以此月（六月）为上，若韭花开后，

---

① 张华著，范宁校正：《博物志》，中华书局1980年版，第166页。
② 陈梦雷等：《古今图书集成》卷302《食货典·蜜部》。
③ 段成式撰，方南生点校：《酉阳杂俎》前集，卷17，中华书局1981年版。
④ 同上。

蜂采则蜜恶而不耐久"①。所以，唐代所产的蜜在质量方面是不错的，北方所产的白蜜更是"如凝酥，甘美耐久"②。

宋代，蜜糖生产有所创新。宋人无论是在野外采蜜，还是人工采蜜均比前代有了较大的进步。在野外采蜜，宋人总结出了一套较为有效的办法。例如，在采集收获难度比较大的崖蜜时，宋代文献是如此记载当时采集情况的："崖蜜者，蜂之酿蜜，即峻崖悬置其巢，使人不可攀取也。而人之用智者，伺其巢蜜成熟，用长竿系木桶度可相及，则以竿刺巢，巢破蜜注桶中，是名崖蜜也。"③ 在人工驯养蜂及采蜜过程中，宋人在以下方面有所进步和创新。

（一）对可用于采蜜的蜂种及其生活习性有了较为正确的认识

宋人在采蜜实践中，认识到可利用的蜂蜜种类有很多，南北蜂种有差别，所产之蜜也有差异："今土木之蜂，亦各有蜜，北方地燥，多在土中，故多土蜜。南方地湿，多在木中，故多木蜜。"④ 宋人在养殖蜜蜂、采蜜过程中，根据蜜蜂生活习性，总结出对蜂蜜收集要适可而止，不能滥采："凡取蜜不可多，多则蜂饥不藩，又不可少，少则蜂惰而不作。"⑤

（二）认识到花对蜂蜜有决定性影响

蜜蜂采花酿蜜，所采不同颜色的花对蜜的颜色起决定性作用。宋人已经认识到这一点："蜜采花而成，花之色不同而蜜之色随异。或曰白，或黄，或赤，凡三色，视其花之色也。"⑥ 所采花质量的好坏对蜜质量的好坏有着决定性的影响，宋人唐慎微在这方面作了相关的论述。

---

① 韩鄂撰，缪启愉校释：《四时纂要》卷3，农业出版社1981年版。
② 苏敬：《唐新修本草》卷16（辑复本），安徽科技出版社1981年版。
③ 程大昌：《演繁露》卷2，新文丰出版股份有限公司1980年版。
④ 罗愿：《尔雅翼》卷26，黄山书社2013年版。
⑤ 王禹偁：《小畜集》卷14《记蜂》，纪昀等编《四库全书·集部》第1069册，商务印书馆2005年版。本书所采用的《四库全书》版本如没有加以说明，即为商务印书馆2005年版。
⑥ 谢维新：《古今合璧类备要·蜜糖格物总论》，北京图书馆出版社2006年版。

食蜜有二种，一种在山林上作房，一种人家作巢槛收养之，其蜂甚小而微黄，蜜皆浓厚而微黄。又近世宣州有黄连蜜，色黄味小苦。雍洛间有藜花蜜，如凝脂。亳州太清宫有桧花蜜，色小赤。南京柘城县有何首乌蜜，色更赤。并以蜂采其花作之，各随其花式，而性之良亦相近也。①

（三）招蜂驯养

宋代已经有许多蜂农靠养蜂进行采蜜，宋人罗愿记载当时的情形："今人家畜者，质量小而微黄，大率腰腹相称，如蝇蝉也。喜事者以衍木容数斛，置蜂其中养之，开小孔，才容出入。"② 宋人已经懂得将野生的蜜蜂进行招收驯养采蜜。苏东坡在《收蜜蜂》一诗中，对野生蜜蜂的招收及驯化作了描述："空中蜂队如车轮，中有王子蜂中尊。分房减口未有出，野老解与蜂语言。前人传蜜延客至，后人乘艾催客奔，布裹包囊闹如市，坌入竹尾新具完。小窗出入旋知路，幽圃首夏花正繁。相逢处处命俦侣，共入新房长子孙。"诗中描述了蜂农用蜜引蜂，用艾烟驱蜂入袋，对蜜蜂进行招收的过程。

（四）防止蜂群分化

蜂群的分化是蜂农养殖蜜蜂的大忌，防止蜂群分化，是避免蜜蜂数量减少的关键技术。宋人在防止蜜蜂分化方面找到了问题的关键所在：他们知道蜂群中多余的蜂王是蜜蜂分群的祸首，只要将不需要的蜂王杀死，就可避免蜜蜂分群现象。这方面的知识，宋人在文献中的记载是比较清楚的："巢之始营，必造一台，其大如粟，俗谓之王台，王居其上，且生子其中，或三或五，不常计数。王之子尽复为王矣，岁分其族而去。山氓患蜂之分也，以棘刺于王台，则王之子尽死，而蜂不析矣。"③

---

① 唐慎微：《重修政和经史证类备用本草》卷20，《四库全书·子部》第740册《医家类》。
② 罗愿：《尔雅翼》卷26。
③ 王禹偁：《小畜集》卷14《记蜂》，《四库全书·集部》第1069册。

从上面的分析中我们看到，宋人总结出的一套养蜂经验，特别是人工招蜂进行养殖，防止蜂群的分化等有效保证蜂群数量方面的技术，是当时蜜蜂养殖中的创新，标志着我国古代养蜂技术已经在原来的基础上发展到了一个新的高度。

明清时期，养蜂和采蜜技术在历代基础上继续向前发展，这一时期生产蜜糖的地域已经遍及全国范围，从南到北的文献中几乎均有生产蜜糖的记载。在明清时期文献对蜜糖生产的记录中，以明代宋应星的《天工开物》、屈大均的《广东新语》及清代郭柏苍的《闽产异录》记载较为详细，我们将以这几部文献中所载蜜糖生产为例，对明清时期蜜糖生产技术方面的情况作些分析。

宋应星在《天工开物》一书中对养蜂技术是这样记载的：

> 凡酿蜜蜂普天皆有，唯蔗盛之乡，则蜜蜂自然减少。蜂造之蜜出山岩土穴者十居其八，而人家招蜂造酿而割取者，十居其二也。凡蜜无定色或青或白，或黄或褐，皆随方土花性而变。如菜花蜜、禾花蜜之类，百千其名不止也。
>
> 凡蜂不论于家于野，皆有蜂王。王之所居，造壹台如桃大，王之子世为王。王生而不采花，每日群蜂轮值，分班采花供王。……畜家蜂者或悬桶檐端，或置箱庑下，皆锥圆孔眼数十，俟其进入。……凡家蓄蜂，东邻分而之西舍，必分王之子去而为君，去时如铺扇拥卫。乡人有撒酒糟香而招之者。
>
> 凡蜂酿蜜，造成蜜脾，其形鬣鬣然。咀嚼花心汁，吐积而成，润以人小遗，则甘芳并至，所谓"臭腐神奇"也。凡割脾取蜜，蜂子多死其中。其底则为黄蜡。凡深山崖石上有经数载未割者，其蜜已经时自熟，土人以长竿刺取，蜜即流下。或未经年而扳缘可取者，割炼与家蜜同也。土穴所酿多出北方，南方卑湿，有崖蜜而无穴蜜。凡蜜脾壹斤，炼取十二两。西北半天下，盖与蔗浆分胜去。①

---

① 宋应星著，钟广言注释：《天工开物》卷6《甘嗜·蜂蜜》，广东人民出版社1976年版，第172—175页。

屈大均在《广东新语》中对阳春县产蜜情形作了如下记载：

>　　阳春多蜂蜜以为货。蜂为房于岩石林木间者，其酿白蜜脾，谓之山蜜，亦曰蜂糖。霜后割之，白如脂，味胜家蜜。家蜜取以夏冬为上，秋次之，春易发酸。冬日梅花糖，最甘香。唐诗云："天寒割蜜房。"然其性热，多食发湿热病，生虫匿。新兴有姜蜜，尤忌，不若川蜜温。凡海滨岩穴，野蜂巢焉，其蜜曰石蜜，多泛溢于草间石罅，露积日久，必宿蛇虺之毒。舶人入山者，虽草木鱼蟹之属，掺以胡椒，熟而食之无害也。设遇石蜜以为甘而过食之，必大霍乱以死。故食蜜必以家养者为贵。①

清代郭柏苍在《闽产异录》中对采蜜情形也作了如下记载：

>　　（福建）诸郡皆出。福、兴、泉、漳以龙眼、荔枝二花之蜜为上。故二花甫过，即须割蜜。次则梅花蜜，乃"冬蜜"也。乌桕着花时，蜜有油气，最下。闽在乱山中，多岩蜜。野蜂每于厂下、树罅结窠。炎烤熏灼，岩蜜下注，土人取归。往往蛇虺垂涎，食之杀人。郡属山中有松蜜，土人呼"松糖"，生小松树叶上，芳洁异常，但罕得耳。嘉靖七年，安溪涂山中，松梢结饴如白糖，味甘香，人取啖之，愈宿疾，盖即松蜜也。②

考察明清时期这三部著作对蜜糖生产的记载，可见当时蜜糖业生产比前代有三点突出之处。其一，对招蜂驯养与分群技术掌握娴熟。在招蜂驯养方面，诱捕蜜蜂的方式与方法比以前多样化，除了用蜜之外，还有"撒酒糟香而招之"等办法。在分群方面也比宋代有所进步。宋代的文献记载关于蜜蜂分群方面的方法，以杀死多余的蜂王，防止蜜蜂的分群为主。而明代"分王之子去而为君"，采取了主动分

---

①　屈大均：《广东新语》卷24《虫语·蜂蜜》，中华书局1985年版，第592—593页。
②　郭柏苍：《闽产异录》卷1《货属·蜜》，岳麓书社1986年版，第25—26页。

巢的办法，让多余的蜂王自立为王，结成新的蜜蜂群体，并且采用"东邻分而之西舍"的办法，隔离已经分巢的蜂群，防止蜜蜂的返巢与串巢。分巢的办法有利于蜜蜂数量的增加，这是养蜂技术的重大突破之处。

其二，寻蜜与产蜜方面积累了丰富的经验和较为正确的认知。明清时期人们对蜜蜂的活动规律有了较为正确的认识，已经知道"蔗盛之乡，则蜜蜂自然减少""南方卑湿，有崖蜜而无穴蜜""闽在乱山中，多岩蜜"等蜜蜂活动与产蜜情况，说明明清时期的人们在野外寻蜜与采蜜方面已经积累了较为丰富的经验。

清代的养蜂者知道蜜与产地的关系是十分密切的，好产地会出产好蜜，知道"龙眼、荔枝二花甫过"所产的"二花之蜜为上"，而"乌桕之蜜最下"。这些知识的获得对蜜糖的生产至关重要，生产蜜糖者可以利用这些知识指导蜜糖生产，以获取较高质量的蜜糖。

其三，对蜂蜜的属性有了较为正确的认识。从屈大均的记载中我们知道，明清时期人们已经对家养蜜蜂与野生的蜜源有了较为正确的认识，懂得"家蜜"与山林间的"山蜜"与海滨傍的"石蜜"蜜源的不同特性。人们已经知道不同蜜源有着不同的采集时期与加工方法："山蜜"，"霜后割之"最好；"家蜜"则"取以夏冬为上"；冬天所采的"梅花蜜"是"最甘香"的；而对于"海滨岩穴"的野生"石蜜"，因其有毒，所以在采集后，要用"胡椒"煮熟除毒后才能进行储存、发售。所以屈大均认为，"食蜜必以家养者为贵"，提倡人们蓄养家蜂。

我们不要忘记，虽然从两晋开始人类懂得驯养蜜蜂生产蜜糖，但在清代以前蜜糖的生产仍然以在自然界采集为主，正如徐光启所说："蜂造之蜜出山岩土穴者十居其八，而人家招蜂造酿而割取者，十居其二也。"由此可见，在古代，尽管人工养蜂、取蜜取得了不少成果，但自然界蜜糖资源十分丰富，所以，蜜糖生产仍然以野外采集为主。

二　蜜糖的社会功用

考察蜜糖的社会功用，主要在以下几个方面。

（一）食品

食品是蜜糖最基本的社会功能，自古便如此。《三国志》有记载：袁术与雷薄打仗被困三日，在缺粮情况下，希望能够在野外找到蜜糖以渡过难关，但没有成功。袁术失望地坐在床上"叹息良久"①。虽然这次袁术寻找蜜糖没有成功，但我们由此可知，三国时蜜糖已经成为人们普遍的食品。

在古代，蜜糖制成的产品种类众多。东晋谢枫在《食经》中记载了时人用蜜渍瓜果以保存之法。北魏贾思勰的《齐民要术》中记载人们大量用蜜腌制食品。其中有的食品制作，用蜜量十分大，如"蜜姜"的制作："生姜一斤，洗净去皮"，切"如细漆箸"，"以水二升，煮令沸去沫，与蜜二升煮复令沸，更去沫，碗子盛，合汁减半，筹用箸。若无生姜，用干姜，法如前，唯切欲极细"②。

宋代，蜜制小食已经是琳琅满目。杭州城出现了专门卖蜜制品的店铺，著名的有：大街市西坊的"五间楼前周五郎蜜煎铺"，朝天门附近的"朱家元子糖蜜糕铺"③。市面上所卖蜜糖制品甚多，著名的有：蜜糕、蜜屈律、糖蜜果食、糖蜜糕、糖蜜韵果、糖蜜酥皮烧饼等。④ 周密在《武林旧事》中对杭州城当时所售卖的蜜糖制品也做了记载：蜜煎、蜜果、蜂糖饼、蜜枣儿、琥珀蜜、裹蜜、蜜麻酥、蜜姜豉、蜜弹弹、薄荷蜜、诸色糖蜜煎、蜂蜜糕、蜜糕等。⑤ 这些蜜制的糖食用蜜量是十分之多的，从清代留下有关的蜜制品资料中略见一斑，如清代的"蜜煎藕"制作：初秋取新嫩者，淖半熟，去皮，切条成片，每斤用白梅四两，以沸汤一大碗，浸一时，捞控干，以蜜六两煎去水，另取好蜜十两，慢火煎，如琥珀色，放冷入罐收之。⑥ 可见其用蜜量之多。

---

① 陈寿：《三国志·魏志·袁术传》，中华书局1999年版。
② 贾思勰：《齐民要术》卷9《安乐令徐肃藏瓜法》《蜜姜》，《四库全书·子部》第730册。
③ 吴自牧：《梦粱录》卷13《铺席》，山东友谊出版社1991年版。
④ 吴自牧：《梦粱录》卷13、卷16。
⑤ 周密：《武林旧事》卷2、卷6，中华书局2007年版。
⑥ 汪灏：《广群芳谱》卷66《果谱》13，上海书店1985年版。

蜜糖及其制品不仅作为民间的小食广受大众欢迎，而且也可以进入富有之家成为宴会中佳肴，甚至可以成为招待君王的高贵食品。例如，宋高宗在绍兴二十一年（1152）十月巡幸清河郡王府第时，清河郡王府用于宴请高宗的蜜糖菜肴就有：雕花蜜煎一行、雕花蜜冬瓜鱼儿、雕花姜蜜笋等；用于点心与时果的有："花儿切时果一行：甘蔗。雕花蜜煎、咸酸蜜煎、蜜煎一盒。"① 蜜用于点心的制作，我们在明清时期的食谱中经常能够见到。蜜糖用于宴席中制作美味佳肴，我们也可以从清代文献中发现，如清代的孔府宴中就有不少蜜汁类名菜，如"蜜汁火腿"等。清末民初，蜜糖已经成为人们普遍喜爱的食品，从广东儿歌中我们可以感受到这一点："点指更斗，是甜更斗，更斗开花，蜜糖蜜渣，红布绿布，谁人捉紧就要做。"②

（二）医品

古人在医药方面对蜜糖的使用，基本如李时珍在《本草纲目》中所总结的五个方面内容："清热也，补中也，解毒也，润燥也，止痛也。"③ 关于这五个方面的功能，文献有十分丰富的记载，如在宋代，蜜糖便被用作延年益寿的补品，苏东坡在《安州老人食蜜歌》里对安州一老人食蜜延寿的情况作了如下描述："安州老人心似铁，老人心肝小儿舌。不食五谷唯食蜜，笑指蜜蜂作檀越。"将心爱的诗与蜜作了同比，告诉我们蜜可治百病，诗亦可治百病："小儿得诗如得蜜，蜜中有药治百病。正当狂走捉风时，一笑看诗百忧失。"④ 除此之外，我们在文献中还可找到许多这方面的例子。

（三）社交礼品

蜜用作社交的礼品，历史上出现得很早，我们从《吴越春秋》所

---

① 周密：《武林旧事》卷9《高宗幸张府节次略》。
② 袁洪铭：《写在"水滴滴"之前》，载《东莞文史》编辑部编《东莞文史——风俗专辑》，政协东莞文史资料委员会2001年印行，第148页。
③ 李时珍：《本草纲目》卷39《蜂蜜》，人民出版社1977年版。
④ 陈梦雷等：《古今图书集成》卷302《食货典·蜜部》。

载"越以甘蜜丸等报吴增封之礼"① 中可知,在周代,蜜糖已经成为社交礼品。

蜜成为贡品,或被国君用作赐予臣下的赏赐品,在古代是很普遍的做法。如汉代南越王以蜜糖及其制品作为贡品献给汉高帝,"南越王献高帝石蜜五斛,蜜烛二百枚",还有其他珍禽异鸟,"高帝大悦,厚报遣其使"②。《后汉书》的注者在《朱佑传》的注记中,记载了东汉时蜜作为君王赐给臣下物品的一段故事:"上在长安时,当与朱佑共买蜜合药,上追念之。赐佑白蜜一石,问何如在长安时买蜜乎,其亲厚如此"③。类似的例子在历史文献中多有存在。此外,蜜糖及其制品也是民间交往普遍使用的礼品。

(原载倪根金主编《传统农业与乡村社会研究论文集》,中国农业出版社 2008 年版)

---

① 陈梦雷等:《古今图书集成》卷 302《食货典·蜜部·纪事》。
② 陈梦雷等:《古今图书集成》卷 302《食货典·蜜部·纪事》引《西京杂记》。
③ 范晔:《后汉书》卷 22《朱佑传》,中华书局 1965 年版。

16世纪中叶以前我国蔗糖业生产概论

我国甘蔗的种植和制糖历史悠久,但以16世纪中叶(即明代中叶)为时间界限,制约糖业发展的因素是不同的,即16世纪中叶后,甘蔗种植和糖业经济的发展受市场因素制约较多,而16世纪中叶以前我国甘蔗种植业的发展和制糖业技术的发展密不可分,糖业技术的发展制约着甘蔗种植业的发展。所以本文依据制糖技术发展的特点,将16世纪中叶以前我国的糖业发展史分为"粗糖期""沙糖期""糖霜期"三个重要发展阶段,并且对糖业①发展的这三个不同阶段的情形作一些粗浅探讨。

一 粗糖期

这一时期相当于我国的周代至唐代初期。此时的糖业制作,基本上为粗加工,人们的消费以这些粗糖为主,所以笔者将这个时期糖业发展期称为"粗糖期"。

(一)粗糖产品的食用

粗糖期的产品较少,甘蔗的使用以榨浆取汁为主要目的的这一状态持续了很长一段时期。其后便有了一些很粗的甘蔗加工产品,如蔗汁、石蜜、蔗饴等粗糖,粗糖期人们对甘蔗和糖产品的制作和食用方法比较简单,主要有以下几种。

---

① 为了便于行文的叙述和顺畅,如果没有作特别说明,以下文章中所说的"糖"与"糖业"均为"蔗糖"与"蔗糖业",是为说明。

1. 榨汁取浆

我国是种植甘蔗最早的国家之一,有的学者认为我国植蔗时间约自东周时期的公元前766年—公元前750年便开始,① 但最早记载蔗浆被利用的是屈原的《楚辞·招魂赋》,其中有"胹鳖炮羔,有柘浆些"②。这里的"柘",经季羡林先生等学者考证是"甘蔗"的意思,③"柘浆"即甘蔗浆。我们知道屈原为战国时楚国人,从这句话的意思中可知,在战国时期我国长江中下游一带,甘蔗已经有所种植和被榨取蔗汁饮用,成为贵族宴席上的饮品。自此以后,我国的文献记载中,甘蔗榨汁饮用的记载日渐增多:《汉书》中载有"百味旨酒布兰生,泰尊柘浆析朝醒"④。说的就是用蔗浆解酒的事。公元3世纪后,晋时的张载在《失题诗》中,形象地叙述了晋时江南地区人们用蔗榨浆解渴的情形:"江南都蔗,酿液丰沛……渴者所思,铭之裳带。"⑤ 由此可知,原始的榨汁取浆,在唐以前我国长江流域、江南一带已经较多被人们所普遍利用。

2. 甘蔗的生啖

在唐代前,甘蔗的生啖是比较常见的食法。3世纪时,曹丕与奋威将军邓展曾以甘蔗为武器,在宴席上君臣论剑,说明三国时期甘蔗常在宴会上作为水果生啖。⑥ 4世纪时,我国南方和长江流域的人们,在祭祀祖先时"冬祀用甘蔗""孟春祠用甘蔗"⑦,说明此时有甘蔗生啖的风俗。东晋大画家顾恺之自尾至头的食蔗渐入佳境之法,一直流传至今,并且成为佳话。⑧

3. 制饴食用

古代所谓的糖饴,就是将榨取的糖汁,采用日晒或用火煎熬的办

---

① 周可涌:《甘蔗栽培学》,科学出版社1957年版,第3页。
② 洪兴祖:《楚辞补注》,中华书局1983年版,第208页。
③ 季羡林:《中华蔗糖史》,经济日报出版社1997年版,第97页;《中国农业百科全书·农作物卷》(上),中国农业出版社1991年版,第178页。
④ 班固撰:《汉书·礼乐志》卷22,中华书局1974年版。
⑤ 陈梦雷等:《古今图书集成》卷113《博物丛编·甘蔗部·甘蔗选句》。
⑥ 陈梦雷等:《古今图书集成》卷113《博物丛编·甘蔗部·甘蔗纪事》。
⑦ 李昉等:《太平御览》卷974,中华书局影印本,1960年版。
⑧ 房玄龄等:《晋书》卷92《列传》第62,中华书局1974年版。

法，使糖汁变稠，这种变稠的糖液叫"糖饴"。糖饴在汉代和三国时，作为高级的食品，比较多地被南方贵族食用，或被作为贡品进献。《三国志》一书中，记载了孙亮识破太监投鼠屎于蔗饴中，进献给皇上，以陷害藏吏的故事，① 里面涉及蔗饴。可见，当时的蔗饴是皇家的珍品。

4. 石蜜的食用

石蜜并不是蜂蜜的产品，而是古代人们利用甘蔗浆制作的一种蔗糖粗加工产品。古代石蜜，是将蔗浆采用"煎而曝之的办法"，使水分降低到10%以下，再进行冷却，蔗饴固化后，便得到褐红色的原始糖块，但它并不是后来的结晶糖。这种原始的糖块，古人称之为"石蜜"②。早在汉代的文献中，便有关于石蜜的记载。西汉时，"交趾有甘蔗，围数寸，长丈余，颇似竹，断而食之，甚甘。榨取汁，曝数时成饴，入口消释，彼人谓之石蜜"③。东汉的杨孚对石蜜的制作，作了进一步的描述，"甘蔗远近皆有，交趾所产甘蔗特醇好……榨取汁如饴饧，名之曰糖，益复珍也。又煎而曝之，既凝，如冰，破如博棋，食之，入口消释，彼人谓之'石蜜'者也"④。西晋永兴年间嵇含在《南方草木状》中，也对甘蔗和石蜜，作了几乎相同于西汉和东汉时的记载。⑤ 西汉时，交趾是"汉武帝所置十三刺史部之一。辖境相当今广西、广东的大部，和越南的北部、中部"⑥。东汉时，交趾改称交州，一直到两晋时期辖境大致不变。南北朝时，来我国翻译佛经的伽跋陀罗，在他的《病善见律毗婆沙》中，对广州出产石蜜的具体情况作了如下的记载："广州土境有黑石蜜，是甘蔗糖，坚强如石，是名石蜜。"⑦ 由此可见，在西汉至东晋时，我国的广西、广东和越南的北部和中部，已经出产了石蜜，直到南北朝时，石蜜仍然

---

① 陈寿：《三国志》卷48《三嗣主传》。
② 赵匡华、周嘉华：《中国科学技术史·化学卷》，科学出版社1991年版，第602页。
③ 《南中八郡志》，转引自季羡林《中华蔗糖史》，第39页。
④ 贾思勰：《齐民要术·甘蔗》卷10，《四库全书·子部》第730册。
⑤ 嵇含：《南方草木状》卷上，《四库全书·史部》第589册。
⑥ 舒新城主编：《辞海》地理分册，"交趾"条，上海辞书出版社1982年版，第98页。
⑦ 转引自季羡林《古代印度沙糖的制造和使用》，《历史研究》1984年第1期。

是我国南方受欢迎的甘蔗粗加工产品之一。

5. 沙糖

唐代前所说的沙糖,"实际上它仍然是干固的粗制红糖,即与石蜜基本上是一类的糖"①,至于为什么称为"沙糖",季羡林和李治寰先生均对之作了考证,得出的结论大致相同:东汉时从古印度引进的这种团状的粗制糖,很容易被打碎变成沙状粉末,因而以形取名,称之为"沙糖"。② 汉代张衡在《七辨》中指出"沙糖石蜜,远国贡储"③,这表明至少在东汉时,这种进贡的沙糖已经开始被食用。南北朝时,广州地区已经能生产这种沙糖了:"甘蔗……广州一种数年生,皆大如竹,长丈余,取汁以为沙糖,甚益人。"④ 由此可见,这个时期,甘蔗的产品完全是一种粗加工的产品。

(二) 粗糖期糖业生产的特点

与人们对粗糖消费相适应,这个时期的糖业生产,具有如下特点。

1. 甘蔗的种植和粗糖的制作以地区自给性消费生产为主

唐初以前,由于科学技术和交通条件的限制,甘蔗的储存和糖制品的运输十分困难。我们知道,甘蔗在收获后,要很快处理,否则很快会变质。如果用作榨汁,这种蔗汁只能随榨随吃,不能存放,否则蔗汁就会变质。粗糖制品,如石蜜等,虽然是原始的固体粗糖,但其也有10%以下的水分,况且石蜜不是结晶糖,⑤ 很容易回潮变湿,变坏,不易保存。所以,在唐初以前的文献中,我们很少发现甘蔗及其制品的外销出售情况,甘蔗的种植和粗糖制品的加工,基本上是本地区自给性的生产。当然,文献中有粗糖制品,如石蜜的进贡情况,但

---

① 赵匡华、周嘉华:《中国科学技术史·化学卷》,第603页。
② 季羡林:《古代印度沙糖的制造和使用》,《历史研究》1984年第1期;季羡林:《一张有关印度制糖法传入中国的敦煌残卷》,《历史研究》1982年第1期;李治寰:《中国食糖史略》,农业出版社1990年版,第116—118页。
③ 李昉等:《太平御览》卷852《饮食部》第10,《四库全书·集部》第4册。
④ 陶弘景:《本草经集注·甘蔗》,见(唐)苏敬《新修本草》尚志钧辑校本,安徽科学技术出版社1981年版,第447页。
⑤ 赵匡华、周嘉华:《中国科学技术史·化学卷》,第602页。

作为贡品的粗糖是地方的稀有物品,并不是商品。所以,粗糖时期的甘蔗种植和粗糖的制作以地区自给性消费生产为主。

2. 甘蔗的种植和粗糖的制作范围比较广泛

由于制糖工艺落后和交通的不便,糖的成品不易保存与流通,糖的制作是为了自我消费,甘蔗种植业表现出种植规模小,就近消费性等特点,糖业经济的价值没有体现出来。所以,甘蔗的种植和粗糖的制作范围比较广泛。从文献的记载中我们可以看出,唐初以前,甘蔗的种植和粗糖的利用,从岭南的广西、广东到江南的广大地区,长江流域的中下游的两湖地区,延伸到黄河流域的河南一带均有所涉及。

3. 南方的甘蔗种植比北方要普遍

公元1世纪所著的《神异经》中便有"南方荒岛之内有甘蔗林……促多节密,甜如蜜"的记载①。虽然对这条史料的考证史学界目前尚存异议,但为魏晋南北朝以前人所记,这点学界的看法是一致的。据《宋书·张畅传》载:元嘉二十七年,北魏太武帝拓跋焘,因战争长途奔袭,导致疲乏,很想食甘蔗和饮酒,遣使向南朝宋孝武帝求取,宋孝武帝"遣人答曰:知行路多乏,今付酒二器,甘蔗百挺。"② 可见,起码到南北朝时,我国的南方已经出现了大片甘蔗的种植情形,而在北方,甘蔗则尚为稀有之物。从上面的例子我们可以了解到,北方的诸侯王为了能吃上甘蔗,会郑重其事地遣使致书向南求取。糖的品种方面,在文献记载中,南方有石蜜和沙糖的制品,而北方是不曾有此记载的,说明南方种植的甘蔗较多,且用于制糖,北方种植较少,且基本上当作水果生啖。总之,粗糖期的这种甘蔗生产的分散性,在很大程度上是由于落后的制糖工艺造成的,但甘蔗种植以南方偏多所形成的这种特点,为我国今后糖业的发展奠定了基本框架。

二 沙糖期

唐朝至南宋时期,从公元7世纪唐初,最迟至南宋初年,以王灼

---

① 东方朔:《神异经》,中华书局1991年版。
② 沈约:《宋书》卷59《列传》第19《张畅传》,中华书局1997年版。

对糖霜技术进行总结，成书于公元12世纪的《糖霜谱》作为标志止，约500多年的时间。

这个时期，糖的制品在原有的基础上，出现了新的品种，那就是沙糖。由于沙糖的出现与制作最能代表这个时期的糖业生产力水平，所以笔者将这个时期的糖业生产期称为"沙糖期"。

（一）沙糖的定义

如上所述，唐初以前，我国便有"沙糖"一词，但唐初以后所说的"沙糖"与以前所指的"沙糖"，是两个完全不同的概念。所以，我们必须对沙糖的来源、沙糖的制作过程作些考证，才能将唐初的"沙糖"与以后所说的"沙糖"作比较，从而得出沙糖的定义。

季羡林先生对唐朝制糖技术进行考证后，认为：唐朝的沙糖制法在唐太宗贞观年间从印度传入[1]，并且在《白糖问题》一文中再次强调了沙糖从印度传入的这个观点。[2] 季先生的观点得到了学术界的普遍认同。

关于沙糖的制作情况，20世纪末，在我国的敦煌，发现了唐代一张有关印度制糖法的残卷，经季羡林先生考证后，得出的勘校释文为：

> 西天五印度出三般甘蔗：一般苗长八尺，造沙糖多不妙；第二，较一、二尺矩，造好沙糖及造最上煞割令；第三般亦好。初造之时取甘蔗茎，弃去梢叶，五寸截短，着大木臼，牛拽，于瓮中承取，将于十五个铛中煎。旋泻一铛，著箸，捞出汁，置少许灰。冷定，打。若断者熟也，便成沙糖；又折不熟，又煎。[3]

从上文中我们可以看出，唐初引入印度的这种制糖法，与以前相

---

[1] 季羡林：《一张有关印度制糖法传入中国的敦煌残卷》，《历史研究》1982年第1期。

[2] 季羡林：《白糖问题》，《历史研究》1995年第1期。

[3] 季羡林：《一张有关印度制糖法传入中国的敦煌残卷》，《历史研究》1982年第1期。

比有三点是先进的：一是在选蔗造糖时，要选择适合制糖的优良品种；二是所得到的糖为结晶糖；三是在糖的结晶过程中，灰的使用和投放时间的把握方面比较科学，即糖水在"冷定"前，投入适量的"灰"（草木灰或石灰）使糖更好地结晶，从而造成较好的糖，这是比较符合现代科学原理的。"根据现代的科学制糖法，可知，灰对沙糖的质量和生产率至关重要。蔗汁中除蔗糖和水外，还有许多成分，虽然含量不算很大，但对造沙糖极为不利，如各种有机酸，会促进蔗糖水解生成还原糖，尤其在煎熬蔗汁时，这种情况更为严重。而这些还原糖，在搁置蔗汁的过程中，不仅自身不能结晶并生成糖蜜（我国古代称为糖油），而且还妨碍蔗糖的结晶"①，"所以用灰来中和、沉淀这些游离酸，对古代糖业技术是个极大的改进。而且石灰的加入还可使某些有机非糖分、无机盐、泥沙悬浮物沉积或沉淀下来，既可改善蔗汁的味道，又可使蔗汁的粘度减小，色泽变清亮，这都有利于蔗糖的析出和质量"②。由此可知，唐朝的糖与以往不同点在于：制糖的时候加入了灰，并且得到了结晶的糖，与以前比这是其进步的明显标志。

有的学者认为，唐时已经出现了白糖，并引用邹和尚教民造白糖的记载为证，③甚至认为："唐代宗大历年间熬制白糖的方法也很普及。"④ 在唐代医书中也出现了"白糖"一词的记载，如孙思邈《千金方》中，就有关于白糖入药的记载。

那么，是否在唐代便有了白糖了呢？回答是否定的。据季羡林先生考证："唐代出现的'白糖'只不过是质量比较好，比较白的沙糖而已，但也可以说明，经过结晶制作的沙糖，质量非常高。"⑤ 可见，这一时期糖业制作技术已经发展到了一个新的高度。

上面我们已经对沙糖的传入和制作过程作了考证，据此，我们可

---

① 曹元宇：《中国化学史话》，江苏科学技术出版社1979年版，第219页。
② ［荷］霍尼编：《制糖工艺学原理》，陈树功等译，转引自赵匡华、周嘉华《中国科学技术史·化学卷》，科学出版社1991年版，第606页。
③ 唐启宇：《中国作物栽培史稿》，农业出版社1980年版，第556页。
④ 周可涌：《甘蔗栽培学》，科学出版社1957年版，第6页。
⑤ 季羡林：《白糖问题》，《历史研究》1995年第1期。

第一篇 糖与古代中国社会

以总结出沙糖的定义：从公元7世纪唐初开始，我国古代人民运用印度传入的制糖方法制造的一种散沙状结晶体的红糖。这种结晶糖的结构具有一定的稳定性，具有不易潮解、耐储存、体轻质小、利于运输、易于制作、色白质量好等特点。

（二）沙糖期糖业生产的特点

沙糖的出现，是我国糖业生产历史上具有划时代意义的一件事。沙糖的出现使糖的储存和运输变得相对容易，甘蔗的种植与糖业的生产出现了一些新的变化，表现在以下一些特点上。

1. 甘蔗的种植地区相对集中

唐代的文献资料显示，甘蔗的种植主要分布在以下地区。一是西南地区：西南地区的绵州、梓州、成都等地区不仅是重要的甘蔗种植地区，而且也是唐代重要的制糖中心。二是江南：唐代文人李欣在《送山阴姚丞携妓任兼寄苏少府》一文中，诗句"加餐共爱鲈鱼肥，醒酒仍怜甘蔗熟"说的就是江浙地区文人用甘蔗醒酒之事，①《新唐书·地理志》也有温州永嘉郡的蔗是当时地方著名的贡品的相关记载。② 这些史料均反映了江南是当时较为重要的甘蔗种植地区。三是长江中下游地区：长江流域的襄州襄阳郡，经济作物方面的土贡有柑、蔗、芋、姜，③甘蔗是长江中下游地区的贡品之一。四是岭南：唐代陕西名医王焘在其《外史秘要》医方中，记载岭南人有食生甘蔗以消火之习俗。④ 除此之外，在史料上很少见到涉及黄河流域种植甘蔗的情形。从此，我们可以推断出甘蔗的种植已经从粗糖时期的黄河流域，收缩到仅为长江以南进行种植了。

2. 糖业生产基地较少

沙糖期，甘蔗的种植虽然在长江以南均有所分布，但是史料中涉及糖业的制作主要在江东与西南。据唐代医书记载，沙糖的产地

---

① 彭定求、沈三曾等编校：《全唐诗》卷133，第4册，中华书局1960年版，第1358页。
② 欧阳修等：《新唐书》卷41《地理志》，中华书局1975年版，第1063页。
③ 欧阳修等：《新唐书》卷40《地理志》，第1030页。
④ 王焘：《外史秘要》卷31，《四库全书·子部》第737册《医家类》。

为"蜀地、西戎、江东并有之,甘蔗汁煎成,紫色"①。从唐代医书我们可知,沙糖的制作主要在我国的西南和江南一带,但江南(即史籍所指的江东)产沙糖除了医书有所记载外,史料中并没有太多的佐证。由此,我们可以推断出:沙糖期江东虽产糖,但产量与产糖的范围仍然较少。沙糖期,沙糖的制作中心在西南,这方面的史料记载较多:如唐人所著《千金翼方》卷一有"益州出沙糖",唐代王焘在其《外史秘要》卷三十一中,也载有"剑南道益州出沙糖"等事实。除此之外,《新唐书·地理志》中,记载西南地区成都府的蜀郡、梓州的梓潼郡、绵州的巴西郡均以蔗糖或甘蔗作为当地的土贡。② 这都说明了沙糖期的糖业生产中心在西南地区。除了江南与西南有产糖记载外,长江流域与岭南地区是否产糖,笔者很少见到有关史料记载,虽然我们不能否定这些地区存在糖的生产现象,但有一点是肯定的,那就是即使存在一定规模的糖业生产,也以当地区域性消费为主,并没有形成供应其他地方消费的糖业生产基地。由此可以看出,沙糖期较大规模的糖业生产仅在西南。即使是这样,其意义也是较为重要的,即从沙糖期开始,我国的糖业生产出现了糖产区与用糖区分离的情形,这种情形对糖业的消费是一种积极的促进现象,而这种现象又反过来促进糖业生产的进一步发展。

3. 糖业生产以沙糖居多,使用上以医用为主

唐代至南宋初期的蔗糖产量较少,对民众来说是稀有的物品。这个时期的文献很少记载民众生活用糖的情况,文献记载中民众用糖最多的是医书,如在上所述的医书以及其他医书中,我们都可以发现大量用沙糖或为沙糖中较好品种的"白糖"治病的医方。由此,我们可以看出,这个时期沙糖是糖业生产中生产最多的品种,民众在糖的使用上以治病为主。

---

① 分别见苏敬恭《新修本草》,孙思邈《千金翼方》卷1,《四库全书·子部》第735册《医家类》。

② 分别见欧阳修等《新唐书》卷42《地理志》,中华书局1975年版,第1079、1088、1089页。

第一篇　糖与古代中国社会

三　糖霜期

（一）糖霜的定义

"糖霜"一词的出现，最初见于北宋苏轼和黄庭坚的诗，苏轼在《送金山乡僧归蜀开堂》中写道："涪江与中泠，共此一味水。冰盘存琥珀，何似糖霜美。"黄庭坚在《答梓州雍熙长老寄糖霜谱》中写道："远寄蔗霜知有味，胜于崔子水中盐。正宗扫地从谁说，我舌尤能及鼻尖。"① 这两首诗是最早提到糖霜的文献，并且说的都是在四川关于赠糖霜的事。从中我们得知，最迟应在北宋年间，糖霜便在四川出现了。但糖霜的利用和制作尚不太普及，直至南宋王灼于绍兴年间（1131—1161）写成《糖霜谱》后，糖霜的制作方法才得以广泛传播，糖霜的利用才得以扩大。在宋人周密所撰《武林旧事》中，多次记载有民间使用糖霜的情况。可见，制糖史发展到了以糖霜的制作技术为代表的时代。至明代嘉靖年间，白糖的发明和使用推广后，制糖技术发展到了另一个以白糖制作技术为代表的高峰。所以，糖霜期应为从南宋绍兴年间至明代嘉靖年间（1522—1566），约400多年的历史。

王灼在《糖霜谱》中记载，宋代的四川遂宁、广东番禺等地，开始生产糖霜。宋代糖霜制作的情况是：将榨出的糖水，煮至"六七分熟"，装入瓮"歇三日"后，再煮至"九分熟，稠如饴"，在"稠如饴"的糖水瓮中插入竹片，由其自然结晶而生长成糖霜。制作糖霜的关键在于糖水的熬制，经过二次蒸煮的糖水才能最大限度地排除水分，制造出合格的糖霜。在糖水的熬制上处理不好，会出现"不能成霜"的情况，这时糖户只好将成瓮的糖水卖给人家制粗糖。由此可见，糖霜制作技术比沙糖更复杂。制好的糖霜储存十分方便，用"干大小麦铺瓮底，麦上安竹箅，密排笋皮，盛贮绵絮，复箅，簸箕覆瓮"，即可以"寄远"②。

---

① 陈梦雷等：《古今图书集成》卷310《经济丛编·食货典·糖部》，第85128页。
② 王灼：《糖霜谱》第4、第5，《四库全书·子部》第844册。

从上面的分析我们可以知道，所谓"糖霜"，是指运用源于北宋，经南宋王灼在《糖霜谱》中总结出的制糖技术制作的，具有脱水结晶特点的糖。这种糖是在瓮装煎稠的糖水中，插入竹片，自然结晶生长而成的细如沙的霜样结晶糖，这种糖具有脱水结晶，质轻干燥，不易变质，耐储存等特点。

（二）糖霜期糖业生产的特点

糖霜期糖业生产与前期相比，具有以下一些特点。

1. 形成了较多与较大规模的糖业生产基地

糖霜的生产在南宋绍兴年间后，很快在全国得到推广。福唐（今福州）、四明（今宁波）、番禺（今广州）、广汉、遂宁，成为全国著名的糖霜产地。四川遂宁涪江流域一带形成了较大规模的糖业生产基地，出现了专门种蔗榨糖为利的"糖霜户"，当时遂宁涪江流域一带的情形是"山前后为蔗田者十之四，糖霜户十之三"①。制糖技术的突破，有力地推动了甘蔗种植的发展，在福建的仙游县出现了"蔗粮争地"的情况，以至于当地的官员认为"仙游县田耗于蔗糖"，"岁运于淮浙者，不知其几千万坛，蔗之妨田固矣"②，请求禁蔗还田。宋代甘蔗的种植在我国的南方更加普遍，地区包括"江苏、浙江、江西、四川、湖南、湖北、云南、广东、福建"等省。③ 元代糖的产量比宋代尚要多，马可·波罗在其游记中曾述及南宋境内皆产糖，并记载有："福州出产很多的糖，其量之多，几使人不可相信……尤溪城，那里出产极多量的糖，大可汗朝廷里所消费的糖，大都是由这里取得的。"④ "甘蔗等原生长在长江流域或长江流域以南的农作物，逐渐向华北平原扩展"⑤，糖业生产与前代相比出现了较大的发展。

---

① 王灼：《糖霜谱》第3，《四库全书·子部》第844册。
② 方大琮：《铁庵方公文集》卷21，《乡守项寺丞博文书》，《四库全书本·别集》第1178册。
③ 季羡林：《中华蔗糖史》，第171页。
④ [意] 马可·波罗：《马可·波罗游记》，陈开俊译，第81章"武干市"，福建科学技术出版社1981年版，第190—191页。
⑤ 季羡林：《中华蔗糖史》，第235页。

2. 蔗糖的产量比前代有了较大的增长

由于糖业生产出现了较快的增长态势，蔗糖的生产比前代有了较大的增长，我们可以通过宋元时期民众对食糖的消费量的增加看出这一点。

第一，民众的食糖用量上升，用糖的品种更丰富。宋元时糖的食用量，比唐以前有所上升，用途也更为广泛。在一些产糖区，糖制品已经开始广泛地用于食品的制作。宋末元初周密撰的《武林旧事》中记载宋末元初杭州市肆用糖情况如下：

> 卷三　浴佛：用糖水浸佛像，以示敬佛。
> 　　　端午：糖品有糖霜、韵果、糖蜜、巧粽等，极其精巧。
> 　　　重九：民间用糖霜，以糖制菊花糕。
> 卷六　作坊：糖蜜枣儿，诸般糖。

此外，书中所涉及市面上常卖的糖食有：糖叶子、糖果子、糖丝线、泽州饧、十般糖、糖脆梅、花花糖、糖豌豆、乌梅糖、玉柱糖、乳糖狮子、诸色糖蜜煎。粥：糖豆粥、糖粥。糕：糖糕、蒸糖糕、生糖糕、蜂糖糕。①

从宋元文献记载的用糖情形看，糖被比较广泛地用于长江以南的广大地区，而这些地区的饮食嗜好本来就偏甜，加上本地又是产糖区，用糖偏多是不足为奇的，并不能代表全国的普遍现象。在非产糖区和广大的北方，糖仍然是稀有得只有达官贵人甚至只有皇家才有的珍品。《元史·廉希宪传》中记载了元顺帝时，忠奸臣之间围绕糖的有关故事，很能说明元代糖还是弥足珍贵的：

> 希宪尝有疾，帝遣医三人诊视。医言须用沙糖作饮。时最难得，家人求于外。阿合马与之二斤，且致密意，希宪却之曰"使

---

① 周密：《武林旧事》，《四库全书·史部》第590册。

此物果能活人，吾终不以奸人所与求活也。"帝闻而遣赐之①。

即使如此，宋元的文献记载民众用糖比以前增多仍是不争的事实。

第二，对糖的药用价值比前代有更为正确的认识。糖于药用，季羡林先生总结了宋元的时候出现了两个明显的特点："第一，唐代《本草》和医书中，蔗和糖等药用例子最多，宋代次之，元代又次之。第二，在唐代，甚至在宋代，一些用蔗和糖等来治的病，到了元代，蔗和糖都不见了。"② 原因是什么？季先生没有进一步做解释。

宋元时代，糖业经济比前代有所发展是学者们公认的事实，而蔗糖的食用比前代更为广泛，也为学者们所认同。这就是说，宋元时代用糖比前代更广泛，糖的获取也比前代更为方便，但为什么其在医药上的使用反而少了呢？甚至在唐代以前使用糖的地方，到了宋元反而不用了，比如用沙糖治眼病，在唐代是很普遍的，而在宋元时代使用得比较少。显然，这并不单是缺糖的问题，虽然糖在全国各地使用并不普及，但作为医药用糖，在产糖区和达官之家还是能保障的。所以唯一能解释的是，宋元时代对糖的药用价值比前代有了更为正确的认识，知道糖在什么时候该用，什么时候不该用。元人所撰的《世医得效方》中有用沙糖来解砒毒和巴豆毒的记载："卷十：解砒毒方。又方：蓝饮子，解砒毒及巴豆毒，用蓝根、沙糖，二味相和，擂水服之，或更入薄荷汁尤妙。"③ 这在以前是没有的，在医学上是个新的发展。宋元人用糖在饮食上也总结出"食物相克"的经验，认为"鲫鱼不可与糖同食，虾不可与糖同食，葵菜不可与糖同食，竹笋不可与糖同食"④。这都说明蔗糖经过人们长期的食用和医用，在比前期更为频繁地对糖的接触与使用的基础上，得出了较为正确的医学用糖方式，也从另一个方面说明糖霜期糖业生产比前期有所增长的事实。

---

① 脱脱等：《宋史》卷126，中华书局1977年版。
② 季羡林：《中华蔗糖史》，第199页。
③ 危亦林：《世医得效方》卷10，《四库全书·子部》第746册。
④ 忽思慧：《饮膳正要》卷2，上海古籍出版社1990年版。

第一篇 糖与古代中国社会

总之，在 16 世纪中叶以前，我国的制糖业经历了三个重要的发展时期，即粗糖期、沙糖期和糖霜期，这三个重要的历史时期，有力地推动了我国甘蔗种植业的发展，也在不同的层面对社会民众生活产生影响，进而促进蔗糖消费的不断增长，为以后的糖业发展奠定了物质、技术和民众消费基础。

（原载《中国农史》2003 年第 4 期）

16世纪中至17世纪初我国蔗糖业生产技术的发展及其影响

关于16世纪中期至17世纪初期我国的蔗糖生产，史学界的前辈早已予以关注，取得的成果也较为丰富。在制糖业方面，季羡林先生、于介先生对16世纪中期白糖的发明作了专文的探讨。[①] 此外，赵匡华、周嘉华先生对16世纪中期至17世纪初期白糖的制作作了技术性的考证；[②] 在甘蔗种植技术方面，农史学家也作了简要的总结。[③]

若就地区而言，学者们主要对广东省与福建省的蔗糖业予以较多的关注，冼剑民、谭棣华在《明清时期广东的制糖业》[④]、陈学文在《论明清时期粤闽台的蔗糖业》[⑤]、杨国儒在《浅述明朝、清前期广东的甘蔗种植业和制糖业》[⑥] 中，对广东与福建的蔗糖生产作了区域性的探讨，其中又以对广东制糖业中的生产关系探讨为重点。

笔者以社会史研究的方法对我国蔗糖业的发展作了长时段的研究，认为我国糖业生产的发展如果仅从技术的角度去划分，主要分为三个阶段。

---

① 请参阅季羡林《白糖问题》，《历史研究》1995年第1期；于介：《白糖是何时发明的》，《重庆师范学院学报》1980年第4期。
② 赵匡华、周嘉华：《中国科学技术史·化学卷》，科学出版社1998年版，第610页。
③ 广东省农业科学院、轻工部甘蔗科学研究所：《中国甘蔗栽培》，农业出版社1963年版。唐启宇：《中国作物栽培史稿》，中国农业出版社1980年版。
④ 冼剑民、谭棣华：《明清时期广东的制糖业》，《广东社会科学》1994年第4期。
⑤ 陈学文：《论明清时期粤闽台的蔗糖业》，《广东社会科学》1991年第6期。
⑥ 杨国儒：《浅述明朝、清前期广东的甘蔗种植业和制糖业》；季羡林：《中华蔗糖史》，经济日报出版社1997年版。

第一篇　糖与古代中国社会

　　第一个阶段是16世纪中期以前，这个时期是我国蔗糖业生产的基础性阶段，蔗糖制作技术与甘蔗种植技术的发展呈渐进式发展，经历了粗糖期、沙糖期、糖霜期三个阶段。①

　　第二个阶段是16世纪中期至17世纪初，即明嘉靖年间至清初顺治初年，约150年左右。这个时期内，嘉靖年间白糖的发明是我国糖业发展史上一个重要里程碑。崇祯年间成书的《天工开物》，以及这个时期屈大均等人的著作，均对当时我国的甘蔗种植技术作了介绍，这些著作对我国封建社会时期甘蔗种植技术作了一次系统的总结，展示了我国蔗糖业在甘蔗种植和制糖技术方面取得的较大突破。近代以来，特别是1898年甲午中日战争以后，外国的近代工业化进程对中国造成了极大的刺激，国内掀起了兴办民族工业的热潮，办厂之风在全国迅速展开。部分商人也在内地尝试兴办糖厂，如光绪十二年（1887），福建商人在福州兴办制糖厂；② 1910年，南洋华侨郭祯祥于福建漳州设立华祥制糖公司，资本40余万元，以新法制糖。③ 但是，这些民族资本家所兴办的糖厂规模小，生存的时间也极短，并没有形成扭转历史的标志性开端。所以从16世纪中期至1934年，我国的糖业制作技术与甘蔗种植技术基本没有突破封建社会时期的生产力水平。

　　第三阶段是1934年以后的近现代化糖业生产阶段。1934年中国内地第一家现代化糖厂广东市头糖厂建立，标志着糖业生产由传统的作坊生产，向近现代化生产迈进，糖业生产发生了质的变化。

　　综观学者对16世纪中期至17世纪初期我国蔗糖业的探讨，大多作制糖或是甘蔗种植之间的单独性技术考证，对二者之间的关联没有更多的考察，对该时期糖业生产取得的成就论述不足，更没有就这些成就对后世蔗糖业发展的影响进行评估，笔者针对学术界这些研究薄弱点撰成此文，希望引起学者对此一领域的关注。

---

　　① 周正庆：《16世纪中叶以前我国蔗糖业生产概论》，《中国农史》2003年第4期。
　　② 孙毓棠：《中国近代工业史资料·辑一》（下），科学出版社1957年版，第98页。
　　③ 汪敬虞：《中国近代工业史资料·辑二》（下），科学出版社1957年版，第1005—1006页。

一 制糖技术的突破

（一）制糖工具的发明

明代的制糖工具比宋元时期有了较大的突破，发明了榨蔗用的"糖车"。宋应星的《天工开物》作了图文并茂的述说：

> 凡造糖车，制用横板二片，长五尺，厚五寸，阔二尺，两头凿眼安柱，上笋出少许，下笋出板二、三尺，埋筑土内，使安稳不摇。上板中凿二眼，并列巨轴二根（木用至坚重者），轴木大七尺围方妙。两轴一长三尺，一长四尺五寸，其长者出笋安犁担。担用屈木，长一丈五尺，以便驾牛团转走。轴上凿齿分配雌雄，其合缝处须直而圆，圆而缝合。夹蔗于中，一轧而过，与棉花赶车同义。蔗过浆流，再拾其滓，向轴上鸭嘴投入，再轧又三轧之，其汁尽矣①。

这种"糖车"，比前代榨蔗以人力为主的先进之处是，用畜力拉动二辊以榨糖，既省力又能使甘蔗的出汁率大增。整个明清时期乃至民国初年，广大的乡村糖寮均使用这种榨汁技术，清代以后的"糖车"，只不过是增加了畜力而已，其基本原理与明代发明的"糖车"是相同的。所以"糖车"的发明对制糖业是个重大的促进。

（二）制糖技术的突破

明代制糖技术与前代相比取得了较大的突破，表现在以下三方面。

1. 白糖的发明

关于白糖的发明，史学界作了比较深入的研究和探讨。于介先生

---

① 宋应星著，钟广言注释：《天工开物》卷6《甘嗜》，广东人民出版社1976年版，第167页。

在《白糖是何时发明的》①一文中,再次强调了其早在1960年便提出的白糖发明于明代嘉靖年间的观点。季羡林先生在《白糖问题》②一文中,较全面地论述了白糖产生于明嘉靖年间的史实。此外,持此观点的学者也不少,如陈学文等;③有的学者则认为白糖的发明在明后期,如刘国良等。④但无论持哪种观点,学者对明代发明白糖,且在明后期白糖的制作工艺得到推广的认定是一致的。

白糖的发明,最早见于明代刘献廷的《广阳杂记》:"嘉靖以前,世无白糖,闽人所熬皆黑糖也。嘉靖一糖局偶值瓦屋随泥于漏斗中,视之,糖之在上者,色白如霜雪,味甘美,异于平日。中则黄糖,下则黑糖也。异之,遂取泥压糖上,百试不爽,白糖此始见于世。"⑤说明白糖在明嘉靖年间(1522—1566)已经发明。白糖的发明虽带有偶然性,但这种偶然性经过古代手工业者的多次实验均获成功,广泛推行于制糖业中也就成为必然。白糖技术虽在明中期嘉靖年间发明,但在理论上进行比较全面的技术总结,则见于成书于崇祯七年至十一年的《天工开物》,该书对白糖的制法记载如下:煮好的糖液"将桶盛贮,凝成黑沙。然后,以瓦溜置缸上。其溜上宽下尖,底有一小孔,将草塞住,倾桶中黑沙于内。待黑沙结定,然后去桶中塞草,用黄泥水淋下。其中黑滓入缸内,溜内尽成白霜。最上一层厚五寸许,洁白异常,名曰西洋糖。下者稍黄褐。"⑥宋应星第一次在理论上总结了造白糖的技术——"黄泥水淋法"。

2. 冰糖技术的掌握

宋代王灼在《糖霜谱》中记载,宋代的四川遂宁、广东番禺等地,开始生产冰糖(当时称糖霜),但宋代生产的糖霜,是在较稠的糖水瓮中插入竹片,由其自然结晶生成的糖霜,没有一定的生产工艺可循。所耗时间长,短则五六个月,长则一年半,产量低,有的甚至

---

① 于介:《白糖是何时发明的》,《重庆师范学院学报》1980年第4期。
② 季羡林:《白糖问题》,《历史研究》1995年第1期。
③ 陈学文:《论明清时期粤闽台的蔗糖业》,《广东社会科学》1991年第6期。
④ 刘国良:《中国工业史·古代卷》,江苏科学技术出版社1990年版,第561页。
⑤ 刘献廷:《广阳杂记》,中华书局1957年版,第104页。
⑥ 宋应星著,钟广言注释:《天工开物》,广东人民出版社1976年版,第169—170页。

"不能成霜",只好将成瓮的糖水卖给人家制粗糖。① 明代的冰糖制作,在技术上是有保障的,形成了一套切实可行的冰糖制作技术。据《天工开物》记载:"造洋糖者,将洋糖(即白糖)煎化,蛋清澄去浮滓,候视火色。将新青竹破成篾片,寸斩撒入其中。经过一宵,即成天然冰块。"② 从此我们可以看出,明代总结而成的冰糖制法,是在白糖的基础上,利用蛋白加热后,能凝固除杂质的特点,掌握好水、火的时间与温度,所用的时间仅为"一宵"。可见这一制法,不仅省时间,而且质量好,比宋法较为先进。

3. 糖制品的丰富

由于明末已经熟练地掌握了糖的制法,清初,这些制糖技术已经得到了推广和普及,糖的成品非常丰富。明末清初已经出现砂糖、糖霜、冰糖等糖制品,而且,糖成品的再造品甚为丰富,如明末清初根据屈大均记载,流行于广东的再造糖品种有:广州市面上普遍有卖的"茧糖",即窠丝糖;制成条状而且透明的"糖通";小孩喜欢吃的中间空心的"吹糖";实心而小的"糖粒";祭灶用的"糖瓜";还有"铸成番塔、人物、鸟兽形"的"响糖";此外尚有"芝麻糖、牛皮糖、秀糖、葱糖、乌糖等"。这些成品糖中,各地均有自己的特色品种:"葱糖"是潮阳的好,"极白无滓,入口酥融如沃雪";"秀糖"以东莞为最;"糖通"则以广州为代表。这些糖被用于"吉凶之礼""祀灶""宴客"和"杂食"。③

16世纪中期至17世纪初期所取得的制糖技术的突破,基本代表了明清时期乃至民国初年我国广大乡村地区制糖业技术的水平,为糖业的发展提供了坚实的技术保障,使糖成品品种较为丰富,基本能满足糖成品在销售环节中的保管、储藏和市场供求的需要。

二 甘蔗栽培技术的进展

制糖技术的突破,使糖的产量不断增加,向甘蔗种植提出了新的

---

① 王灼:《糖霜谱》,《四库全书·子部》第844册。
② 宋应星著,钟广言注释:《天工开物》,第170页。
③ 屈大均:《广东新语》,第389页。

要求,在这种形势下,明末清初甘蔗种植技术也取得了较大的进步,标志性的成果是宋应星的《天工开物》。此书写于崇祯七年(1634)至十一年(1638)间,书中对甘蔗种植和制糖技术方面的理论作了较为全面的论述。屈大均(1630—1696)晚年所写的《广东新语》,也对明末清初的甘蔗种植作了重要的介绍。此外,明末清初的许多著作如成书于17世纪上半叶的《广群芳谱》、明朱权在15世纪前期写成的《瞿仙神隐书》,均对当时的甘蔗种植技术有所总结。明清中期以至清末的关于甘蔗种植的著作没有超出上述著作的水平,书中所述甘蔗种植技术也没有太大的发展。通过明末清初这些甘蔗种植的理论著作,我们可以得知甘蔗的种植栽培技术主要在以下几方面有所继承与发展。

(一) 种苗的窖藏

甘蔗的种植,种苗的窖藏是很重要的环节,宋应星认为种苗的窖藏必须放在干燥的地方,指出:"凡种荻蔗,冬初霜将至,将蔗砍伐,去杪与根,埋藏土内。土忌洼聚水湿处。"①

(二) 浸种、育苗、除分蘖

明末清初甘蔗种植在浸种、育苗和除分蘖方面的技术前代是没有的,这是甘蔗种植技术的重要发展。屈大均指出,新种的蔗种必须用水浸,等发芽后才下种,"新者以水久浸之,候出萌芽乃种"②。《天工开物》在记载育种和移苗分栽时更为具体:"雨水前五六日,天色晴朗即开出,去外壳,砍断约五六寸长,以两个节为率。密布地上,微以土掩之,头尾相枕,若鱼鳞然。两芽平放,不得一上一下,致芽向土难发。芽长一二寸,频以清粪水浇之,俟长六七寸,锄起分栽。"③ 其中种苗要"去外壳"的技术一直沿用到至今。甘蔗育苗移栽方面懂得了育苗的优选法,即除分蘖法,在甘蔗种植前进行选苗,

---

① 宋应星著,钟广言注释:《天工开物》,第163页。
② 屈大均:《广东新语》,第689页。
③ 宋应星著,钟广言注释:《天工开物》,第163页。

将优良的种苗保留移种，不合格的剔除。朱权《瞿仙神隐书》中载有种植甘蔗时"候三月间出"，"去旁边小苗，留大苗"。《群芳谱》也载有："节间生苗，去其繁冗。"① 这种除分蘖的技术直到目前仍然被普遍使用。

（三）择地

据当代的植物学家分析，甘蔗种植适宜的土壤是"以轻松而排水便利之砂土或砂质壤土为宜，冲积土次之……土壤的含水量一般20—25%，以25%为合适"②，所以种植甘蔗，土壤的选择很重要。宋应星在《天工开物》中对种植甘蔗的择地，做了精辟的论述，并且被实践证明是科学的："凡栽蔗必用夹沙土，河滨洲土为第一。试验土色：掘坑尺五深许，将沙土入口尝味，味苦者不可栽蔗。凡洲土近深山上流河滨者，即土味甘亦不可种。盖山气凝寒，则他日糖味亦焦苦。去山四五十里，平阳洲土择佳而为之。"

（四）开畦

《天工开物》记载，明末的甘蔗种植对开畦技术作了改进，"凡栽蔗治畦，行阔四尺，犁沟深四寸"③。种蔗开畦四尺，比以前甘蔗种植开畦仅为一尺，更便利于耕牛的进入与耕作。甘蔗的种植使用耕牛进行开畦，大大减轻了人力的负担。

（五）种植

甘蔗的种植时间是"谷雨内于沃土横种之"。甘蔗种植后覆盖的土不能太厚，否则会影响到发芽。这一点宋应星有所指出："蔗栽沟内，约七尺列三丛，掩土寸许，土太厚则芽发稀少也。"④ 甘蔗的套种是先进的生产技术，新中国成立初年尚当作先进的生产经验予以介绍，但这种被认为是现代甘蔗种植的先进技术，早在明朝就出现了：

---

① 王象晋：《群芳谱》卷4《果谱》4，中国农业出版社1985年版。
② 唐启宇：《中国作物栽培史稿》，中国农业出版社1980年版，第561、562页。
③ 宋应星著，钟广言注释：《天工开物》，第163页。
④ 同上。

"（甘蔗）种时，取蔗尾截断二三寸许，二月于吉贝中种之，拨吉贝时，蔗已长数尺"①，在将要下种的甘蔗地里套种棉花，大大提高了土地的利用率，同时又可荫蔽地面，利于甘蔗的发芽和幼苗的成长。

（六）田间管理

甘蔗是耗肥料，喜高温、湿润的农作物。但用肥料和浇灌的技术是有讲究的，并不是越多越好，明末清初已形成了一套施肥和灌溉的有效制度，认为甘蔗种植"虽常灌水，但俾水势流满湿润则已，不宜久蓄"②。只要保持甘蔗的湿润就行了；而"浇粪多少视土地肥硗。"③并且要不断地根据甘蔗的长势，追加施肥，二月用猪毛和土，作为种肥与甘蔗一起下种，当甘蔗"长至一二尺，则将胡麻或芸苔（麻饼或菜饼）枯浸和水灌，灌肥欲施行内"，"至七月……加以粪秽，候长成收取"。根据甘蔗生长的不同时期，施以不同肥料的技术，在甘蔗的种植技术上比前代有所发展，这种技术直到目前尚有指导意义。

（七）耕耘培土，除虫防倒

耕耘，利于甘蔗的根系生长，可以促进甘蔗的发育，所以甘蔗的种植"芽发三四个或六七个时，渐渐下土，遇锄耨时加之。加土渐厚，则身长根深，蔗免欹倒之患。凡锄耨不厌过勤，高二三尺则用牛进内耕之。半月一耕，用犁一次垦土断旁根，一次掩土培根"，到七月初进行第一次"取土封壅其根"，九月初再次"培土护根，以防砍后霜雪"④。可见明末清初时总结的耕耘和培土制度是非常具体明确的，特别是牛只使用于耕耘，大大减轻了人的劳动强度。衰老和凋谢的老叶遮光，妨碍甘蔗的光合作用，对甘蔗的生长极为不利，必须摘除。屈大均在总结甘蔗栽培技术时说："剥其蔓荚而蔗乃畅茂。"所谓"蔓荚"即老叶。防虫也是甘蔗种植关键的一环，所以屈大均又说，当蔗"已成干，则日夕揩拭其虫兹"。这里的"虫兹"即指虫，

---

① 同治《番禺县志》卷7《物产》，成文出版社1967年版。
② 王象晋：《群芳谱》卷4《果谱》4。
③ 宋应星著，钟广言注释：《天工开物》，第163页。
④ 同上书，第163、167页。

要求每天都要进行除虫的工作。屈大均又指出："蔗之珍者……质甚脆，必扶以木，否则摧折"，① 即要求在甘蔗将要成熟收获的时候，必须用木将甘蔗捆绑固定，以防倒伏。

（八）轮作制度

植物的轮作，是保证地力、提高单产的有效手段。明末清初时人已经认识到了轮种的重要性。屈大均在《广东新语》中，介绍了广东增城甘蔗与芭蕉轮作的经验："增城之西洲，人多种蕉。种至三四年，即尽伐以种白蔗。白蔗得种蕉地，益繁盛甜美。而白蔗种至二年，又复种蕉……其蕉与蔗，相代而生，气味相入，故胜于他处所产。"② 在明代，蔗与其他农作物的轮种制度不仅在广东存在，而且普遍存在于其他产蔗区。《群芳谱》对此作了相关的记载："今年种蔗，明年改种五谷……以滋息；来年种稻，今年可种大麦；如种棉，则不种大麦。棉稻可种之田，种棉两年，翻稻一年。（如是可使）草根溃烂，土气肥厚，虫螟不生。"③ 利用蔗田进行轮种，在台湾亦如此，黄叔璥在康熙年间到台湾巡视时，对台湾的甘蔗与其他作物轮种的制度作了记载："台邑土壤偏小，绝少水田，农人多种瓜执麻杂植蔬豆，栽蔗碾糖，间种早稻，以佐食纳粮。"④ 甘蔗种植技术在明末清初较为全面的总结，对甘蔗种植具有重要的指导意义。此时甘蔗的种植品种十分丰富，基本包括了明清时代所种植的主要品种。⑤

三 蔗糖业生产技术发展对社会经济生活的影响

16世纪中期至17世纪初期，蔗糖业生产技术取得的成就，对我国蔗糖业发展以及社会经济的影响是多方面的。最主要的有如

---

① 屈大均：《广东新语》，第689页。
② 同上书，第688页。
③ 王象晋：《群芳谱》卷4《果谱》4。
④ 黄叔璥：《台海使槎录》，《四库全书·史部》第592册。
⑤ 请比较季羡林先生《中华蔗糖史》第333—334页有关明代甘蔗种类，及第507—509页中有关清代甘蔗种类的内容。

下一些方面。

（一）糖业生产商品基地的初步形成

16世纪中期开始，我国的糖业生产技术在制糖工艺和甘蔗种植技术方面，都取得了较大突破，这种突破给糖业经济的发展带来的影响是深远的，最为典型的标志性影响是，在17世纪初，我国初步形成了以闽粤台为主，并向外延伸的蔗糖生产商品基地。

1. 闽粤台糖业商品生产基地的初步形成

17世纪初，全国的糖业生产，在大陆以广东和福建为主。据《天工开物》记载，甘蔗"产繁闽广间，他方合并，得其十一"①。广东与福建的甘蔗种植占了全国的十分之九，此时的广东和福建已经初步形成了比较发达的糖业商品生产基地，台湾也在17世纪初的荷据时代形成了糖业商品生产基地。17世纪初，福建的糖业生产，形成了以福州为中心的侯官洲靠东沿海，向南往莆田，经闽南至泉州、漳州、漳浦沿海一带为主的甘蔗种植基地。福建糖业生产基地的形成比广东要早，万历年间成书的《闽大记》便有记载："糖产诸郡，泉、漳为盛，有红有白及冰糖。商贩四方货卖。"又载："种蔗皆漳南人，遍山谷。"② 这表明，最迟应在16世纪末的万历年间，福建南部的泉州府便开始形成规模比较大的商品蔗种植基地。此后，由于有利可图，福建不少地方出现毁田种蔗的现象，如兴化府莆田地区"甘蔗：以水田做垅种之，叶如菅茅，其茎有节，春种秋成，捣其汁煮之，则成黑糖，又以黑糖煮之，则成白糖。莆人趋利者多种之"③。闽南的泉州、漳州地区蔗田挤占稻田，造成米贵，需从外省进口："甘蔗干小而长，居民磨以煮糖，泛海售焉。其地为稻利薄，蔗利厚，往往有改稻田种蔗者，故稻米益乏，皆仰给于浙、直海贩。"④

广东的商品蔗基地的形成比福建略晚，笔者尚未发现万历年间以

---

① 宋应星著，钟广言注释：《天工开物》，第162页。
② 王应山：《闽大记》卷11《食货考》，福建社会科学院收藏（抄本）。
③ 周瑛：《兴化府志》卷13，《户纪》，《山物考·果部》。
④ 陈懋仁：《泉南杂志》卷上，《四库全书存目丛书》，史部，第247册，齐鲁书社1983年版，第836页。

16世纪中至17世纪初我国蔗糖业生产技术的发展及其影响

前的资料中有关于广东大规模种植甘蔗的记载。明崇祯年间的进士方以智在《物理小识》中记载,广州地区甘蔗种植非常普遍,当时"岭北以南皆种之"①。说明广东开始大规模种植甘蔗应在崇祯年间,即17世纪初以后。17世纪中期以后,广东的甘蔗种植业发展得很快,甘蔗种植以珠江三角洲为主,形成了阳春、番禺、东莞、增城等甘蔗种植基地。由于种植甘蔗有利可图,广东许多地方种植甘蔗"连岗接阜,一望丛若芦苇然",不少地方甚至出现蔗田与农田种植面积相等的情况:"粤人开糖坊者多以是致富。盖番禺、东莞、增城糖居十之四,阳春糖居十之六,而蔗田几与禾田等矣。"②广东东莞石龙乡情形是"其地千树荔,千亩潮蔗",广东东莞篁村、河田一带"白紫二蔗,动连千顷"③。

台湾虽在17世纪初形成糖业商品生产基地,但带有很强的殖民主义的色彩。17世纪20年代初,在荷兰殖民者占领台湾南部后,为了筹集统治经费和满足其国内对糖的需求,采取种种优惠措施,如贷款于蔗农,提供动力牛,提高糖的收购价格等,在台湾南部大力发展制糖事业。1636年,台湾开始向外输出蔗糖,标志着台湾的商品糖基地在崇祯年间逐步形成。这个时候糖业商品基地主要在台南,此后不断得到发展。入清,顺治十八年(1661)郑成功收复台湾后,"积极奖励甘蔗糖业,且由福建移植蔗苗、改良制糖方法,生产量因而大增"④。由于荷兰殖民者和郑氏集团均从各自利益出发,利用集团的力量发展糖业生产,所以糖业的发展很快,以至清政府收复台湾后,能在原来基础上,使糖业的商品生产得到一个较快的发展。台湾糖业这种带有集团强迫行为的发展,使糖业的发展速度和规模都要超过大陆。由于资料不是很集中,我们无法详尽地列出1636年至顺治末年每年的糖业生产情况,但从表1中,排除了非正常年份的极端少和极端多以外,可以看出明末清初台湾的糖业生产基本上呈稳步发展的趋势。表中说明,从1636年台湾产糖量12万多斤,至1661年,增至

---

① 方以智:《物理小识》卷9《草木类·蔗》,《四库全书·子部》第867册。
② 屈大均:《广东新语》,第689页。
③ 同上书,第59页。
④ 杨逸农:《台湾甘蔗糖业面面观》,华冈出版部1974年版,第78页。

85.6万多斤,二十多年间增加了近6倍多,由此可见,台湾的糖业发展是比较快的。

表1　　　　　　　明末清初台湾糖业生产情况①　　　　（单位:万斤）

时间	糖产量	时间	糖产量
1636	12.2503	1645	150
1639	18.8	1649	30
1640	12—15	1652	58.7
1643	25	1653	9—10
1644	30.14	1661	85.6

2. 其他地区的糖业生产

17世纪初,除了闽粤台形成糖业商品生产基地外,全国其他省份的一些地方也形成了小规模的甘蔗种植商品基地,如明代崇祯年间,福建人在浙江种植甘蔗形成小规模商品蔗基地:"崇祯初年,闽人来浙东诸郡种靛、麻、蔗者布满山谷。"② 明末清初广西也开始形成了小规模的糖业商品生产基地,所产的糖远近闻名。据覃延欢先生考证:"明代广西柳州的柳糖、贵县苏湾的苏糖、邕宁庆良墟的白糖,皆为著名商品,畅销远近各地。"③ 由此可见,17世纪初,全国已经形成了以闽粤台为主的糖业商品生产基地,并且开始向外延伸至广西、江西、江苏、浙江的部分地区。

(二) 对社会经济生活的影响

蔗糖业生产技术的发展对社会经济和民众生活的影响是多方面的,其表现主要包括以下两个方面。

---

① 根据许涤新、吴承明《中国资本主义的萌芽》,人民出版社1985年版,第352—353页;陈绍刚《十七世纪上半期的中国糖业》及《对外蔗糖贸易》一文(《中国社会经济史》1994年第2期)有关资料制作。
② 光绪《遂安县志》卷8《纪事》,成文出版社有限公司1983年版。
③ 覃延欢:《论明清时代广西农产品的商品化》,载叶显恩《清代区域社会经济研究》,中华书局1992年版。

1. 16世纪中期以后，糖开始成为中国重要的外流商品，① 对封建社会的经济发展产生了重要的影响，逐渐成为仅次于盐、茶之后政府税收的重要来源。②

2. 对民众生活产生了多方面的重要影响。16世纪中期至17世纪初期，由于糖业生产的发展，糖逐渐由奢侈消费品转化为民间日常生活用品，从而对民众的生活产生了多方面的影响，主要表现在饮食③、医疗④、民俗等方面。

总之，16世纪中期至17世纪初期，蔗糖业的发展在技术方面所取得的成就，基本奠定了清代至民国初年我国广大乡村的甘蔗种植和制糖业的技术基础，糖业技术的发展促使我国在17世纪初形成以闽粤台为代表的糖业商品生产基地，与康熙年间形成的四川糖业商品生产基地一起，构成了我国著名的四大蔗糖商品生产基地，基本上奠定了我国蔗糖业商品生产基地的布局。新的糖业生产基地格局的形成对社会经济生活产生了多方面的影响，这个时期蔗糖业生产技术的发展，在我国糖业发展史上占有重要地位。

（原载《中国农史》2005年第1期）

---

① 周正庆：《明清时期我国蔗糖外销的流向》，《广西师范大学学报》2004年第2期。
② 季羡林：《中华蔗糖史》，第530页。
③ 周正庆：《试述清人饮食用糖的特点》，《明清人口婚姻家族史论》，天津古籍出版社2002年版。
④ 周正庆：《明清时期医学用糖的演变其原因初探》，《明清史论丛》2002年第4期。

明清时期我国蔗糖外销的流向

中国蔗糖较大规模的输出在历史上出现得比较晚,从明末清初开始中国糖类产品的出口量日渐增大,至鸦片战争前,我国蔗糖的出口范围几乎遍及全球各地。[①] 鸦片战争后,中国糖类产品的输出地更广泛,贸易所涉及的国家更多,如德国、俄国、意大利等。以前没有从华输入糖产品的国家也纷纷与中国进行贸易。明清时期,我国蔗糖输出的主要地区有以下一些。

一 亚 洲

(一) 日本

中日两国贸易交往的历史十分悠久,汉武帝时,中日两国便建立了使节间的来往关系,此后历代中日两国各种形式的贸易往来十分频繁。双方贸易商品的种类很多,但是在中国输往日本的商品中,"到了明末才有糖输入日本"。"明万历年间,日本萨摩和中国有了贸易关系。1609 年(万历三十七年)7 月,中国商船十艘开到萨摩,船上装的货物中有白糖和黑糖。"这是中国糖输入日本的最早记录。至"德川氏时代,两国仍有贸易往来。1615 年闰六月三日,有中国漳州商船载着大量的砂糖开到纪伊的浦津"[②],从而开创了中国糖大规模输入日本的先河。清雍正以前,日本国内不产糖,所需的蔗糖大量从

---

① 季羡林:《蔗糖在明末清中期中外贸易中的地位——读〈东印度公司对华贸易编年史〉札记》,《北京大学学报》(哲学社会科学版)1995 年第 1 期。
② 季羡林:《中华蔗糖史》,第 373 页。

中国进口。明末清初,福建省沿海各港口均有糖出口至日本,并且数量十分巨大,见表1。

表1　　　明末清初福建各类砂糖出口日本的情况　　　（单位:斤）

年份	闽南地区 （漳州、泉州、安海）	福州地区 （福州、沙埕）
1641	98160	369050
1646	277000	332000
1647	40700	—
1649	450	—
1650	306150	91700
1651	164000	82600
1652		5750
1653	368950	187300
1654	671760	3090
1655	1336290	81140
1656	1168650	
1657	458510	—
1658	932480	
1660	537086	27900
1663	719630	

资料来源：韩昇《清初福建与日本的贸易》,《中国社会经济史研究》1996年第2期。

1725年,"往日本的中国商人给日本带去了蔗种、甘蔗种植方法和砂糖制造方法"[①],日本开始在本土种植甘蔗、制造蔗糖。但在1895年中日甲午战争前,日本本土所需之糖,国内生产始终无法满足。甲午战争前,日本试图通过制造甜菜糖来缓解国内糖类产品供应的紧张局面。1878年,松方正义出席法国巴黎博览会期间,对甜菜糖业进行了研究。归国以后,于1880年在北海道建设官立制糖工场,

---

① 冷东：《中国制糖业在日本》,《学术研究》1991年第1期。

1888年夏成立札幌制糖会社，但成绩都不是很好。前者于1895年结束，后者于1897年解散。日本政府希望在本国生产甜菜糖，以满足本国人民消费的种种努力均未能成功。资料显示：1894年，日本砂糖消费量为400万担，而其生产额仅为80万担。① 可见，在甲午战争前，日本糖业生产的缺口十分巨大，国内消费的糖大部分需要进口。以17世纪为例，日本学者岩生成一在对1637—1683年间中国输往日本的糖的总数作了统计后，认为平均每年从中国输往日本的各种糖高达169万斤，中国糖占日本进口糖类产品数量的绝大多数。②

甲午战争后，日本占领了台湾，并通过各种措施在台湾大力发展甘蔗种植业，建立糖业生产基地，将在台湾生产的蔗糖大量运回日本，将中国排挤出日本的糖类市场，台湾成为日本向大陆输出蔗糖的基地。从此，中国大量向日本输出糖类产品的历史暂告一段落。

为什么在甲午战争前，特别是清初以前，中国的糖能够大量地输入日本呢？究其原因主要如下。

其一，日本市场的需要。如上所述，甲午战争前，日本国内需糖量十分巨大，为中国糖输往日本提供了前提。

其二，清初，清政府对金属需求量很大，清政府鼓励民间与日本进行金属，特别是铜的贸易，客观上对糖业的贸易起了促进作用。史载："凡商贾有挟重赀，愿航海市铜者，官给符为信，听其出洋往市于东南日本诸夷。舟回，司关者按时值收之，经供官用，用余则任其售于市肆，以便民用。"③ 在清政府优惠政策的鼓励下，大批中国商人前往日本进行贸易活动，尤以江浙、福建沿海一带的商人居多。

康熙年间，清政府输入的铜产品中以来自日本的居多，清政府设立了专门的机构，对从日本输入的铜产品进行管理："自康熙二十二年（1683年），设立海关，是时洋铜即已流通内地，康熙三十八年（1699年），以京局额交商办解，寻改为八省分办，复改为江浙总办，

---

① 周宪文编：《台湾经济史》，台湾开明书店1970年版，第547页。
② 林仁川：《明末清初私人海上贸易》，华东师范大学出版社1987年版，第236页。
③ 宋文蔚等：《皇朝掌故汇编（丙编）》卷19《钱法一》，求实书社，光绪二十八年刊印。

皆取给于东洋"①。乾隆元年，各地汇集到北京的铜总数为400万斤，来自日本的铜占了一半。日本输入中国的铜产品多经过长崎港，同时长崎也是中国糖销往日本的一个最大的贸易港口。日本学者作了如下统计：1641年，运往长崎的白砂糖为5427500斤，黑砂糖251700斤，冰糖47300斤，这一年销往日本的各种糖共5726500斤。1644年，运往长崎的白砂糖为489800斤，黑砂糖849600斤，冰糖78150斤。1645年，向日本出口的白砂糖达1770100斤，黑砂糖1553000斤，冰糖54800斤。②康熙二十五年，进入日本的中国商船达100多艘，往日本贸易的中国商人主要是东南沿海的商人，其中不少是福建与广东商人。1665年至1668年，中国往日本贸易的商船中，"福建商人约占一半份额"，有时甚至占三分之二以上。③糖是福建最重要的土特产品。糖不仅是交易的商品，也是航海时的压舱物。随着东南沿海商人大批进入日本采购铜类产品，中国东南沿海最重要的土特产——糖，作为对冲商品被大量输往日本市场。长崎是中国商船前往采购金属最多的港口，因而中国蔗糖从此港输入日本最多。

清初由于大量中国商船前往日本采购金属，致使"东洋开采日久，铜矿日减"，日本对前往采购金属的中国商船的数量实行严格的限制，以致在雍正年间，"每年江浙二省铜商出洋者，不过三十六船。从前每船载铜九万五千斤。近因采铜渐少，每船止得铜七万五千斤"④。雍正以后，由于日本限制中国商人前往从事金属贸易，中国派往日本的商船逐渐减少，糖与金属的双向对冲交易基本结束。

但是从糖类产品输出中得利的中国东南沿海商人并没有因此中止与日本的糖类产品贸易，相反继续以其他方式向日本输出中国蔗糖。可见，明末至甲午中日战争前，日本一直是中国一个重要的糖业市场。

---

① 张廷玉等：《清朝文献通考》卷17，商务印书馆1963年版。
② 季羡林：《中华蔗糖史》，第236页。
③ 韩昇：《清初福建与日本的贸易》，《中国社会经济史研究》1996年第2期。
④ 张廷玉等：《清朝文献通考》卷15。

（二）东南亚和南亚

东南亚与我国的贸易交往历史悠久，与我国的蔗糖贸易持续时间较长，中国封建政府对与东南亚的贸易在政策方面也比较宽松。所以，明末至清末民国年间，东南亚地区一直是我国东南沿海，特别是广东蔗糖销售的重要市场。

明末清初，广东商人已经将优质蔗糖售往南洋一带，对此屈大均是这样记载的："（糖）最白者以日曝之，细若纷雪，售于东西二洋，曰洋糖；次白者售于天下。"① 这里所说的"东西二洋"，据明代福建漳州府龙溪县人张燮所著《东西洋考》卷一至卷四"西洋列国考"可知，明人把当时的占城、暹罗、下港、柬埔寨、马六甲、柔佛等国当作"西洋"，即在当今的地理位置上以东南亚为主。卷五的"东洋列国考"则把南洋群岛诸国称为"东洋"，即"吕宋、文莱、苏禄、美洛居等国"。可见，明末清初粤糖已经大量销往东南亚。

康熙初年，清政府对东南亚的贸易控制比较严，规定暹罗国每三年只能进贡一次，并且对进贡的规模作了限制：每次进贡，船不能超过三只，每只人员不能超百人，并且只能从广东进出。② 我们知道，东南亚一带是稻米出产丰富的地区，对东南亚贸易实行严厉的政策对清政府的粮食进口不利，对广东、福建等沿海地区的经济恢复也不利。针对康熙年间政府限制与东南亚贸易的政策，不少官员纷纷上疏请求停止执行，认为："番舶之往来，以吾岁出之货而易其岁入之财。岁有所出，则于我毫无所损，而殖产交易，愈足以鼓艺业之勤。岁有所入，则在我日见其赢，而货贿会通，立可以祛贫寡之患。银两既以充溢，课饷赖为转输，数年之间，富强可以坐致，较之株守故局，议节议捐，其得失轻重有不啻径庭矣。"③ 鉴于不少官员对海禁政策提出异议，康熙四十七年（1708），清政府对以前较为严厉的政策作了修正："暹罗国贡使所带货物，请听其随

---

① 屈大均：《广东新语》卷 27。
② 昆冈等：《大清会典事例》卷 502，新文丰出版股份有限公司 1976 年影印版。
③ 贺长龄等编：《皇朝经世文编》卷 26，学苑出版社 2011 年版。

便贸易，并免征税，以示柔远之意。"① 给东南亚贸易提供了相当优惠的政策。此后，由于政策宽松，从广东"每年造船出海贸易者，多至千余"②。康熙六十一年（1722），单是从暹罗一地运回福建、广东等省的粮食就超过十万石，清政府全部免税。

雍正初年，要求废止海禁政策的呼声渐高，除广东之外，福建省的官员也向雍正提出了废除海禁政策的建议。在这种情况下，清政府于雍正五年（1727）颁布了废除禁止与南洋贸易的规定。此后，中国与东南亚的贸易日益频繁，糖成为中国沿海与东南亚贸易的主要商品。至民国初年，广东新会的糖仍然大量出口东南亚，成为当地民众致富的重要商品之一。对此，民国的方志作了几乎与屈大均描述明末清初粤糖出口东南亚时相同的记载。③

可见，从明末至民国初年，在中国与东南亚进行以稻米为主的贸易中，蔗糖一直是我国东南沿海与东南亚实行对冲交易的一种重要的商品，东南亚一直是我国沿海地区一个重要的糖业销售市场。

除了东南亚之外，南亚也是中国糖类产品的输出地之一。中国与南亚有关蔗糖的交流历史十分久远，唐时印度优良的甘蔗品种与先进的制糖技术已经输入我国。在元朝，印度商人从本国运来钻石，到福建的福州、泉州出售，将中国的商品大量运回国内出售，获取了丰厚的利润。鸦片战争前，在南亚，中国糖主要经英国在印度的东印度公司运输，如1724年（雍正二年），英国东印度公司的船舶艾尔斯号从中国沿海开往印度，船中载有"糖2500担……冰糖500担……船中的英国大班同时向中国沿海商人订购有：糖1500担……冰糖1500担……而实际上，中国卖给大班的货物是：糖4000担……冰糖1800担……"；1732年（雍正十年），康普顿号从中国驶往孟买，载有"白糖1999担，冰糖847担，1733年船抵孟买公开叫卖"④。鸦片战争后，中国糖继续销往印度，英国的贸易报告对此作了较多的记载，

---

① 张廷玉等：《清朝文献通考》卷26。
② 张廷玉等：《清朝文献通考》卷33。
③ 民国《潮连乡志》卷1，香港林瑞英印务局1946年版。
④ 季羡林：《蔗糖在明末清中期中外贸易中的地位——〈读东印度公司对华贸易编年史〉札记》，《北京大学学报》1995年第1期。

如1866年的贸易报告中就记载了中国蔗糖大量输往印度的事实:"茶叶和冰糖是厦门附近的两大出产。近来已经有大量冰糖运销外国市场,特别是孟买。"①

(三) 中东

中东与中国的蔗糖贸易和技术交流的历史也很悠久,至明末清初,中国蔗糖已大量销往中东的波斯湾一带,主要经盘踞在台湾的荷兰殖民者进行转运。经陈启诗先生研究,得出了明末清初从台湾运往波斯湾的中国蔗糖的数量,见表2。

表2　1639—1661年从台湾运往波斯湾的中国蔗糖的数量　(单位:斤)

年份	数量	年份	数量
1639	188000	1653	446975
1640	520946	1656	400000
1648	300300	1657	828958
1651	463577	1658	800000
1652	587500	1661	856550

资料来源:陈启诗《郑成功驱逐荷兰殖民者前后台湾的社会经济》,转引自林仁川《明末清初私人海上贸易》,华东师范大学出版社1987年版,第243页。

荷兰势力退出中国后,中国蔗糖运往波斯湾主要通过英国商人。从史料记载来看,17世纪60年代以后,由英国商人运往波斯湾的糖在规模和时间的连续性方面都比不上荷兰人。

二　欧洲

从明末开始,中国蔗糖大规模出口到欧洲,欧洲是中国糖类产品销售的一个重要地区。中国蔗糖出口到欧洲,荷兰和英国商人起了重要作用。

---

① 彭泽益:《中国近代手工业史资料》第2卷,中华书局1962年版。

在17世纪上半期，中国蔗糖进入欧洲市场主要靠荷兰人运销。荷兰殖民者占领台湾后，将甘蔗引入台湾种植，台湾成为荷兰人在海外最大的糖业基地。他们以台湾为据点，收集台湾及广东、福建沿海的糖，进而运销欧洲或转销波斯湾，这种情况一直延续到荷兰殖民者17世纪60年代被逐出台湾为止。荷兰人从广东及福建沿海收集的糖，除一部分是沿海商人直接供货外，其余主要是从郑氏集团手中购得的，如"1828年，郑芝龙与台湾荷兰商馆签订的合同中，除绢绫重量不计外，在全部货重中，糖及糖货占百分之八十"①。

在崇祯十年（1637），英国也开始从中国输入白砂糖，② 英国商人在荷兰殖民者被驱逐出台湾以后，成为将中国蔗糖输往欧洲最重要的经济势力。在17世纪，英国从中国输入的蔗糖数量较少；18世纪初，英国的东印度公司开始从中国频繁地将蔗糖运往欧洲、印度、波斯湾等地，并且在数量上日渐增加，最多的1829年，输往英国的中国蔗糖达1700多万斤。

从鸦片战争到19世纪80年代中期，欧洲仍然是中国蔗糖的主要市场。19世纪80年代中期以后，因甜菜糖在欧洲的大量生产，中国蔗糖逐渐被排挤出欧洲市场。

三 美洲

中国蔗糖出口到美洲，主要市场是美国。相对于亚洲和欧洲国家来说，中国蔗糖出口到美洲的时间比较晚：直到19世纪初期，中国蔗糖才由英国的东印度公司和美国船只运往美洲，且出口的数量较少。在鸦片战争以前，经英、美两国的商人输入美洲的中国蔗糖在输入量最多的1819—1820年度没有超过5万担。

19世纪初，英国东印度公司对从中国运糖往美国的船只作了记载，季羡林先生作了摘录，笔者根据季先生摘录的资料制作了表3。

---

① 林仁川：《明末清初私人海上贸易》，华东师范大学出版社1987年版，第237页。
② 季羡林：《白糖问题》，《历史研究》1995年第1期。

表3　　1804—1832年美国船只从广州输往美国蔗糖的数量

时间（年）	蔗糖输出量（担）
1804—1805	1990
1805—1806	124
1806—1807	885
1807—1808	1690
1809—1810	1026
1812—1813	540
1815—1816	918
1816—1817	8350
1817—1818	12517
1818—1819	42662
1819—1820	49759
1820—1821	2664
1821—1822	15499
1822—1823	6421
1823—1824	500
1824—1825	3749
1825—1826	22240
1826—1827	4514
1827—1828	2100
1828—1829	2243
1830	3000
1831	10544
1832	4000

资料来源：季羡林《蔗糖在明末清中期中外贸易中的地位——读〈东印度公司对华贸易编年史〉札记》，《北京大学学报》1995年第1期。

从表3中我们可以看出，虽然美国从中国进口蔗糖的数量比不上中国输出至亚洲、欧洲等地区的多，但从19世纪初期开始，已经有中国蔗糖连续不断地输入美国的记载，表明美国已经成为中国一个不可或缺的市场了。

综上所述，我们可知，从明中后期开始，中国的蔗糖开始出口到国外，此后，随着我国蔗糖业的发展，外国对中国蔗糖的需求日益增加，外国商人纷纷来到我国采购蔗糖，从而形成了较为固定的海上运销网络。

糖业生产的特殊性决定了中国的甘蔗种植和蔗糖生产一开始便以商品营销作为目的。蔗糖贸易有内销和外销两种形式。所以，中国蔗糖与其他商品相比，被较早地卷入了国际市场的竞争中，亚洲、欧洲、美洲等许多地区成为中国蔗糖的流向目的地，中国糖业成为了世界糖业市场上一支重要的力量，对世界糖业市场的发展起着重要的作用。

（原载《广西师范大学学报》2004年第2期）

清代广东糖业国内营销网络试析

19世纪80年代以前,广东的糖业经历了辉煌的内销外贸时期,除了当时国内政策和国际对中国糖的需求等有利因素以外,运作流畅的国内营销网络对广东糖业的发展也起了很大的促进作用。本文就此作些粗浅的探讨。清代广东蔗糖的行销在19世纪60年代以前形成了省内以核心城市广州为最大糖业批发中心的集散销售网络。第二次鸦片战争以后,由于汕头的开埠,省内的糖业营销网络起了变化,汕头成为与广州并存的两大糖业销售中心,这种格局一直维持到19世纪80年代以前,直到洋糖的入侵,广东糖业的衰落为止。省外则形成以沿海、沿江城市为中心的递减辐射性的销售体系。清代广东糖业销售网络形成的这种格局对广东蔗糖业的发展起了极其重要的促进作用。

一 省内糖业营销集散体系的形成及其原因

清代广东糖业省内的批发从产糖区的乡镇市场一级集散地向联结国内外大都市的市场四级集散地流动,形成了比较通畅的全省糖业批发销售网络。

一级集散地与糖产地紧密相连,属于地方性的乡村市场。这种市场一般以"墟市"或"集市"为中心,通过商人的运作,将糖在墟市集中,再销往外地,成为糖成品一级市场的集结点和整个糖业批发销售网络的始发点。

商人在一级集散地地域所从事的糖成品的收集过程中,主要采取以下方法。一是在一级集散地实行产糖与供糖结合的商业运作,使一级集散地成为糖业营销体系中集产、供、销于一体的始结点。清代广东制糖业的特点之一是规模小，基本上是像李调元所描述的那种"上农一人一寮，中农五之，下农八之、十之"①作坊式的"小糖寮"，甚至是"熬糖者带着实用的小机械在农村里流动"进行榨糖。②特点之二是制糖产业的分散性，小糖寮分散于产糖区的各地，这种小糖寮很像库勒普（Kulp）在1920年考察汕头的乡村小糖寮时所描写的那样：一般是建在村子附近的蔗田周围的空地上，③便于交通运输。小寮糖的成品糖用牛车运到附近村镇的墟市上出售或汇集转往外地，墟市或集市便成为连结产糖区的小糖寮和糖业销售市场网络的始发点。《乾隆刑科题本》中记载了1751年四月初二，糖寮主陈大恒和包买商人卢大振的糖业合同：卢大振"与陈大恒同船往趁石康墟，大恒告以伊家有糖出售，卢大振与陈大恒定买糖五万片，每万片价银三两五钱。是日交定钱二百文，大恒收受，约定十二日交钱，十四日出糖"④。合同中粤西廉州府的"石康墟"就是小糖寮糖成品的交易市场和糖成品汇集的初级市场。

在澄海，"富商巨贾当糖盛熟时持重资往各乡买糖或先放赈糖寮，至期收之，有自行货者，有居以待价者"⑤。可见，商人为了能收集到足够的糖以便外运，不惜走乡串寨深入乡村集市购糖。农村集市或墟市成为了糖业批发市场集产、供、销于一体的始发汇聚点。

二是商业资本与产业资本的结合，以保证糖业生产与销售的有效运作。糖商在一级市场中的商业运作不仅仅是将产区糖收集外运，而且还要将商业资本与产业资本进行结合才能最大限度地获取利润。这种结合的方式有两种，其一，是通过开设小糖寮来实现。据屈大均记载："糖户家家晒糖……春以糖本分与种蔗之家，冬而收其糖利。旧糖未消，新糖复积，开糖房者多以致富"⑥。从中可以看出，小糖寮

---

① 李调元：《南越笔记》卷14《蔗》，载王锡祺辑《小方壶斋舆地丛钞》第9帙，杭州古籍书店1985年影印本。
② 转引自穆素洁《商品性农业与变化的限度：1644—1834年珠江三角洲甘蔗种植业》，载叶显恩主编《清代区域社会经济研究》，中华书局1992年版，第368页。
③ 转引自 Sucheta Mazumder, *Sugar and Society in China*, Cambridge（Massachusetts）and London, 1998, p. 286. 此书承蒙广东社科院叶显恩教授赐阅，深表谢意！
④ 黎民：《乾隆刑题本中有关农业资本主义萌芽的材料》，《文物》1975年第9期。
⑤ 嘉庆《澄海县志》卷6《风俗》，成文出版社1967年版。
⑥ 屈大均：《广东新语》卷14《食语·糖》，第389页。

不仅是糖的生产作坊，而且也是包买商人高利贷资本、产业资本结合的场所，还是积聚糖的原始仓库。其二是通过商业资本控制糖业生产来实现。在清代的制糖业中，商人的资本通过高利贷的形式渗透到甘蔗生产领域，东莞的糖户"春月以糖本散种蔗之农，冬则课收其蔗，复榨为糖"，其利"埒封君也"①。由此可知，一级糖业集散地以乡镇的墟市或集市为中心，起着本地糖生产和初级集散的作用，形成了一个乡或几个乡范围内的产糖与销糖的经营网络。

二级集散地是区域性的市场，建立在沿江交通便利的城镇中心，或是人口密集的大城镇。在这些城镇里形成了专门进行糖交易的"糖市""糖行"，其交易的覆盖面是比较广的，可以是一个或数个县。其功能是将从一级市场汇集来的糖，在专门的"糖市"或"糖行"进行销售后，转往三级市场汇集。广州府的清远镇就是比较典型的二级市场集散地。清远镇位于北江与众多河流交汇处，南沿浦水经三水可至佛山达广州，所以每当蔗糖上市时，商人们"卖糖趁朝市，列船成行，十月至正月，每泊二马头对面"②。糖商选择在码头设立糖市，并且在不影响水上运输的早上进行交易，说明集结清远的糖大多数是从水上运来，又从水路消散的。由此可见，清远的糖市所涵盖的范围包括北江流域一带众多集市，而在清远成交的糖大多是往三级集散地佛山等地汇集的。

三级集散地是跨区域性的市场，位于江河与海口的集散地。其集散的范围覆盖整个三角洲或沿海腹地，经营的糖大多是为了转口贸易。这种情况在潮州府的潮州港、高州府的徐闻港、廉州府的北海港表现得特别明显。这三个港口分别集结了潮汕地区、粤西地区、粤西偏西地区和广西靠东地区的糖成品，这些成品糖大部分作为商品糖被集结到广州出口或转销内地。这些港口在清代的中后期均发展成为重要的糖业输出基地，如潮州府的糖业输出港，也即后来的汕头港，在19世纪60年代后取代了广州成为清代最大的糖业输出基地。粤西地区徐闻港的出海口海安镇，经营糖业进出口和糖品的有"糖行商栈八家，曰悦来、曰杂记、

---

① 宣统《东莞县志》卷15，广东省东莞县养和印务局1921年版。
② 光绪《清远县志》卷2《舆地》，成文出版社1967年版。

曰协和、曰源城、曰庆丰、曰遂隆、曰悦记、曰合成"①。清代中叶以前的佛山也具有糖行集中的特点，但其与糖集中于港口附近销售的情形不同，从内地水路和陆路来的糖先在佛山集结，再进行分销，或转往广州出口。据《佛山忠义乡志》记载：佛山的糖行中"糖有黄糖、白糖、冰糖之分。来自清远及惠潮各属，亦有来自西江者"②，这些糖除了极少数在本地消费之外，大多转往广州出口。

四级集散地是省内、国内糖业销售中心，也是清代中国与外国进行糖业贸易的中心。在清代具备这样条件的贸易中心不多，鸦片战争前广州是全省最大的糖业批发集散中心，19世纪60年代汕头开埠以后，很快发展成为全国最大的糖业出口中心。这些糖业批发营销中心，集结了全省生产的大部分蔗糖，成为全省蔗糖不同时期最大型的汇聚地。

冼剑民、谭棣华先生认为，鸦片战争前广东糖业批发集散体系的情形是："广东由于是国内糖业重要产糖区，因此在省内形成广州、佛山、潮州、汕头四个贸易中心。粤北地区的蔗糖，多沿北江南下汇聚广州、佛山；雷州、湛江等地出产的，则从海路运抵广州；阳江一带多溯漠江到黄泥湾，再陆运至新兴、河头，转水路运达广、佛。韩江地区则沿韩江汇集于潮州（后为汕头）再由海路运往广州。由此可见，广州是广东境内最大的蔗糖贩运中心。"③冼、谭两位先生的研究成果清晰地显示了作为二级集散中心的阳江等地，作为三级集散中心的雷州（当时主要是从广东的徐闻港出口）往四级核心集散地广州汇集的情况。

清代广东省内的糖业批发经营体系形成了从乡村到城镇，再到重要的市镇，最后到中心城市的集散经营体系，原因是多样的，但究其主要原因有以下两点。

第一，政策的因素。从鸦片战争前的"一口通商"，到战后的"开埠通商"，政策因素是导致广东糖业批发营销网络变化的主要原因。

清初，政府为了切断大陆沿海地区与郑成功的联系，于1656年

---

① 何炳修：《徐闻县实业调查报告》，转引自冼剑民、谭棣华《明清时期广东的制糖业》，《广东社会科学》1994年第4期。
② 民国《佛山忠义乡志》卷6《实业志》。
③ 冼剑民、谭棣华：《明清时期广东的制糖业》，《广东社会科学》1994年第4期。

（顺治十三年）7月颁布了"禁海令"，禁止沿海居民的一切国内外海上贸易，[①] 接着又于1662年（康熙元年）3月和1664年（康熙三年）5月，先后两次下令广东沿海28州县的人民内迁50里到80里不等，就连附近海岛（澳门除外）的居民也不例外。[②] 直到1683年（康熙二十二年）7月，平定台湾后，清廷宣布废止"迁界令"，次年广东才开始实行复界。历时将近23年的海禁，使广东糖业的沿海内销和外贸不可能实行。1685年，清政府宣布"开海贸易"[③]，但却采取诸多限制措施，在这期间，广东糖业的内销和外贸一直不甚通畅。直到1757年（乾隆二十二年）11月，清政府关闭其他三地海关，实行粤海关一口通商。[④] 粤海关成为全国唯一的对外通商口岸，从此"所有外国商品的进口和国内商品的出口均经广州，均由粤海关负责管理"。"结果，使鸦片战争前中国以广州为出口的对外贸易渐趋繁荣"，"西欧许多国家纷至沓来到广州做生意"，而"道光六年（1826年）来广州的外船一百零三艘，英船为八十五艘，占百分之八十以上；道光十三年（1833年），在广州的外船共一百四十三艘，英船是一百零七艘，占百分之七十五以上"[⑤]。英船来华贸易的货物中糖是大宗商品之一，使得省内所生产的糖除了本地消费以外，纷纷在广州汇聚出口。

那么在汕头开埠以前，广东的糖为什么大部分从广州出口呢？为什么不直接从粤海关的子关口外销呢？岂非舍近求远？虽然从原则上来说，粤海关的一口通商并非广州一地的通商，从子关口也可直接出口商品，但实际情况是"外商一入中国港口，便需要一批为其采办伙食、媒介贸易、交通官吏的中介商人"[⑥]，到了清朝，在广州已经形成了一批专门从事买办及中介的商人，在鸦片战争前，粤海关的其他小型关口是不具备这么好的外商经营条件的，所以外商选择从广州进

[①] 华文书局编委会编：《清世祖实录》卷102，华文书局1971年影印本。
[②] 杜臻：《粤闽巡视纪略》卷1、2、3。
[③] 《清圣祖实录》卷117、120，新文丰出版公司1978年影印本。
[④] 华文书局编委会编：《清高宗实录》卷550、553，华文书局1980年版。
[⑤] 黄启臣、邓开颂：《略论粤海关的若干特殊制度及其影响》，《明清广东社会经济研究》，广东人民出版社1987年版，第238、251、252页。
[⑥] 章文钦：《明清广州中西贸易与中国近代买办的起源》，《明清广东社会经济形态研究》，广东人民出版社1985年版，第314页。

出口货物，舍近求远而不走其他小口，这是最重要的原因。这样的结果也势必会带动省内其他的出口货物往广州集结。从《粤海关志》记载的情况看，省内沿海各地与广州直接发生货物贸易来往的有海南的琼州港、粤西的廉州、高州、雷州港、粤东的潮州、惠州港和江门、澳门等沿海港口。[①] 广州成为当时全省最大的货物中转中心和出口基地，而省内的蔗糖大部分也汇聚于广州，或直接出口，或中转销往内地。广东省内糖业营销批发自此形成了以广州为最大的糖业输出中心的体系，并保持到19世纪60年代第二次鸦片战争以后。

1860年1月1日，潮海关设立，定口岸于汕头，开埠通商。从此以后，粤东的糖不再经广州转口出关，而是汇集于汕头出口外国或内地。汕头成为与广州并存的糖业两大集散地之一，并且逐渐取代广州成为全省最大的糖业出口港，直至19世纪80年代以后洋糖入侵，广东糖业衰落不再出口为止。

这种糖业营销批发系统变化的情况，从鸦片战争前后广州港和汕头港食糖的出口情况基本能得到反映，但由于资料的匮缺我们在统计的时候无法将鸦片战争前、后所有有关广州出关的食糖资料进行罗列，只能选择一个时间段进行分析，虽然不是十分准确，但也基本能反映出大致的情况。

其一，鸦片战争前广州的糖业出口分析。

由于没有现成的资料可供利用，所以只能对1820—1833年外国人所记载的资料进行分析和运算，运算的方式是，首先从穆素洁先生的运算答案中找出1820—1833年糖以"两"计算的每担价格，然后再与马士记载的广州出口糖进行运算，得出答案。

根据穆素洁先生的运算，我们可以得知：

表1　　　　　1820—1833年英船运载中国糖数量　　（单位：担/两）

年份	重量	价值	换算后两/每担#
1820	92733	515878	5.56
1821	100259	537285	5.36

[①] 梁廷枏纂，袁钟仁校注：《粤海关志》卷11，《税则》4，广东人民出版社2002年版。

续表

年份	重量	价值	换算后两/每担#
1824	79848	569775	7.14
1825	89000	488800	5.49
1826	153255	791608	5.17
1827—1828	43559*	188700*	4.33
1829	4925*	23935*	4.89
1830	952520	1034802*	1.09
1831	560349	714358*	1.27
1832	221885	420261*	1.89
1833	264140	—	—
1834	28439*	198105*	6.97

说明：*资料来源于 Phipps，其所提供的重量和价值是私人账目所载，所提供的单位"元"也已转换为"两"（请参阅度量衡表）。

＃为笔者换算的结果。

资料来源：[美]马士：《东印度公司对华贸易编年史》卷3和卷4（附录），区宗华译，中山大学出版社1991年版。

转引自 Sucheta Mazumder, *Sugar and Society in China*, Cambridge (Massachusetts) and London, Harvard University Press, 1998, p.108。

根据马士的记载可以得知：

表2　　　　　1820—1833年广州糖出口货值*

年份	银元	转换成两#	年份	银元	转换成两#
1820	716497	609022.45	1829	1484064	1261454.4
1921	746230	634295.5	1830	979520	832592.0
1824	791355	672651.75	1831	570893	485259.05
1825	867879	737697.15	1832	264185	224557.25
1826	1138020	967317	1833	264140	224519

说明：*资料来源：[美]马士《东印度公司对华贸易编年史》，第254—255页，转据程浩编著《广州港史》（海洋出版社1985年版）第18—19页"广州主要出口商品货值表"制定。

＃按1元＝0.85两计算，① 笔者运算的结果。

① Sucheta Mazumder, *Sugar and Society in China*, Cambridge (Massachusetts) and London, Harvard University Press, 1998, p.416.

那么，根据以上换算的结果，我们就可以得出1820—1833年广州糖的出口情况（见表3）。

表3　　　　　　　　1820—1833年广州食糖出口

年份	每担价格	价值（两）	出口量（担）
1820	5.56	609022.45	109536.4
1821	5.36	634295.5	118338.7
1824	7.14	672651.75	92408.9
1825	5.49	737697.15	134371
1826	5.17	967317	187101.9
1829	4.89	1261454.4	257966
1830	1.09	832592	763845.9
1831	1.27	485259.05	382093.7
1832	1.89	224557.25	118813.3
1833	—	224519	—

从表1和表3的对比情况来考察，我们可以得出这样的结论。一是广州是鸦片战争前最大的糖业出口基地。从表1和表3的对比情况我们可以看出，除了1830、1831、1832年以外，其余的年份广州的糖出口量比通过英国船运载的要多或相当接近，这说明在鸦片战争前，英国来华载糖的船只最多，几乎占了广州糖出口的全部或大部分。季羡林先生根据《东印度公司对华贸易编年史》的资料，统计1635—1834年东印度公司从中国输入糖的情况，也反映出这样一个事实：几乎所有的糖均从广州进口。① 由于资料的限制，我们无法得知鸦片战争前广东省糖的年产量，但估计应与1849年的产量相差不大，而"1849年，广东全省的蔗糖产量为40万担至45万担"②。从1820—1833年广州糖出口量来看，广东本省的糖除

---

① 季羡林：《蔗糖在明末清中期中外贸易中的地位——〈读东印度公司对华贸易编年史〉札记》，《北京大学学报》1995年第1期。

② 严中平主编：《中国近代经济史》（下册），人民出版社1989年版，第983页。

了本省消耗外,大部分汇集于广州出口。从表3中我们可以看出,广州食糖最高出口量为1830年的763845.9担,广东本省的生产是无法满足出口需求的,其中也有福建等地的糖输往广州出口。这一方面体现了粤海关作为全国唯一通商口岸的政策性,另一方面也说明糖外销量的巨大,这样便吸引着广东省内外的糖汇集于广州出口或通过广州转往内地。

二是粤海关的小关口出口的糖占的分量极少。从表1和表3的对比情况中,我们可以看到1830、1831、1832年英国运载中国糖的数量比广州出关的糖要多,这说明除了广州以外,粤海关的其他小型关口也有少量的直接出口,但其与广州出口量相比所占的份额显然是很少的。

其二,鸦片战争后广州和汕头糖业的销售情况分析。如果我们将《粤海关报告》中所反映广州食糖出口情况(如表4)和全省的产糖量进行比较分析,就会发现这样的特点:19世纪60年代后至80年代前,广州的食糖依然保持出口的连续性,80年代以后,广州糖的出口记载时断时续,这说明在80年代以前广州的经营网络是有效运作的,此后便遭到了破坏,但在19世纪80年代以前,广州的糖出口量所占全省产糖总量的份额,反而比不上鸦片战争前,在19世纪80年代前后,广东省的蔗糖产量为四五百万担,而汕头地区的产量就占了两百万担。① 外销的情况,清人王韬在其著作中明确地指出,粤糖中销往上海的主要是汕头糖,并且经营糖业的多为惠潮商人:"闽、粤大商,多在关外,粤则从汕头,闽则从台湾,运糖至沪,所售动以数百万金。于沪则收买木棉载回其地。闽、粤会馆六、七所,类多宏敞壮丽。最盛者,闽为泉漳,粤为惠潮。"② 显然,19世纪60年代汕头开埠后,广州虽然仍是全省的糖业批发中心之一,但汕头蔗糖出口和国内外销量大大超过了广州,成为广东省最大的糖业销售中心。

---

① 严中平主编:《中国近代经济史》(下册),人民出版社1989年版,第983页。
② 王韬:《瀛壖杂志》卷1,上海古籍出版社1989年版,第8页。

表4　　　　　1864—1911年广州口岸食糖出口[1]　　　　单位：担

时间	出口量	时间	出口量	时间	出口量
1864	65000	1874	187942	1889	约130000[2]
1865	90000	1875	266215	1890—1899	—
1866	131574.49	1876	约206215	1900	190000[3]
1867	238226.28	1877	138304	1901—1904	—
1868	178226.28	1878	195000	1905	
1869	190000	1879	154033	1906	19047
1870	133190	1880	241940	1907—1910	
1871	316184	1881	218836	1911	52470
1872	317862	1882—1885	—		
1873	—	1886—1888			

说明：[1]表中资料来源均选自广州市地方志编纂委员会办公室广州市海关志编纂委员会编译《近代广州口岸经济社会概况——粤海关报告汇集》，暨南大学出版社1995年版。其中有些数字经过笔者的运算后得出。[2][3]按当时糖出口价值2.88两/担折算。

第二，糖业生产商品性的因素。甘蔗的种植和榨糖是作为商品生产运作的，其"糖之利甚薄，粤人开糖房者，多以致富。盖番禺、东莞、增城糖居十之四，阳春糖居十之六，而蔗田几与禾等矣。……增城白蔗尤美，冬至而榨，榨至清明而毕"①。在东莞"十二月绞寮开，甘蔗榨糖"②。从中不难看出糖生产时间的集中性和商品性，那么多的糖在很短的时间内生产完，本地的消费能力是承受不了的，必然要寻找出路，而最好的出路便是外销，从产地向出口核心地汇集，这便形成了从产地向城镇，最后向清代的出口中心——广州和汕头汇集的局面。

二　省外辐射销售体系及其形成的原因

清代广东与外省区域商品的交易中，糖是大宗商品之一。清代广

---

① 李调元：《南越笔记》卷14《蔗》。
② 宣统《东莞县志》卷14《气候》。

东糖商在经营糖的出口时,形成了与省内糖业流通相反的销售渠道——从大城市到中小城市,再到乡村集市辐射性的倒三级分销体系。

广东糖运往外省的第一站必定是沿海和沿江的大城市,然后再进行分销,这些城市理所当然地成为广东糖的一级集散地。清初屈大均在《广东新语》中描写的广东商人经商的情况是:"广州望郡,人多务贾与时逐,以香、糖、果、箱、铁器、藤、腊、香椒、苏木、蒲葵诸货,北走豫章、吴、浙,西北走长沙、汉口。"[1] 道光年间,粤西遂溪的"糖……通天津各省等处"[2]。光绪年间,粤东丰顺县汤坑等处所产的糖也通过糖商"贩吴越,人多以此为利"[3]。清初,粤商经营糖业基本是作为地区间的商品对冲交换,商人将糖从广东运到目的地后,再采购当地的特产返航,这种情况正像褚华描写的清初广东商人载糖来上海交易,然后满载棉花返航的情形一样。[4] 嘉庆年间,番禺商人韦诵、石蓼、南冈等十多户结伙贩运白糖到江苏的吴兴、湖北的襄樊、汉口等地销售,[5] 均属于这种情况。鸦片战争前,上海每年从闽粤运进的糖就约达50万担。[6] 鸦片战争后,从汕头输往上海的糖"所售动以数百万金",而"广东糖运往的地点,包括福建、上海、江南、广西等"[7],范围非常广泛。

近代广东的糖大多销往北方或经香港转往内地或国外。据1878年的粤海关报告,广东的贸易"除丝和茶外,糖是最主要出口货物。1878年出口19.5万担,其中有16.5万担运往北方和长江口岸,其余3万担运往香港。过去五年的平均出口水平为20万担,所以1878年

---

[1] 屈大均:《广东新语》卷14《食语·谷》,第371页。
[2] 道光《遂溪县志》卷10《物产》,成文出版社有限公司1974年版。
[3] 光绪《丰顺县志》卷7《物产》。
[4] 褚华:《木棉谱》,清代世楷堂线装本。
[5] 龙廷槐:《敬学轩文集》卷2,《初与邱滋畬书》,转引自张海鹏、张海瀛主编《中国十大商帮》,黄山书社1993年版,第229页。
[6] 刘惠吾:《上海近代史》(上),华东师大出版社1985年版,第23页。
[7] 季羡林:《中华蔗糖史》,第485页。

的出口量还未达到平均水平"①。而当时广东交通往北的三条线路：一是海路，通过澄海、徐闻、合浦等东南沿海各港口将货物汇集后，直接运往江浙地区、天津等北方港口；二是水陆兼行，从水路沿北江直上，然后越南岭，经两湖、河南到达北京地区；三是往西江达广西之灵渠，纳入长江水系，沿长江东下，至江苏，由大运河北上。② 广东省的糖也基本是沿着这三条交通线往北运输的，由此可见，广东的糖主要销往北方和内陆的重要港口，如上海、天津、长沙、汉口等地，位于这三条交通线上的重要海陆港口汉口、上海、天津成为广东糖商的一级集散地。

在这些沿海沿江的大港口，清初的广东人并没有在一级集散地建立自己的营销体系。到了近代，广东的长途贩运糖商已经在这些港口建立了自己的帮会，拥有专门经销糖业的机构，如在上海，就有惠潮糖商建立的会馆。

在天津，广东人经营的糖业表现得更有特色，天津广东帮会由潮汕地区的商人组成"潮帮"，"广东广州一带的行商"组成"广帮"③。"潮帮"经销的糖主要是潮汕地区所产的产品，有"潮白、棉赤、西青等"品种，分别由潮洲人经营的"捷茂、有丰、东太享、全兴、德生等十一二家，后来发展到20余家"店铺进行经销。"广帮"不仅经销国内的糖，也经销国外的糖，其经营国内糖的品种主要有"广尖白、广二白、会州白、会州赤、会安赤、府城赤、村赤、祝青、碗青、片青、新州尾、港水、大块冰等；国外的品种有：那连白、元为赤、毛厘土赤、杂瓦赤、塔赤、吕宋赤、冰花青、石力冰等"，分别由"生和泰、祥兴、恒茂泰、永利威、恒和昌"等"广

---

① 广州市地方志编纂委员会编纂：《近代广州口岸经济社会概况》，暨南大学出版社1995年版，第216页。
② 借用冯尔康先生《清初广东人与江苏》（《明末清初华南地区历史人物功业研讨会论文集》，香港中文大学历史系1992年编印）的研究成果总结而成。
③ 杨荣久、杨雨村：《"洋货局子"在天津糖业中的概况》，第3—4页，天津市政协文史资料委员会存档文件，存档号415，原编号297（杨荣久、杨雨村二位先生分别于1905年在天津万恒洋货局子和1909年在天津天赐庆洋货局子从事糖业生意，目睹了晚清天津糖业的变化情况，以其亲身感受于1965年写成的回忆文章，现存于天津市政协档案室，承蒙天津社科院罗澍伟教授赐阅原件，深表谢意）。

帮"经营的店铺进行经营。① 无论是"广帮",还是"潮帮",在天津经营的业务只是糖业批发的市内一级经销网,糖的再分销尚需专门的经纪机构将糖再分销到各地市场。

在19世纪80年代洋糖输入以前,天津联结中小型城市二、三级集散地的糖业中介机构是"洋货局子",因为当时"我国南方自江苏省以南沿海各省统称南洋。所以,福建、广东、台湾等省的土产包括甘蔗在内均称'洋货'",而专门经营闽、广、潮三帮糖业的中介机构,天津人称之为"洋货局子"。1990年以前天津大约拥有"天锡庆、万恒、裕成、森记、广吉祥、万亨等10家左右"的糖业中介机构,这些中介机构在糖业经销方式上形成了自己一套独特的经营手法,包括计算糖重量的"创皮",中介回扣的计佣方法,克扣运糖工人的手段,欺诈糖帮的"吃蛮子",坑骗顾客的"码门脸"等。此外尚有糖业经营中的"做定货""卸批水"等经营手法。这些中介机构有自己的固定营销网络,负责将广东和福建运来的糖分销到本地的杂货铺或北方的其他省份和地区。据记载,"北京地区、本省(直隶)各市镇和山西、陕西、甘肃、新疆、宁夏、绥远、察哈尔、外蒙、东北、山东、河南等的客商"②,均到天津进货,在各省的货物贸易中心形成糖业二级批发中心,再将糖逐级批发,直到零售,形成以沿海、沿江城市为放射源,逐级放射的糖业营销体系。当然,在上海、武汉等沿江、沿海地方也存在类似集散和经营现象,限于篇幅,不一一论述。

省外的糖业贸易形成以沿江、沿海大城市为中心,呈辐射状的销售体系,其原因主要是:

第一,糖生产的地区性。广东糖往北方销售的地方一般是不产糖的,因而,糖的销售不存在双向流动的现象,是进口地的单向辐射,这就决定了省外营销网络的逐级递减辐射的性质。

第二,港口的地理位置因素。如上所述,广东的糖往北销售主要

---

① 杨荣久、杨雨村:《"洋货局子"在天津糖业中的概况》,第3、5页,天津市政协文史资料委员会存档文件,存档号415,原编号297。
② 同上书,第7页。

走水路或海路，位于沿江、沿海的港口城市必然成为广东糖的一级集散地，如天津每年从广东和福建进口的糖"这么大的数量显然并非由天津本城消费，其中绝大部分当系转销京师以及直隶各地"①，其他港口城市也一样。这就形成了以港口城市为辐射源的逐级放射状的营销体系。

综上所述，在清代形成并有效运作的广东国内糖业销售网络保障了广东糖在本省内外的流通，直接刺激了广东糖业经济的发展，推动并促进了全省商品经济和手工业的发展，对社会产生了比较大的影响。

（原载《广东社会科学》2000年第4期）

---

① 许檀：《清代前期的沿海贸易与天津城市的崛起》，《城市史研究》第14辑，天津古籍出版社1997年版，第83页。

清代广东民俗岁时用糖探究

明清以来,甘蔗在广东的种植十分普遍,是广东农民赖以致富的经济作物,广东人对甘蔗有着深厚的感情,所谓"甘蔗、蕉子,童叟俱嗜;蒌叶、槟榔,无时释口"①。清代,糖在广东人岁时的使用方面尤为普遍,并具有浓郁的文化性,本文希冀通过对广东人岁时用糖习俗的考察,去探究其人文内蕴。

一 清代广东岁时民俗用糖情形及其文化内涵

清代,广东人的岁时用糖比较普遍,并且具有较强的文化内涵。笔者通过论述广东人岁时用糖异于全国的月份,试作如下分析。

(一)正月

在清代,广东人的用糖呈多元化特点。糖品是必备的贺岁品,民间有"添新岁,拜新年,银花嫩,菊花鲜。油煮䃶堆摆正面,寸枣糖环摆两边,正处一盆金桔仔,龙眼荔枝果盒全"的歌谣,②反映出糖不仅是应节食品,而且与象征吉利的"金桔""荔枝""龙眼"等成为贺岁的摆设品。

正月十五的元宵节,全国人民食用糖制的味甜、形圆的元宵食品,表达的是一种"星月当空万烛烧,天上人间二元宵",企盼天上

---

① 《中国地方志资料汇编·中南卷》(上),书目文献出版社1990年版,第770页。
② 李炳球辑:《东莞歌谣辑录》,《东莞文史》编辑部编《东莞文史——风俗专辑》,政协东莞文史资料委员会2001年印行,第165、181页。

人间同圆满的意境。广东的元宵节在具有与全国相同的元宵文化意境的同时，其体现出来的用糖文化含义更浓。在粤西地区的化州与吴川县，人们会举行一系列的庆祝活动，如光绪年间化州地区的"跳元宵"等①，甚至比过年还要隆重。

元宵节，全省都有食元宵的习惯，如海南民间风俗在正月十五前便开始吃元宵，并且其馅全部为蔗糖：以糯粉搓丸，小者煮浸糖水，大者裹以蔗糖，名"元宵丸"②。

清代以来，广东各地"元旦"期间的风俗，以祀神和相互之间的拜年为主要内容，在东莞"正月初一日：正午则以芋煮糖水丸祀神，祀毕，以水丸分给家中老少吃，名曰富贵有缘（以芋作富，以丸作缘，同音也）"③。同时，人们用众多的糖制品祭神及祖先，"除桔与糖果外，有煎堆、如龙、糖环、炸粉片、鹅肠、炒米饼等"。"正月初三日：是日早仍祀神。自是日以后直至十五日止，神座上鲜果不撤。鲜果品凡五种，柚子、橙、柑、桔、甘蔗。或只用三种"④。在祀神和相互之间的拜年等活动中，人们大量用糖，产生了广东许多独特的"元旦"用甜品，如拜年时，吃年糕和煎堆是必不可少的内容，年糕代表年年登高的意思，与煎堆相关的民间谚语有"过年煎堆，人有我有"，可见煎堆代表着一种大众财富的意思，有的地方除了吃年糕和煎堆外，还吃一种叫"沙壅"的广东特有的甜品，这种习俗从清代、民国初期乃至现代社会都一直延续着。

（二）二月

广东的二月一般为春雷初响，光绪年间海阳县的方志有"二月雷发声，虹虫儿现，蔗始芽，蕨拳舒粉，农功毕作，鱼苗生，虫见降于雾，木棉桔柑以次花"的记载。⑤ 在长期的实践中，人们看到二月春

---

① 光绪《化州志·岁时民俗》，成文出版社1974年版，第829页。
② 丁世良、赵放主编：《中国地方志民俗资料汇编》，《海南卷》（清代抄本）《琼台志·岁时民俗》，书目文献出版社1991年版，第1098页。
③ 容媛：《东莞旧年历例》，《东莞文史》编辑部编《东莞文史——风俗专辑》，第4页。
④ 容肇祖：《东莞年节的风俗》，《东莞文史》编辑部编《东莞文史——风俗专辑》，第10、13页。
⑤ 光绪《海阳县志》卷7《气候》，成文出版社1967年版。

雷初响，农作物刚发芽，自然会想到小孩学语的情景，希望小孩日后能精乖伶俐。因而人们在春社前祭祀社神的时候，为小孩祈祷，希望保佑小孩能言会道。到了晚清，这种民间意念，终于发展成为一种风俗，为广东不少地方所采用。这种用糖带有明显的精神寓意，倾注了长辈对晚辈的浓浓关爱之情。如广东四会县方志中相关的记载，就说明了这一层文化内涵："二月社日祭社，各人入钱于社首，社首出社资数斤，并社肉分派与祭者，以粉和糖印作饼，曰社食，以社肉食小儿女使能言。"[①]

（三）八月

农历八月十五的中秋节是一个重要的节日，是对团圆的企盼和祝福。合家团聚共庆"人月两圆"的美好情景，是全国人民的共同理念。清代广东的中秋节除拥有这些共性外，还有着独特的节日含义。我们可以通过分析清代广东民众庆"中秋"独特的方式——"烧梵塔""剥穷鬼"与供"糖塔"的演变过程，对其原始含义进行理解。这也是"糖"作为文化理念的又一独特的表现形式。

综合台湾成文出版社发行的100种清代至民国广东方志资料所载，广东省中秋节传统的节日活动的主要内容是：吃月饼，赠月饼，煮芋赏月，供糖鸡、糖塔、烧梵塔，儿童荡秋千等。这些内容传达着这样一个概念，即在月圆之夜庆团圆、盼团圆的同时，广东中秋节的民俗活动还比全国各地的中秋节民俗活动内容多一些理念，这即与"剥穷"有关，也就是企望生活的丰足与富庶。

笔者对成文出版社发行的100种清代至民国广东方志（包括时属广东的钦州地区和海南）作了统计，中秋节吃月饼是极为普遍的，而且发现"剥穷鬼"与"烧梵塔"记载也十分普遍，其中有"剥穷鬼"含义记载的达51种，有"烧梵塔"记载的共32种。这表明，广东人"庆中秋"普遍存在"烧梵塔"和"剥穷鬼"的习俗，而涉及月饼与糖塔、糖鸡等糖制品，或月饼与带皮的水果、食品，如糖芋、紫芋、甘蔗、柚子、红薯等并列记载的也不在少数。这些记载自然使笔者产

---

① 民国《四会县志》卷1《风俗》，成文出版社1967年版。

生疑问：月饼与这些食品之间有何相关之处？这种记载表达了一种什么样的寓意？我们不妨对文献作些追本溯源的考证。早在明末清初，屈大均对广州"剥穷鬼"的风俗便作了描述："八月为大饼象月浮，桂酒剥芋。"① 说明至少明末以来，广东民间便有了"剥穷鬼"的风俗。

"烧梵塔"的习俗是稍后才出现的，清代方志中最早见到有"剥鬼皮"和"烧梵塔"习俗记载的，是顺治年间修纂的《潮州府志》，② 这表明至少在顺治年间，广东将"剥穷鬼""烧梵塔"的习俗联系在一起了。所谓"剥鬼皮"习俗的内容是：在八月十五晚上，民间吃一些带壳的水果、食品，如芋、柚子、花生、香蕉、甘蔗、栗子等，其寓意为"剥穷鬼"，即除穷。

方志中所记载的中秋节儿童"烧梵塔"的习俗，大多数并没有解释为什么烧，更没有对为什么将"烧梵塔"和"剥穷鬼"并列记载加以解释，有的地方志仅对"烧梵塔"进行了解释，认为是"儿童取乐"的一种方式，但并没有将"烧梵塔"原始意思解释清楚，也没有给我们对其精神内涵和文化理念的理解提供任何帮助，而清代至民国所编的广东方志中，基本上糖与带皮的食物总是一起出现，将"烧梵塔"与供糖塔和"剥穷鬼"一起记载，其中肯定有某种必然的联系。

在100种清代至民国初年的广东方志记载中，唯有一处对"烧梵塔"的目的作了说明，那就是雍正年间的《惠来县志》："八月'中秋'，具酒馔邀师友赏月。少年取瓦砾筑砌高塔，炀火煨芋。"③ 由此可知，做瓦塔的目的是"炀火煨芋"，而"煨芋"的寓意则是"剥穷鬼"，这是方志记载中解释"烧梵塔"的最早记录，而这种记载是最切合目前乡村民间习俗的。广东乡村目前尚有在八月十五时，小孩在野外砌塔煨番薯、芋来吃，意为"剥穷鬼"的风俗。雍正后民间用糖制作梵塔以祭先人，目的也是让先人在阴间"剥穷鬼"。随着糖业

---

① 屈大均：《广东新语》卷9。

② 顺治《潮州府志·岁时民俗》，《稀见中国地方志汇刊》，中国书店1992年版，第771页。

③ 雍正《惠来县志·岁时民俗》，成文出版社1968年版，第784页。

的发展，糖逐渐演变为民众日常消费品，因而以糖制成塔及其他动物状以祭献先人，让先人在享肉牲的同时也以塔"炀火煨芋"除穷。这种风俗逐渐为大众所接受，成为广东民众广为遵守的中秋民俗。因此，我们就不难理解为什么方志中的记载，将团聚与赏月，煮芋与沾糖，即将象征剥穷的芋、塔与甜联系在一起，其寓意是清楚的，那就是，在庆中秋人月两圆的同时，希望能除穷，走上甜蜜的生活轨道。这就是广东的中秋节与全国其他地区民俗相异的地方，也是清代广东民间习俗庆中秋的独特文化理念所在。

（四）十月

在十月，全国各地民众习俗的用糖特点是甜品众多，但广东各地方志中记载更多的并不是糖的使用，而是将榨糖与饲牛联系在一起，给人一种糖、牛与人之间关系特别密切的感觉，这一点在文献与方志中均有所反映。

李调元在《南越笔记》中，对广东东莞县的风俗记载有："十月，'下元会'，天乃寒。人始释其茎葛，农再登稼，饼菜以饷牛，为寮榨蔗作糖霜，绘为家宴图。"①

道光年间的恩平县："十月，天乃寒，人始释其茎葛。农再登稼，吹田了，饼菜以饷牛。为寮榨甘蔗作糖，为箕簸花生作油，此邑人之利也。"②

同治年间的番禺县："十月，'下元会'。天乃寒，人始释其茎葛。农再登稼，饼菜以饷牛，为寮榨蔗作糖霜。"③

民国年间编写的《龙门县志》，注明从前志中抄录的十月风俗有："十月朔，农家俱作粉糍以饷牛。'下元'，为寮榨蔗作糖。"④

从上面方志的记载中，我们可以得知，十月，清代广东各地开始榨糖了，牛是榨糖的主要动力，而蔗尾又是牛喜欢食用的饲料。流行于广东产糖区以牛食蔗尾为题材的民谣有"唵女大，唵女乖，买只黄

---

① 李调元：《南越笔记》，载王锡祺辑《小方壶斋舆地丛钞》第9帙，第226页。
② 道光《恩平县志·岁时民俗》，成文出版社1966年版，第825页。
③ 同治《番禺县志·岁时民俗》，第698—699页。
④ 民国《龙门县志·岁时民俗》，成文出版社1967年版，第697页。

牛俾我女仔骑。骑到篁村竹树尾，吊休（抛弃）牛仔弄相思。牛仔食休（吃完）人蔗尾，俾人捉紧剥牛皮"①。在清代，糖业是广东许多地方以此为利的重要产业和经济来源，所以糖与牛对广东人来说是十分重要的，因而，广东产糖区各地便有用牛喜食的蔗尾饲牛与十月开始榨蔗制糖的风俗习惯，所以在方志与文献中便有较多这方面的记载，这些记载反映了清代广东人普遍期待着收获的致富心理。

（五）十二月

清代广东人在近年关的日子里家家都在"（十二月）十五以后，印炒米饼，炊年糕，煮油馇，谓之办年具"。"年具"是广东人过年时必用的民俗食品与走亲访友的社交礼品，是无论贫富家家必备的年货，特别是"如龙""碌堆"两样是必不可少的东西，俗称"如龙是本，碌堆是利"，"无论贫富的人，均要有本有利；那么无论如何就免不了"用"如龙"和"碌堆"。

民俗学家容媛先生于1929年对广东东莞"年具"情况作了考察，根据他的记载，我们得知清代广东大多数著名的"年具"，如如龙、碌堆、糖环、粉片、鹅肠、油榄、麻葛、雪球、向丸均为甜品。②

容媛先生认为广东人使用年具有两个方面的作用，"第一为神恩，第二为弟子"。即用作"祭神"，以祭先祖，用于报恩；又用作食品，以"为弟子"，作为与族人相聚的应节食品所用。

在十二月制作众多年货食品的习俗普遍地存在于广东各地。根据方志的记载，我们知道，广东民众在十二月的主要岁时活动有两项。一为祭灶。腊月廿三、廿四用糖祭灶，但不像全国大多数地区那样主要使用饴糖，广东的祭灶既用饴糖也用蔗糖，在产糖区的不少地方，甚至以蔗糖为主，且蔗糖制品种类繁多，有糖、糖丸、片糖、糖果、桔糖、甘蔗等。这种现象在文献与方志史料中均有所记载。文献方面，容媛在描写东莞民俗祭灶时，明确写明是用蔗糖制作的片糖致

---

① 民国《四会县志》卷1《风俗》。
② 容媛：《东莞旧年历例》，《东莞文史》编辑部编《东莞文史——风俗专辑》，第7—8页。

祭。① 方志方面，笔者从广东各地的方志中，作了如下辑录，我们可以从表1中清楚地看到这种情况。

表1　　　清代至民国初年广东省"祭灶"用糖概况

序号	地区	糖及其制品使用情况	资料来源
1	南海九江儒林乡	小年祭灶，用片糖，以米粉作袱包，燔灶疏以送灶神	光绪《九江儒林乡》卷3《风俗》，广东南海九江商会1986年版
2	茂名县	茂名县的"祀灶"，用爆竹、糖丸	光绪《茂名县志》，成文出版社1967年版，第829页
3	罗定州	罗定州腊月二十三日，具牲酒，杂以姜、糖、葱、蒜"祀灶"	民国《罗定志》，成文出版社有限公司1974年版，第874页
4	花县潮连乡	花县潮连乡十二月二十三日，为谢灶之期，祭以桔糖、片糖、炒米团等，除夕复祭，谓之"接灶"	民国《潮连乡志》卷1《物产》
5	增城县	增城县"小除夕"。夜"祀灶"，用爆竹、饴饧、甘蔗诸事	民国《增城县志》，第694页
6	遂宁县	遂宁县祀灶，以糖为饼曰"灶糖"	民国《遂宁县志》卷2《风俗》，中国文史出版社2016年版

二为年货甜点的制作。清代至民国初年，腊月的第二个重要的民俗活动是制作甜点，以便相互之间馈赠，为过年作准备。具体情况见表2。从表2中，我们看到，清代以来广东省民俗在腊月的用糖情况有如下特点。其一，糖的普遍使用，从清代至民国初年均如此。光绪年间，花县贫穷之家过年，用食糖制的白饼度日。民国初年，鹤山县虽属贫穷之家，过年时仍能以糖用糕点应节。晚清至民国初年的潮连乡，糖制的米饼除新年用作拜年外，常年均有食用，可见民众用糖的普及程度。其二，糖品种与使用功能众多，且具连续性。表2中所列

---

① 容媛：《东莞旧年历例》，《东莞文史》编辑部编《东莞文史——风俗专辑》，第4页。

糖的品种有白饼、煎堆、片糖、甜糕、春糕、年糕等，这些品种在《广东新语》中已有记载。腊月中，所制作甜品的功能众多，有祭祀、赠送、作年货、日常食用、储备等功能。

除此之外，在其他的月份如四月、九月等，广东人的岁时用糖量均很大，且具明显的精神寓意，但囿于篇幅，不可能——展开论述。

表2　　　　清代至民国初年广东省"腊月"用糖概况

序号	地区	糖及其制品使用情况	资料来源
1	曲江县	（年）前数日各制白糕、年糕、果品送节	康熙《重修曲江县志》，全国图书馆缩微文献复制中心1992年版，第730页
2	澄海县	（腊月）中旬后，家家印白饼、炊年糕、煮油堆，谓之办年货	嘉庆《澄海县志》卷6《风俗》
3	韶州府	年前各制白糍、年糕、果品相遗，曰"馈岁"	同治《韶州府志》，成文出版社1966年版，第706页
4	南海九江儒林乡	岁十二月，以烈火爆开糯谷，名曰谷爆，杂以片糖作煎堆，以为新岁享神祀先及馈亲戚，亦有用糯米包者	光绪《九江儒林乡志》卷3《风俗》
5	花县	大年三十制油煮粉团谓之煎堆，研米和作饼谓之白饼。虽贫无缺者，小民贫苦，以此度岁，拮据可知矣	光绪《花县志》卷1《风俗》，成文出版社1967年版
6	香山县	十二月"除夕"，炊笼糕，大者至米数斗。其以糖炊者曰"甜糕"，否则曰"白糕"	光绪《香山县志》，第807页
7	琼台县	"元旦"前，以糯粉溪蔗糖或灰汁笼蒸春糕，围径尺许，厚五六寸，杂诸果品供岁祀，遂割为年茶以相馈答	清代《琼台县志》，成文出版社有限公司1974年版，第1097页
8	怀集县	"除夜"，人家多渍米和糖为年糕以相馈	民国《怀集县志》，成文出版社有限公司1975年版，第859页

续表

序号	地区	糖及其制品使用情况	资料来源
9	鹤山县	十二月具油粉煮团，谓之"煎堆"，研米和糖作饼，为"元旦"相馈之具，虽贫无缺者	民国《鹤山县志》，第812页
10	花县潮连乡	每岁冬令，家家炒米粉，磨砻之声，喧于里巷。腊尽，则溶糖和米粉以饼印椎击使坚，焙而干之，可以而久，故除新年所用外，仍可用之，以为常年之食品	民国《潮连乡志》卷1《物产》
11	乐昌县	腊月，扫舍净沟，办年货，预备祝新岁。有余谷家储来春米，做糖果，煮油堆、炒米、花生、海味酒肉，为来年新正宴客之需	民国《乐昌县志》，成文出版社有限公司1974年版，第710页
12	四会县	小除夕前后，家家从事于年果，有煎堆，俗称"辘堆"，意谓其园可辘也……有松糕、糯、三粳七粉和糖水，屑而盛于盘，蒸熟薄切而爆干之，有白诺水浸糯米粉和糖，蒸熟切如指头大，炒之中通，有米饼，糯粳粉相杂炒入糖，置方圆印中，敲击之使坚如石，最耐久，有酵糕俟发酵而后蒸……家必备数种，以相馈遗曰"年果"	民国《四会县志》篇1《风俗》
13	仁化县	"除夕"，各以年糕互相馈送	民国《仁化县志》，成文出版社有限公司1966年版，第713页
14	遂宁县	十二月二十三日，祭灶后的三四日，"蒸馒头糍糕作米酥糖果等物，备新年待客之需。"	民国《遂宁县志》卷2《风俗》

二 清代广东岁时民俗用糖特点

通过上面对清代广东人在一些具有用糖特色的月份的活动进行分析后，我们可以总结出清代广东人在岁时用糖中具有以下几个明显特点。

（一）民俗岁时用糖的地方性

清代，广东产生了许多地方所特有的应节糖品。屈大均在《广东新语》里，为我们介绍了明末清初广东颇具地方性的著名节令甜品："广州之俗，岁冬以烈火爆开糯谷，名曰炮谷，以为煎堆心馅。煎堆者，以糯粉为大小圆，入油煎之，以祀先及馈亲友者也。又以糯饭盘结诸花，入油煎之，名曰米花；以糯粉杂白糖沙，入猪脂煎之，名沙壅；以糯粳相杂炒成粉，置方圆印中敲击之，使坚如铁石，名为白饼。残腊时家家打饼声与捣衣相似，甚可听。又有黄饼、鸡春饼、酥蜜饼之属。富者以大饼多为尚，至寒食清明，犹出以饷客。寻常妇女相馈问，则以油米册、膏环、薄脆。油米册、膏环以麦，薄脆以粉，皆所谓茶素也。"① 这里所指的"茶素"，即与后来容媛先生所说的"年具"一样，基本上是甜制糖品。此后，民间以"茶素"相互馈赠和款客成为习俗，如道光年间的新宁县、同治年间的南海县志中均有类似的记载。

再者，我们从清代至民国初年流传的方言中，也可体验到广东人用糖的地方独特性。如嘉庆年间的方志对广东的"糖不甩"作了如此说明："糍食为之糖不甩……今东莞以糖谓之名，曰糖不甩者，中亦有馅，以糯米粉和糖为圆形蒸之，有大径尺者。"又如，民国初年流传于广东各地的甜食有：赤溪的粄，"米饵谓之粄，粄屑米饼也……唐以前已有粄之称矣，今县俗以粉为年糕，谓之甜粄，松糕谓之发粄，又有园子粄，串粄之名"；东莞县的粔籹，"粔籹谓之糖环。莞俗以糖为之，故曰糖环。然亦炸以膏油即古之粔籹也"②。

上述甜品的记载，我们只在广东的文献中找到，因而清代广东岁时民俗中所用的糖品许多带有独特的广东味。

（二）约定俗成的固定用法，并具浓郁的精神寓意

清代广东人在岁时用糖时，基本形成了约定俗成的用法。这种习俗在流传的过程中，民众不断赋之以精神方面的含义。如在二月，以

---

① 屈大均：《广东新语》卷14《食语·茶素》。
② 民国《东莞县志》卷12《方言》下。

糖祭社,表达了长辈对小孩的关爱。中秋节用糖,必然将糖品与带皮的食物一起食用,并且供糖鸡、糖塔、烧梵塔。在表达人月两圆愿望的同时,希望能以此"除穷"。十月,将糖与牛联系在一起,表达了致富的思想。正月与腊月糖制品众多的功用,均有地方独特的精神寓意。这种岁时用糖习俗一旦成为大众共同遵守的内容,并且具有被大众共同理解的精神内涵的时候,就上升为具有文化的理念,即具有文化性了。正如黄遵宪所说的那样,"举国之人,辗转沉痼于其中而莫能少越"的习俗就是一种文化习俗。① 因而,广东民众的岁时用糖也在被大众的使用中,被赋予了文化方面的内涵。

综上所述,清代广东人岁时用糖形成的约定用法,产生了众人所理解的精神寓意,对广东岁时民俗的形成产生了重要的影响,成为清代广东人用糖文化的一个重要组成部分。岁时用糖的衍生则对在清代形成的广东食文化造成了重要的影响,众多的岁时甜品经过民间的改造与创新,发展成为极具广东风味的小食与南派点心,构成了广东饮食文化的重要组成部分。因而,对清代广东民俗岁时用糖的探究,有助于我们对广东民俗文化的理解。

(原载《广东社会科学》2005年第5期)

---

① 参见黄遵宪《日本国志》卷34《礼俗志一》,上海古籍出版社2001年版,第351页。

清末民初广东社会民俗中用糖的文化理念

蔗糖是广东传统的农产品,从17世纪初开始,广东已经逐渐发展成为闻名全国的糖业生产商品基地,广东人在日常生活方面的用糖量大增,糖对广东民俗的形成与发展产生了较大的影响,并上升为具有文化理念的行为习俗,本文试作如下的探讨。

一 婚育文化中蔗糖的使用与文化理念

在清末民初广东婚育用糖的民俗中,表现最典型和突出的是流行于广东各地的"打糖梅""饮姜酒"等习俗,这些民俗习惯的用糖法已经超越纯食品的作用,而带有较浓厚的文化理念。

(一)"打糖梅"

如全国大多数地方一样,广东各地婚俗中的许多程序会用到糖及糖制品。如订婚时,女家接受了男家的聘金与礼物后,回赠的物品有:煎堆、松糕、寿桃、布裤等。在行"大聘"礼时,男家给女家下聘的物品有:饼、糖果、鱼、鸭蛋、海味、槟榔、烟酒等,"女家全数收了,乃还以'响糖'(是用白糖和拌些石羔粉制成的,其形有人物、走兽、楼阁、塔等),'棋子饼'(用白糖和面粉做成,形如棋,故得名)"和其他衣物等,"'行茶'回来后,男家将女家所报之物祀神,暨分赠'响糖''棋子饼'与族人戚好;而女家亦将受聘之饼物馈送亲朋"①。在广东的一些地区，"婚后数日"必须举行"担槟榔"的礼节，即"女亲戚家，每家须馈槟榔一担（一担4盒至12盒），内载果饼之属，另一钻盒，盛糖果、烟、槟榔等物"。②

流行于广东大多数地区的婚俗中，最独特的用糖之处是婚礼中的"打糖梅"礼节。"打糖梅"是清末民初流行于广东大部分地区婚礼过程中的一道独特而必经的庆贺程序。

何谓"糖梅""打糖梅"？屈大均为我们作了明确的解释："自大庾以往，溪谷村墟之间，在在有梅，而罗浮所产梅花，肥大尤香……他处花小，然结子繁如北杏，味不甚酸，以糖渍之可食。段公路（屈大均注：段公路，唐人，官万年县尉，有《北户录》三卷，多记岭南风土物产）云：岭南之梅，小于江左，居人以朱槿花和盐曝之，其色可爱，曰丹梅。又有以大梅刻镂为瓶罐结带之类，渍以椑汁，味甚甘脆。东粤故嗜梅，嫁女者无论贫富，必以糖梅为舅姑之贽，多者至数十百罂，广召亲串，为糖梅宴会，其有不速者，皆曰打糖梅，糖梅以甜为贵。谚曰：糖梅甜，新妇甜，糖梅生子味还甜；糖梅酸，新妇酸，糖梅生子味还酸。糖榄亦然。有糖梅必有糖榄，榄贵其雌雄，雄者花而雌者实也。凡女既入门，诸媵妗相与唱歌，其歌曰解，解糖梅者词美新妇，解糖榄者词美新郎。"③ 又曰："粤俗好歌，凡有吉庆，必唱歌以为欢乐……其娶妇而亲迎者……。亲友与席者或皆唱歌，名曰坐歌堂，酒罢，则亲戚之尊者，亲送新郎入房。……自后，连夕亲友来嗦糖梅啖食者，名曰打糖梅，一皆唱歌，歌美者得糖梅益多矣。"④ 这种情况清代中期的李调元在其著作中也作了同样的解释。⑤ 在清代与民国初年编写的地方志中，我们同样发现不少记载有"打糖梅"的情形，详见表1。

---

① 《东莞文史》编辑部编：《东莞文史——风俗专辑》，第46—48页。
② 同上书，第351页。
③ 屈大均：《广东新语》卷14。
④ 屈大均：《广东新语》卷12。
⑤ 李调元：《南越笔记》，载王锡祺辑《小方壶舆地丛钞》第9帙，第227页。

表1　　　　　清代民国初年广东各地"打糖梅"概况一览

序号	地区	记事	资料来源
1	新安县	嫁女不以妆奁夸耀，犹尚糖梅，亲友造新婚家索饮曰"打糖梅"，其家速客曰"梅酌"	嘉庆《新安县志》卷2《风俗》，成文出版社有限公司1966年版
2	开平县	旧俗有"打糖梅"之习，子弟年少者，聚戏于新婚之房，今日其风稍息	道光《开平县志》，成文出版社有限公司1966年版，第813页①
3	新宁县	娶后，每夜戚属造门索饮，谓之"打糖梅"	道光《新宁县志》，海南出版社2001年版，第821页
4	恩平县	婚夕设小酌，谓之"饮梅酒"，唱俚词，谓之"合房歌"，间有设诙谐亵谩，或索取糖梅	道光《恩平县志》，第824页
5	阳春县	其夕邀亲友酣饮，名曰"打糖梅"	道光《阳春县志》，第835页
6	番禺县	每夜亲属造门索饮，谓之"打糖梅"，嫁女务以妆奁、糖果相夸耀	同治《番禺县志》，第698页
7	南海县	娶后，每夜亲属造门索饮，谓之"打糖梅"	同治《南海县志》，成文出版社有限公司1974年版，第790页
8	德庆州	嫁女务以妆奁、糖果、粉饵相高，虽竭所弗顾也，婚礼后的宴客曰"梅酌"（广州俗尚糖梅，新妇以赞舅姑，且以享客，奢者多至百缶。今虽沿广俗，只存其名）	光绪《德庆州志》，成文出版社有限公司1974年版，第880页
9	花县	奁嫁服饰器用以外，糖果相高，娶后或逐队索饮者，谓之"打糖梅"	光绪《花县志》卷1《风俗》
10	花县潮连乡	婚礼中，招待亲友之宴，在此乡谓之"煮糖梅饭"	民国《潮连乡志》卷1《物产》

---

① 丁世良、赵放主编：《中国地方志民俗资料汇编·中南卷（上）》，第813页。

续表

序号	地区	记事	资料来源
11	东莞县	嫁女以妆奁相夸耀，犹尚糖梅，亲属造新婚家，索饮曰"打糖梅"，其家速客曰"梅酌"	民国《东莞县志》卷9《风俗》
12	清远县	新妇入门，与新郎饮合卺酒，亲友则设筵，酣饮喧哗，酒罢戏妇，即索饮新娘奉茶，谓之"打糖梅"。第二天，则"见舅姑亲属，以糖梅为贽"	民国《清远县志》，第718页
13	龙山乡	引用《广东新语》原载，说明其乡有"打糖梅"习俗	民国《龙山乡志》，第799页
14	阳江县	是夕，设合卺酒。别设筵，邀宾友酣饮，唱歌猜拳，觥筹杂错，以新郎为君，有左右丞相，都统诸名，鄙俚可讪，稍雅者诗酒笑谑，谓之"打糖梅"	民国《阳江县志》，第839页

从屈大均的解释与全省各地的方志记载中，我们可以得出如下结论。所谓"糖梅"，即指明末清初以来，广东人用本省各地所产的优质梅渍以糖，经腌制、晒干等处理后的甜品梅子果脯，作为结婚时的女家陪嫁礼品和"打糖梅"时的用品（不产梅的地方以榄代替）。民谣对糖梅、糖榄作为结婚的陪嫁礼品作了这样的描述："亚妹妹，睇着人个边嫁女，四张铰椅两张台，糖梅糖榄先头去，竹丝花轿四人抬。"① 因而，这种用糖腌制处理过，专门用于婚礼过程中的甜梅、甜榄就是所谓的"糖梅""糖榄"。

"打糖梅"中的"打"在这里的使用，广东方言，含有"评判""检测"及在婚礼中打闹等多种意思。通常"打糖梅"的体现形式是：婚礼期间，客人围坐，边酒边歌并对新妇家所带来的"糖梅"进行品味，以糖梅的好坏进行褒贬，同时也以糖梅对在婚礼上歌唱得好的嘉宾进行奖励。从婚礼的下聘开始，乃至婚礼的进行与结束，我们均可以看到"糖梅"的影子，也即糖梅贯穿整个婚礼的过程。因

---

① 《东莞文史》编辑部编：《东莞文史——风俗专辑》，第169页。

而，糖梅在广东人的婚宴仪式中具有很重要的地位与文化寓意：以糖的甜与梅的酸来对新人的甜美进行祝福和鞭策，人们根据新妇家所带来的糖梅的好坏来判断新娘是否心灵手巧。通俗来说，在婚礼上对新娘家带来的"糖梅"进行评判，是人们对新娘是否聪慧的一次检阅，以糖梅对嘉宾的奖励也是对人们，特别是青年人聪明才智的一种嘉奖。"打糖梅"利用梅生子"繁如北杏"多子的含义与使梅酸能变甜的新妇巧手，表达人们对生活的甜美祝福，糖作为文化的寓意至此才全部显现。

（二）"饮姜酒"

明末清初以来，生育民俗中用糖较多的为"饮姜酒"。姜酒有去风的作用。糖，尤其是煮姜酒的红糖，有去瘀血、通经脉、除恶露、补充产妇失血的作用。生子送姜酒，成为广东各地传统的民俗，后来"饮姜酒"发展成为生子报喜和请生子酒的代名词。

姜酒的做法和送姜酒的礼俗，屈大均为我们作了记载："粤俗，凡妇娠，先以老醋煮姜，或以蔗糖芝麻煮，以坛贮之。既产，则以姜醋荐祖饷亲戚，妇女之外家抑或以姜酒来助，名曰姜酒之会，故问人生子，辄曰姜酒香未？"①（屈大均注有：姜中多母姜则香多。子姜则否。白沙诗：隔舍风吹姜酒香）陈白沙是明弘治年间人，②从屈大均引用陈白沙的诗中我们可以看出，起码在明代弘治年间，广东民众就以糖制姜酒作为产妇的保健补品。入清，这种风俗更加普遍，清代的吴绮在其《岭南风物记》对姜酒的制作及其含义也作了相关的诠释："粤俗产男曰先以姜酒奉其祖先，随用甘蔗糖兼醋煮姜片请客及馈送亲戚邻里，故俗人问人云：生男何时请姜酒？探人生男曰：姜酒曾香未？故生男则必具姜酒可知矣。"③

生子"饮姜酒"我们不仅在当时人的文献中能看到有关记载，而且在清代与民国初年广东省的许多方志中均有发现，请参阅表2。

---

① 屈大均：《广东新语》卷27。
② 张廷玉：《明史·列传》，《儒林》2，中华书局1974年版。
③ 吴绮：《岭南风物记》，《四库全书·史部》第590册。

表2　　清代民国初年广东各地"饮姜酒"概况一览

序号	地区	记事	资料来源
1	恩平县	生子，邀亲友欢饮必以姜，谓之"姜酒"	道光《恩平县志》，成文出版社有限公司1974年版，第824页
2	阳江县	生子女，亲朋聚饮，以片姜送酒，谓之"饮姜酒"。凡生子女，弥月必宰鸡和以姜酒、糖邀戚友聚饮，戚友各以珍钗、糖果致贺，谓之"饮姜酒"	道光《阳江县志》，成文出版社有限公司1974年版，第837页；民国《阳江县志》，第839页
3	肇庆府	生子，汤饼之会，谓之"姜酒"	道光《肇庆府志》，成文出版社1967年版，第854页
4	德庆州	生子，则杀牲醴以送亲友，谓之"姜酒"	光绪《德庆州志》，成文出版社有限公司1974年版，第880页
5	花县	生子弥月，聚亲朋、宗族以饮，必设醋姜谓之"姜酒"	光绪《花县志》卷1《风俗》
6	高明县	生子设宴，曰"姜酒"，曰"鸡酒"	光绪《高明县志》，成文出版社有限公司1974年版，第809页
7	南海九江儒林乡	凡前一岁生儿，及娶妇之家，以姜酒酸葡萄往	光绪《九江儒林乡志》卷3《风俗》
8	封川县	生子，杀鸡设醴以馈戚友，谓之"送姜酒"	民国《封川县志》，第883页
9	赤溪县	县俗妇人生产，月内必以雄鸡炒姜酒食之，盖取其风而活血也，初生必以姜酒送外家，名曰送姜酒，饷客亦以送姜酒	民国《赤溪县志》卷1《风俗》，成文出版社1967年版
10	乐昌县	产子重姜，致词于宾，曰"姜酌"。（邑俗，凡初生子，以姜及酒肉赠外家，曰"送姜酒"。弥月宴客，谓之"饮姜酒"。陈白沙诗云："隔舍风吹姜酒香。"）	民国《乐昌县志》，第708页
11	长乐县	生子，以鸡酒馈送外舅家，曰"送姜酒"	民国《长乐县志》，海南出版社2001年版，第764页
12	兴宁县	生子，邀亲朋聚饮，必以姜，谓之"姜酒"	民国《兴宁县志》，第766页

对文献的记载，我们是否可以这样理解，在生子礼俗中，姜酒只是传达生子信息的媒体，人们借姜酒的香与糖的甜表达人们得贵子之喜，与其他地区生子称"弄璋之喜"有异曲同工之妙。"饮姜酒"则是庆贺的表现形式，其文化寓意中虽更多的是姜酒之香，但糖是其中不可或缺的成分，而在全国其他许多地方的生子礼俗中，糖是重要的礼品之一，清代的广东不少方志也有这方面的反映。所以人们在制作姜酒的同时，有用糖的医学成分，但我们也不能排除其对新生命甜美祝福的文化理念成分。

二 其他社会民俗生活中蔗糖的使用与文化理念

在清末民初的社会民俗活动中，糖除了在节日里普遍被用作食品和馈赠亲友外，还被广泛用于诸如医药、巫术、赈济、娱乐等各种民间的社会活动中。这些活动与全国大多数地方相比，其用糖的方式与方法均有很独特的地方性色彩。

（一）用于医药、巫术、赈济

光绪年间，茂名地区的方志中有糖用于医、巫的记载："高州春时，民间建太平醮，多设蔗酒于门，巫者拥神疾趋，以次祷祀，掷珓悬朱符而去。"[①] 清代的吴震方在《岭南杂记》中，对糖的这种作用也作了相同的描写。[②]

晚清民初，海南人有病，请巫治病，巫师执"大火把一根于病者前，取檀香末和炒焦米糖混撒火把上，使发火花，扶病者视之，病者曰惧，乃撒去"[③]。

在八月十五，东莞有着一个特殊的民俗——"问仙"，容媛先生是这样记载这一风俗的：

---

① 丁世良、赵放主编：《中国地方志民俗资料汇编·中南卷（上）》，第829页。
② 吴震方：《岭南杂记》，载王锡祺辑《小方壶舆地丛钞》第9帙，第192页。
③ 丁世良、赵放主编：《中国地方志民俗资料汇编·中南卷（上）》，第1106页。

中秋节有一个风俗在广东叫问仙,东莞地区称迷魂,即女子通过巫人操作与先人对话,迷魂中"如果该女父母俱亡,倘在地府上碰见她的先父母,那么就哭个不停了"。或云:以糖少许置该女口中,可转哭为唱。①

这里糖的使用,起到调节信徒情绪的作用。

用糖赈济,也是很有地方特色的举措,东莞便有此例:

罗日章,字淡茹,城西人,生平折节好义,邑大饥,损资赈粥,邑令有本旌其门。戊子再饥,复赈秘制熟米、黄糖携行道上,遇饥者啖之,数月不倦。②

(二)用于祭祀

清代以来,糖与蔗一直被广东人用于节日的祭祀,如光绪年间清远县方志中就有"玉蔗,清明祭墓以为时食之荐"的记载。③ 许多地方很隆重的祭礼如祭天、祭地、祭社、祭庙、求雨祈丰收等,均用到糖。如康熙四十五年八月,佛山忠义乡举行隆重的秋季行祀典礼时,所用祭品中便有"糖供五"④。

雍正九年肇庆《东禺村梁氏族规碑记》,规定祭祖用最基本的祭物:"基祭仪物",除了猪、鹅等肉牲物外,还有"净皮蔗五斤"。祭毕,分胙,"鸭蛋每人一个除外,猪首连骨共重二十五斤,鹅一只重四斤,熟肉二十斤,下水一十三斤,酒二埕,净皮蔗三十斤"⑤。

光绪年间,九江儒林乡以蔗酒祭庙:"八月妇女斋素,乡俗以开年余鸡蒸姜醋,祀家堂,取象人日初生之义,是日晴明,卜一岁人民康寿……初八初九以后,庙社开灯,人家亦然,恒以蔗酒享神,曰

---

① 《东莞文史》编辑部编:《东莞文史——风俗专辑》,第29页。
② 民国《东莞县志》卷6《风俗》。
③ 民国《清远县志》卷10《舆地志》。
④ 道光《佛山忠义乡志》卷2《祀典》。
⑤ 谭棣华、冼剑民编:《广东碑刻集》,广东高等教育出版社2001年版,第703页。

庆灯。"①

清末年间，东莞民谣对致祭用糖制品的情形也有所反映："糖饼油馓饾陈，谁家巫妪惯祈神。馂刀剪招魂祭，千些声衰怯比邻。"②

笔者在湛江博物馆看到馆藏的乾隆年间石碑《麻章墟重建北帝庙碑志》，记载了今湛江市麻章墟于乾隆四十六年（1781）开始建造北帝庙，至乾隆五十五年（1790）建成的情况。其中主要记载了建庙资金收支情况，可看到糖商的秤捐是当时重要的捐献来源，几乎占了建庙资金的 1/3 以上，这表明糖商希望通过对庙宇建造的捐献，在神庙中打上糖的文化烙印。

上述种种例证，清楚地告诉我们，祭祀中蔗与糖是普遍存在的。

（三）用于民间娱乐

"赌蔗斗柑"是清代广东地方独特的民间娱乐，屈大均对广东这种独特的民间游戏作了记载："广州儿童，有赌蔗斗柑之战。蔗以刀自尾至首破之。不偏一黍，又一破直至蔗首者为胜。柑以核多为胜，有咏者云：赌蔗斗柑独擅场。"③ 清中期的李调元也在其《南越笔记》中作了同样的记载。道光年间的新宁县和民国时期的龙山县的方志中，均有同样的记载。这反映了"赌蔗斗柑"这种独特的娱乐在有清一代乃至民国年间，极受广东人民的欢迎，也从另一个侧面说明了广东甘蔗的普遍，以及人们对甘蔗的深厚感情。

当然，"赌蔗斗柑"这种游戏在台湾也存在，但在晚至民国时的方志中才能见到相关记载，与广东比要晚得多，普及程度也不及广东。

（四）民俗语言中糖的文化性体现

广东民间以蔗与糖作为主题的词语比其他省份要多，并且具有很强的隐喻性，如道光年间的方志记载电白县的歌谣有：后园种蔗蔗尾

---

① 光绪《九江儒林乡志》卷3《风俗》。
② 《东莞文史》编辑部编：《东莞文史——风俗专辑》，第341页。
③ 屈大均：《广东新语》卷9。

尖，长的也有短的兼，斩去蔗头留蔗尾，蔗尾到地又转甜。① 这表达的是一种生生不息的精神。

光绪年间，海阳县人黄剑潮著有杂诗五首，其中有：殷富三吴并繁华，百粤强高牙镇南，澳大船出东洋国，赋输盐铁家资擅，蔗糖不材悉沃土。② 从中我们可以得知蔗糖是海阳人民致富的重要物产。

民国年间的大埔县歌谣和谜语中涉及糖的有：

谜面：开开笼，开开箱，捡到一块冰糖四四方（谜底为"苦楝子"）。

有寓教于种植的顺口溜歌谣《月光光》：月光光，好种姜。姜打目，好种竹。竹打□，好种蔗。蔗子盲增长，子孙拗来尝。阿公骂，骂去须叉叉，阿婆争，争去面膨膨。

鹧鸪歌：鹧鸪嚒嚒嚒，担水浥甘蔗。③

谜面歌：白罂子，装白糖，大哥尝了细哥尝（谜底为"乳"）。④

明清时期涉及糖的众多广东民谣，除了娱乐之外，也反映了人们社会生活的情形。

表达小儿企盼鹅蛋糖水的焦急之情："生鹅春（鹅蛋），生鹅春做乜嘢？煲糖水食，俾我食？"⑤

反映婆媳关系的有："亚妹妹，煲糖水，煲唔甜，去拉盐，双手拉盐又话淡，手甲挑盐又话咸。"

用民谣表示走霉运："伯爷公，几十岁。买标蔗，又生虫。买个饼，又穿窿。"

反映过年前忙碌与喜悦的心情："打髀仔，唱髀歌，今年好过旧年多。头路（早造禾）三颗割一斗，尾路（晚造禾）三颗割一箩。又有粘时又有糯，炊起仪龙（年糕）大过磨，煮起禄堆大过两耳箩。"

形容准备过年时繁忙的景象："一埕酒，二对鹅，送俾大妗婆。

---

① 丁世良、赵放主编：《中国地方志民俗资料汇编·中南卷（上）》，第847页。
② 光绪《海阳县志》卷7《风俗》。
③ 丁世良、赵放主编：《中国地方志民俗资料汇编·中南卷（上）》，第756—757页。
④ 同上书，第759页。
⑤ 《东莞文史》编辑部编：《东莞文史——风俗专辑》，第149页。

大妗婆唔在屋,送俾屎叔,屎叔唔得闲,舂粉作糖环,糖环楒楒脆,牙鹰担(衔)归去。"①

这些涉及用糖的诗作、歌谣、俚语等,不但对广东民众生活的层面作了多方面的记载,也为研究广东民俗生活史提供了重要材料,而且丰富了我国民间的语言文化。

鉴于以上分析,我们可以得出清末民初广东民俗用糖主要有如下特点。

第一,民众用糖习俗广泛存在于民间,且形成了普遍的民俗。如上所述,明末清初以来,随着广东糖业的发展,民众用糖量大增。民众除了在制作节令食品时大量使用糖外,在社交方面也大量用到糖,并且这种用糖方式为民众所共同遵守。

第二,明末清初以来普遍形成的这种用糖民俗,带有极强的精神内涵。如上所述,婚礼中的"打糖梅",生子礼俗中的"饮姜酒",均隐晦地向人们表达着糖的文化内涵。

第三,明末清初以来形成的用糖民俗中的精神与物质的结合,使糖成为文化的符号,进而形成了具有广东特色的"糖文化"现象。

社会的民俗是长期形成的民众共同遵守的习惯性行为,而这种为大众所熟知的习俗带有共同认知的民众心理。在广东,这种历代流行并成为大众所共同实施与遵守的用糖方式,已经成为一种精神文化符号。这种精神文化符号被广泛地用于民众的生活中,在人们的日常行为中得到认同,已经成为一种文化现象。从明末清初逐渐形成的"糖文化"现象,影响至今,与全国各地的用糖民俗一起,发展成为中华民族喜庆文化的重要组成部分。

(原载《学术研究》2005年第11期)

---

① 《东莞文史》编辑部编:《东莞文史——风俗专辑》,第168—186页。

明清时期医学用糖的演变及其原因初探

对明清时期糖在医学上的运用，史学界研究的人甚少，季羡林先生在这个问题上，作了有关的诠释。季先生罗列了明清两代一些涉及用糖的医学方面的著作，且对其内容作了摘录。他认为到了清代，医学上用糖有两个特点："一方面蔗和糖的药用价值降低；但是另一方面，它们又有了新的药用价值。"①

但对明清时期医学用糖的变化情况，季先生并没有作更多的探究，对上面所作的结论也未展开论述，至于造成医学上用糖的变化原因，更未予以说明。有鉴于此，本文拟在季先生研究的基础上，对明清时期医学用糖的演变及其原因作些粗浅的探讨。

一 明清时期医学用糖的演变

元代的医书与饮食养生书中涉及用糖的内容很少。对用糖有较多记载的养生和饮食方面的书籍是元天历三年（1330）忽思慧所写的《饮膳正要》。② 书中有 15 处记载了与养生相关的用糖，其中有 5 处是糖的食用与其他食物的宜忌。元代另一本专门介绍饮食养生的专著是倪瓒的《云林堂饮食制度集》。③ 书中记载了约 50 种菜点、饮料点

---

① 季羡林：《中华蔗糖史》，第 523 页。
② 忽思慧：《饮膳正要》，上海古籍出版社 1990 年版。
③ 倪瓒：《云林堂饮食制度集》，中国商业出版社 1984 年版。

心的制作，基本能反映元代苏南无锡一带的饮食风貌，但书中涉及用糖的记载不是很多，只有4处。可见，糖在医学和饮食调理上的使用情况在元代的医书和饮食著作中记载得比较少。

元初，产糖量仍很少，糖是稀有的奢侈品，在全国大多数地区，民间将糖用于日常生活的情况仍然很少，糖仍然是皇帝赐予大臣的奖赏物品，而且糖在医学上的使用也很少。① 但至明初，糖开始在医疗处方中大量使用。

（一）14世纪中期至16世纪中期，糖在医疗中的使用

明初的医书中，记载了医药处方大量用糖情况：时人著作如王纶的《本草集要》、胡文焕的《养生类纂》、薛己的《薛氏医案》、孙一奎的《赤水玄珠》、王肯堂的《证治准绳》、缪希雍的《先醒斋文记》《神农本草经疏》、张介宾的《景岳全书》等医书均记载有明代用糖的处方，比前代有所增加。而最能反映明初医学用糖情况的，则是朱橚撰的《普济方》，我们只要通过对《普济方》作些考察，就能了解明初医学用糖的大致情形。

《普济方》成书于明初，是明太祖第五子朱橚所撰，书中记载了大量医方中糖的使用情况。笔者对《普济方》中涉及用糖情况作了统计，糖的使用广泛分布于丸散膏丹的各种处方中。

药丸处方中，约有28种使用了糖。如饴糖白丁丸，以砂糖如胡桃大的一块同和研。② 地黄煎丸，治结阴便血，药品中有砂糖一两与另二味熬成膏。③ 万金丸，治时气及疏理脏腑，通利胸膈，调顺荣卫，用砂糖为丸。④ 药散处方中，使用糖的约有21种。比如，恶实散，有用末砂糖为丸。⑤ 松霜散，治咽喉肿痛，可清凉咽脂，药

---

① 宋濂等：《元史》卷126，《列传》第13《廉希密传》，中华书局1976年版，第3093页。
② 朱橚：《普济方》卷27，《四库全书·子部》第747册，第710页。本文采用的《普济方》版本均为《四库全书》本。
③ 朱橚：《普济方》卷38，《四库全书·子部》第748册，第117页。
④ 朱橚：《普济方》卷149，《四库全书·子部》第752册，第44页。
⑤ 朱橚：《普济方》卷62，《四库全书·子部》第748册，第674页。

品中有糖霜。① 清凉散，治时气，头目昏疼，久积热毒，鼻口中出血，用砂糖冷水。② 膏丹药处方中，使用到糖的约为11种。比如，龙胆膏，治咽喉肿痛及缠风粥饮难下者，与砂糖丸研匀炼成。③ 雄黄膏，治一切癣，有砂糖（色白者）。④ 龙脑膏，治小儿风热，咽喉肿痛，有砂糖。⑤

煎汤食饮药方中，糖的使用最多，达73种。如四君子汤，治肺疾咳嗽，使用砂糖丸。⑥ 小建中汤，药品内有糖八两，治肺寒损伤气咳及涕唾鼻塞，语声冷。⑦ 杏仁汤，治暴赤眼涩痛肿疼，有砂糖一钱。⑧ 无尘汤，清气消壅，有糖霜二两。⑨ 耆婆汤，主治大虚同风冷羸弱无颜色，有糖一升。⑩ 可见，明初糖被广泛应用于医药处方中，且不少是作为治病的医药主方的。

同时，笔者综合《普济方》及明初其他一些本草类及饮食养生类的时人著作发现，当时，糖作为医药中较为重要的品种，治病的范围也十分广泛，主要有：治风痰壅塞、咳嗽、呕吐、物（骨）鲠、失声哑语、咽喉肿痛、目疾，目疾中又包括治沙眼、赤眼、眼涩、头目昏痛等。

此外还能治口鼻出血、虚弱、劳顿困乏、痢疾、虚劳内伤、阴痛等。

治疮疥、治肠风痔漏、治瘭等。

解砒毒、巴豆毒、酒毒等。

治小儿肝病、疳气腹胀、喘急、热冷不调等。

由此我们可知，明初糖在医学上的使用十分广泛，这是明初医学

---

① 朱橚：《普济方》卷63，《四库全书·子部》第748册，第711页。
② 朱橚：《普济方》卷150，《四库全书·子部》第752册，第68页。
③ 朱橚：《普济方》卷63，《四库全书·子部》第748册，第706页。
④ 朱橚：《普济方》卷281，《四库全书·子部》第756册，第327页。
⑤ 朱橚：《普济方》卷366，《四库全书·子部》第759册，第273页。
⑥ 朱橚：《普济方》卷27，《四库全书·子部》第747册，第737页。
⑦ 朱橚：《普济方》卷26，《四库全书·子部》第747册，第701页。
⑧ 朱橚：《普济方》卷74，《四库全书·子部》第749册，第239页。
⑨ 朱橚：《普济方》卷267，《四库全书·子部》第755册，第811页。
⑩ 朱橚：《普济方》卷258，《四库全书·子部》第755册，第507页。

用糖有别于前代的一个显著方面。

（二）16 世纪中期至 17 世纪初期医学用糖的变化

明初的医方中，记载了大量的医学用糖处方，但当我们考察此后所编撰的医书与养生类书籍时，便发现一个明显的倾向：糖在医方中的使用逐渐减少，如胡文焕编撰的《养生类纂》，在介绍甘蔗和糖时，只记载甘蔗与糖的作用为"极润心肺，治咳嗽"和"酒后吃之解酒毒"①。明中期安徽人陈嘉谟（1468—？）编撰的《本草蒙筌》在介绍甘蔗和糖的作用时，只采用了《丹溪医案》的观点，认为其作用只有"助脾气和中，解酒毒，止渴，利大小肠，益气，驱天行热，定狂"和"杀痈虫、润肺、除寒热、凉心"②。

16 世纪中期以后，糖在医学上的使用出现了逐渐减少的变化趋势，其所体现出来的特点主要有二。

第一，医学用糖范围的相对缩小。

明中后期的医书基本能反映出这个特点，以 16 世纪中晚期成书的《本草纲目》③ 最具代表性。

李时珍的《本草纲目》，成书于明末的万历六年（1578）。虽然成书于 16 世纪晚期，但其所反映的医学用糖时间段基本能代表明初至 17 世纪初期的情况，所以经由对《本草纲目》的分析，我们可以看出这个时期的演变。书中对糖在医学上的使用作了全面的总结，书中所涉及医学用糖的有关内容明显显示出糖在医方中使用的减少。李时珍在《本草纲目》卷三、卷四的《百病主治药》中，记载了甘蔗和糖在药方中使用的情形，如表1。

---

① 胡文焕编：《养生类纂》卷下《杂永类》，北京图书馆古籍珍本丛刊，书目文献出版社 1998 年版，第 82 册，第 327 页。
② 转引自季羡林《中华蔗糖史》，第 254 页。
③ 本文所用《本草纲目》版本，均为人民出版社 1977 年版。

表1　　　　　　　　　　《本草纲目》用糖药方简表

病因	用糖资料	页码	卷数
缓火	须用甘蔗解热	153	卷三
湿热火郁	须用甘蔗	157	
酒毒	须用甘蔗、砂糖、石蜜	161	
和胃润燥	须用甘蔗汁和同姜汁饮，治反胃	165	
痰热	须用甘蔗：止呕吐不息，入姜汁服	167	
积滞	须用砂糖水	174	
虚寒	须用砂糖：禁口痢，同乌梅煎呷	177	
暑热	须用甘蔗	180	
火郁	上气喘嗽，须用砂糖同姜汁煎咽	200	
痰火	虚热嗽漱涕唾，须用甘蔗汁入高粱米煮粥消火	202	
调中补虚	须用饴糖	216	
清镇	须用甘蔗	221	
降火清金	须用甘蔗	225	
清上泻火	须用甘蔗和砂糖	230	
养血润燥	须用甘蔗	239	
眼目赤肿	须用甘蔗汁合黄连煎，点暴赤肿	275	卷四
口臭	须用砂糖	296	
风痰	须用饴糖	298	
金银铜铁鲠	须用饴糖	360	
鱼骨鲠	须用饴糖：含咽	360	
竹木鲠	须用饴糖：含咽	361	

此外，书中的卷二、卷九中，对用糖的处方也有少量记载，但基本上与表1的用法有重复，所以在此不一一列出。笔者对《本草纲目》有关医方中的用糖情况作了粗略统计，大约有22处，这与明初《普济方》记载用糖处方超过150多种相比是大大缩小了。虽然《本草纲目》与作为医方的《普济方》的侧重点不同，但反映出明中期以后医方用糖相对减少却是不争的事实。

第二，医学用糖范围的相对固定。

考察16世纪中晚期以后的医书，我们发现糖在医学上的使用，主要是在以下的一些疾病中。

一是消痰顺气，治咳嗽。甘蔗属性稍寒，清凉，对热症引起的痰塞、热咳具有一定的治疗作用。乾隆年间，名医吴仪洛就认识到："甘蔗（和中润燥）：甘微寒，和中助脾，除热润燥，消痰止渴，解酒毒，利二便。"① 清代晚期的王士雄在其医书中，对甘蔗的清凉去痰作用作了推荐："甘蔗：甘凉。清热，和胃润肠，解酒，杀虫，化痰，充液。"② 所以16世纪中晚期后的医书，在治疗热咳时较多地用甘蔗取代糖成品。而医师对痰塞等病症则较多地利用糖与具有消瘦功能的橘子、橘红、橙皮制成药品，为患者治病。如清代医师赵学敏所载医方有："糖橘红：仁和、塘栖镇者佳。以皮去白，切小块，用糖霜制。味甘辛，性温，理气快，治嗽消痰。"③

二是作为产妇与体虚者的滋补药方。糖的种类较多，结晶的白糖性较寒，所以用以治热症，而用火煎而成的粗制砂糖，性温能补虚，且有去恶露之功效，所以妇人产子后与体弱者，使用粗制的砂糖作为滋补之医方，是比较科学的。16世纪以前的医者，将粗制砂糖大量用于产妇，16世纪以后的医者仍如此，并且在医学著作中，对粗糖的这种功效作了总结，认为："紫砂糖（补，和中和血）。功用与白者相仿而稍逊，和血则紫者为优（今产后服之，取血和而恶露自行也）。"④ 以粗制红糖补血，广东的方志与明清的时人文集、笔记中均有反映。医书中所载江南妇人产子，也以粗制砂糖作补、行血、除恶露："蔗饴：蔗汁煎成如饴，色黑，今人呼曰砂糖。甘温。和中活血，止痛舒筋。越人产后辄服之；赤砂糖：吴人产后，用以行瘀。"

16世纪中期至17世纪初期，糖在医学使用范围上的相对缩小与固定，反映了人们对糖作为药品价值认识的加深。

---

① 吴仪洛撰：《本草从新》卷10《果部·甘蔗》，上海科学技术出版社1982年版。
② 王士雄著，窦国祥校注：《随息居饮食谱·果食类》，江苏科学技术出版社1983年版，第5页。
③ 赵学敏：《本草纲目拾遗》，中国中医药出版社1998年版，第276页。
④ 吴仪洛撰：《本草从新》卷10《果部·甘蔗》。

（三）糖从医疗药品向养生保健用品转化

进入 17 世纪以后，经过长期的医学实践，人们对糖在医学上的作用有了进一步的认识；18 世纪中期以后，糖的销售十分普遍，随着民众用糖的逐渐增多，人们对糖的作用有了更多的了解，认识到糖作为药品的功用，比不上作为保健品的功用。例如，在诊治痰疾时，17 世纪初以前，糖作为药品被大量用于处方，17 世纪初以后，糖与其他消痰的食品结合，成为甜制的保健品，如皇族、贵族喜食的"冰糖燕窝"，社会各阶层人们均能消费得起的"冰糖炖雪梨"等。

17 世纪初以后，糖在处方上的使用日渐减少，而作为饮食保健品日见增多，清代朱彝尊在其著作中就有大量的记载，如清热解毒的"绿豆糕"，其制法是："绿豆用小磨磨去皮，凉水过净，蒸熟，加白糖捣匀，切块"；助消化的"八珍糕"："山药、扁豆各一斤，苡仁、莲子、芡实、茯苓、糯米各半斤，白糖一斤。"①

李化楠在《醒园录》中，也对糖的保健功能作了介绍，如润肺止咳的"杏仁浆法（作茶吃）"，其做法是将杏仁与"上白米饭对配，磨浆坠水，加糖炖熟，作茶吃之，甚为润肺。或单用杏仁磨浆加糖亦可"。消渴的"千里茶法"，其做法是："白砂糖四两，白茯苓三两，薄荷叶四两，甘草一两，共为细末，炼蜜为丸，如枣子大。每用一丸噙化，可行千里路程不渴。"②

乾隆皇帝也很喜欢吃糖制的甜品，以达到保健养生的目的。乾隆四十四年（1779），乾隆皇帝常感脾胃不适，亲自拟定配方，命人制作八珍糕，所用"人参二钱、茯苓二两、山药二两、扁豆二两、薏米二两、芡米二两、建莲二两、粳米面四两、糯米面四两。共为极细，加白糖八两，合均蒸糕"。食法是"蒸得时晾凉了，每日随着熬茶时送"，作为佐茶之点心。③ 这种糖制松软的甜点，对老人的消化是很

---

① 朱彝尊撰：《食宪鸿秘》，上海古籍出版社 1990 年版，第 55 页。
② 李化楠：《醒园录》，中国商业出版社 1984 年版，第 40 页。
③ 乾隆四十四年《驾行热河哨鹿节次膳底档》，转引自林永匡《清代饮食文化研究》，黑龙江教育出版社 1984 年版，第 335 页。

有帮助的,乾隆皇帝因此治好了老年的脾胃不适症。

至于清补养颜的冰糖炖燕窝,则是极受皇族欢迎的日常滋补食品,这方面文献的记载比较多。清代的皇帝从乾隆开始每天早上都离不开"冰糖燕窝"等甜品,这一点皇族成员爱新觉罗·浩在其文章中作了描述:皇帝在早上上朝前一般都要饮上一盏"糖炮燕窝"(即旺火煮成的冰糖燕窝)。[①] 可见,晚清至民国初年,糖作为一般的养生保健品,已经广泛地为人们所接受。

由此可见,明清时期糖在医学上的使用有着极为明显的变化,这种变化的轨迹是:糖在医学上由使用比较广泛,到范围相对缩小,只在某些疾病上使用,再到向以养生保健品为主转变。糖在医学使用上的这种轨迹按时间发展的顺序,大致分为三个阶段。第一阶段是明初期(即14世纪中期)至16世纪中期以前。这个时期,糖在医疗处方中大量运用,糖成为比较重要的药品。第二阶段是16世纪中期至17世纪初。这个时期糖作为药品在医学使用范围上缩小并相对固定。第三阶段是17世纪初以后至清末,糖由药品逐渐向保健养生品转变。

二 明清时期医学用糖变化的原因

是什么原因造成明清时期糖从医药品逐步转化为养生保健品呢?我们可以从以下方面去进行理解。

(一)糖业经济的发展对医学的影响

明初至16世纪中期以前,随着战争的结束和社会的不断发展,糖业经济得到了一定程度的恢复,并且在前代技术积累的基础上得到了缓慢的发展,元末时甘蔗的栽种便从长江流域以南向华北平原扩展,[②] 明初这种趋势得到进一步发展。尽管这种扩展是缓慢的,但其给人们提供的产糖量比前代肯定有所增加,在这种情况下,一方面,民间饮食用糖尚未普遍,人们对糖的医学功能不甚了解。但另一方

---

① 爱新觉罗·浩:《宫廷饮食——清宫饮食的特色》,《中国烹饪》1985年第7期。
② 季羡林:《中华蔗糖史》,第235页。

面，由于糖的获取比前代更为方便，又使糖在医学上的使用能够得到保证，这是医学上能够广泛使用糖的前提。

唐宋时，虽有不少本草与医书所载涉及用糖，但当时的糖珍贵得多作为贡品，糖的使用范围极窄，糖的药用价值在全国范围内未得到验证与推广使用，所以糖在医学上的使用，大多只有记载，而实际中的使用比较少，糖在医学上使用的实际效果如何，人们知之甚少。医者也如此，这就造成了医者对糖在医学上使用的盲从。因糖无毒，味甜，易为人们所接受，在医药中大量使用也不会引起人们的抗拒，因此，主观上医患双方的愿望和客观上糖业的发展，导致了糖在明初药方中的大量使用。

16世纪中期以后，制糖技术取得了重大的突破，主要表现在16世纪中期，即嘉靖年间发明了白糖，冰糖制作技术也较为成熟，同时糖制品也日益丰富起来了。制糖业所取得的成果，极大地推动了甘蔗的种植和糖制品的销售，16世纪末至17世纪初，全国已经形成了以闽、粤、台为主的糖业生产基地，并且开始向外延伸至四川、广西、江西、江苏、浙江的部分地区。

从康熙初年，即17世纪60年代至19世纪80年代中期以前，约200多年间，糖业经历了快速增长时期。虽然在80年代后，洋糖的入侵对国内糖业经济产生了极大的冲击，但却大大方便了民间对糖的获取。所以从16世纪中晚期开始，人们对糖的使用在量上是一个增加的过程，这为人们对糖的了解提供了可能，也为糖作为用量较多的养生保健品，提供了物质上的保证。

（二）医学发展成果的影响

明初，糖在中医处方中被广泛应用于各种疾病，按现代的医学知识，我们可以知道，糖的医学作用并没有那么广泛，许多医方中对糖的使用方法并不正确。不过，由于糖是当时的稀有之物，而对稀有物品的使用往往成为一种时尚，所以自然会影响到医者的选择，使其把糖作为医学上的时尚品种加以普遍应用。况且，当时的人们，包括医者，对糖的认识比较有限，所以糖在医学中的使用比较杂，治病过程中也并不总是"对症下糖"，糖被广泛用于医疗治病中，这是古代的医者在认识糖的药用过程中的一种摸索的反映。由此，我们可以看出，16世纪中期，糖作为医学处方大量用于医疗诊治，是人们对糖的医学效果认识有不少误区的反映。

明初至明中期随着糖在医学功能上的不断被认知，糖在医学上的使用不断减少，李时珍在《本草纲目》中第一次对砂糖、糖霜、冰糖和紫糖的不同功能和医学属性作了论述，对甘蔗、甘蔗皮、甘蔗滓等在医学上的作用作了较为全面的探讨，介绍了甘蔗和糖的医学作用，并且在书中纠正了一些历代用糖的错误，对用糖的宜忌提出了自己的观点。由此，我们可以看出，16世纪中晚期的医者，已经对糖在医疗上的功效作了相关的研究，在实践中不断地对糖的医学作用作出较为正确的总结。正是在这种认识基础上，医者在将糖运用到诊治的实践中，对前代的用糖医方有所扬弃，糖在医疗中的使用，并不像过去那么广泛而变得相对缩小和固定。

17世纪初以后的医者在《本草纲目》所取得的成果基础上，不断总结与摸索糖在使用上的宜与忌，使糖在医学上的使用更加合理，如乾隆年间名医吴仪洛认为紫砂糖较白砂糖性更温，生胃火，助湿热，损齿生虫，用来治痘不落痂是错误的。① 王士雄也认为："诸糖，时邪、痰疹、霍乱皆大忌。余见误服致危者，不一其人。即夏月产后，用以行瘀，亦宜忌也。"②

随着食糖销售与使用的日益普遍，民间在糖的使用上总结出一套用糖保健养生的方法，逐渐地使糖从医疗药品转化为人们的日常养生保健品。在清代的许多著作中，我们可以见到大量糖作为饮食调理品的记载，如《红楼梦》中就有不少地方为我们作了形象的记述，其中第八十回的描写最为精彩：

> 宝玉害了相思病，请道士王一贴来给宝玉看病，王一贴调侃宝玉说有一种汤"可以治你的病，只是慢些儿，不能立刻见效的。"宝玉道："什么汤，怎么吃法？"王一贴道："这叫做'疗

---

① 吴仪洛撰：《本草从新》卷10《果部·甘蔗》。
② 王士雄著，窦国祥校注：《随息居饮食谱·果食类》，第5页。

妒汤'。用极好的秋梨一个，二钱冰糖，一钱陈皮，水三碗，梨熟为度，每日清晨吃这一个梨，吃来吃去就好了。"宝玉道："这也是不值什么，只怕未必见效。"王一贴道："一剂不效，吃十剂；今日不效，明日再吃；今年不效，明年再吃。横竖这三味药都是顺肺开胃，不伤人的，甜丝丝的，又止嗽又好吃。"①

综上所述，糖在历史演变过程中经历了明初作为被较为广泛使用的医学用品，逐渐向医学保健品转变，糖业经济的发展和医学的进步是实现这种转变的根本原因。

（原载《明清史论丛》2002年第4期）

---

① 曹雪芹：《红楼梦》，北岳文艺出版社1991年版。

试述清人饮食用糖的特点

清代是国人饮食习俗形成和发展的重要时期,对国人饮食用糖特点的探究,[①] 有利于促进我们对全国饮食风俗形成和发展的了解。总结起来,清人的饮食用糖特点主要有以下几个方面。

一 民众饮食用糖的地域性特点

清代,民众饮食用糖,与民众的饮食口味习惯基本上一致。传统的嗜甜区,如广东和江南地区糖之于饮食上的使用较普遍,嗜酸辣地区和边远地区饮食用糖较少,且使用的时间也较晚。具体表现在以下两个方面。

(一)食糖对江南和广东地区的饮食习俗有重要影响

清代,糖对江南和广东地区民众饮食所造成的影响比较大,即两地的饮食风格和菜系的形成均在清代得到发展,形成较为固定的体系特色,这种风格即偏于清淡和略甜的菜系。我们从清代糖在江南饮食中运用的发展进程,可以较为清楚地看到这一点。

平江人韩奕(即今江苏苏州人)所撰的《易牙遗意》,[②] 浙江钱塘人高濂所撰的《遵生八笺》,[③] 比较全面地反映了元末明初至明末江南的饮食习俗,但书中反映的糖对饮食的影响,只是表现在面点与

[①] 文章所指之糖,若没有特别说明均为蔗糖。
[②] 韩奕:《易牙遗意》,中国商业出版社1984年版。
[③] 高濂:《遵生八笺》,巴蜀书社1985年版。

节日小吃方面。糖对江南饮食风格的形成产生较大影响应是从清初开始。

清初浙江秀水人（今嘉兴市人）朱彝尊（1629—1709）所撰的《食宪鸿秘》，① 是研究清初江南饮食文化最重要的一本饮食专著。书中介绍了各类食品加工、调配与菜食的烹饪，记载中涉及食品用糖之处有77种。从《食宪鸿秘》的记载我们可以看出，糖对江南地区饮食的影响达到了一个新的阶段，民众的饮食用糖习惯已基本形成。江南地区的饮食习惯正像清人所描写的那样："烹调之法，概皆五味调和，惟多用糖。"② 食糖的使用与日常烹调相结合，形成了江南饮食中主味带甜的定位风格，这种饮食风格在清以后仍然得到保留与发展。

在广东，情况也较为类似。广东菜系的特点虽以味鲜为主，但不少菜的鲜味，正像屈大均在《广东新语》中所说的那样"大抵广东人饮馔多用糖"，是通过以糖提味，达到"鲜"的目的的。在广东的潮州地区，甜味普遍用于烹调中，据《中国潮州名菜谱》记载，甜菜作为主菜竟占了菜肴的11%。③

（二）嗜酸辣地区和边远地区糖的使用较少和较晚

不嗜糖的地区，糖的使用比较少也比较晚。如四川地区，尽管从北宋开始便有产糖的传统，但囿于川人对辣味的喜好，糖的使用并不是太多。据道光至光绪年间的四川华阳县人曾懿所撰《中馈录》④ 一书所载，我们可知，到清中期，川人烹调用糖还是比较少的。书中记载了大量四川人烹调技法与菜谱，而涉及用糖的仅有4种，即第3页的"制宣威火腿法"，第4页的"制香肠法"，第5页的"制肉松法"，第18页的"月饼"，且用糖量也较少。

---

① 马济人主编，朱彝尊撰：《食宪鸿秘》，上海古籍出版社1990年版。
② 徐珂：《清稗类钞·饮食类·苏州人之饮食》，第13册，中华书局1986年版，第6240页。
③ 转引自中华文化通志编委会编，张磊等人撰《岭南文化志》，上海人民出版社1998年版，第365页。
④ 曾懿：《中馈录》，中国商业出版社1984年版。

在边疆和边远内地的非产糖区，到了清中期，甚至末期，因民众饮食习惯不同，糖在饮食中所占的份额仍然很少，正像西藏方志所载那样，藏人平常是"不食甜物，不饮甜水"的。①

由此可见，清代，民众在饮食上对糖的使用具有地域性特点，这种地域性特点，主要表现在两个方面，一是，民众饮食用糖量的不平衡。江浙与广东嗜甜地区民众用糖量多，其他地方少。二是，食糖对民众饮食影响的不平衡。这种不平衡体现在：糖对江南与广东地区的民众饮食习俗的发展，产生较为重要的影响作用，为江浙地区形成以甜为特色的淮扬菜系打下了牢固的群众基础，也为广东地区清淡中略带甜味的饮食风格造成了较大的影响。而糖对其他地方的饮食影响相对广东与江南地区则较小些。

二 民众饮食中糖的使用特点

清代，各地民众的饮食用糖，既有共同点，又各具地方特色，主要表现在以下几个方面。

（一）糖食成为受社会各阶层民众消费普遍欢迎的食品

清代，随着糖业经济的发展，糖逐渐成为社会各阶层人民喜爱的饮食品种。

1. 宫廷用糖

雍正元年（1723）建立的官三仓，是清代宫中掌管用糖的食品机构，宫中每年所需"糖类包括冰糖、八宝糖、缠糖、白糖和黑糖等，岁用银一万四、五千两"②。糖成为宫中消费的大宗商品之一。

清代的皇帝从乾隆开始对糖食十分喜爱，乾隆五十年（1785）"千叟宴"中的点心类"大抵甜咸参半，非若肴馔之咸多甜少也"③。自此以后的皇帝每天早上都离不开"冰糖燕窝"等甜品。咸丰十一

---

① 丁世良、赵放主编：《中国地方志民俗资料汇编·西南卷（下）》，第888页。
② 托津等纂，（清）内务府编：《钦定大清会典》卷95，商务印书馆1908年版。
③ 清代内务府档案《御茶膳房簿册》，中国第一历史档案馆馆藏，第0494号"御茶膳房"类档案。

年（1861）十二月三十日，载淳除夕的晚膳甜品类就有：白糖油糕、如意卷、燕窝八仙汤等品种。咸丰十一年（1861）十月十日，进献给皇太后的早餐甜品中则有寿意白糖油糕、寿意苜蓿糕等。① 清晚期，由于慈禧太后喜食甜品，糖制的糕点也就成为讨好慈禧太后最好的贺岁礼品。新年时，慈禧太后收到的各种甜的糕点可谓堆积如山，据《清朝野史大观·清宫遗闻》记载："每逢新年……太监及女仆等，则各贡奇异之糕点食品，贡品之多，堆积数室。"②

由于皇亲贵族的喜好，糖食风行宫中成为必然。清代中后期，宫中糖的用途十分广泛，甚至出现了"宫中有娠，赐糖饼"③ 的现象。

2. 贵族用糖

清代，贵族使用糖十分普遍，从孔府家宴的食谱中我们就发现大量的糖及其制品。《红楼梦》中也有不少地方对糖食作了描写。④

第十四回："（凤姐）在家中歇息一夜。至寅正，平儿便请起来梳洗，及收拾完备，更衣盥手，吃了两口奶子糖粳粥。"

第十九回中有"糖蒸奶酪"等小吃，且对其药理和功用作了说明："饥者甘食，渴者甘饮，内以养寿，外以养神。"

第四十五回：宝钗劝黛玉用冰糖、燕窝熬粥吃以平肝养胃，达到调养身子的目的，宝钗道："依我说，以平肝养胃为要，肝火一平，才能克土，胃气无病，饮食就可以养人了。每日早起，拿上等的燕窝一两，冰糖五钱，用银铫子熬出粥来，若吃惯了，比药还强，最是滋阴补气的。"

第五十七回记载黛玉采用了宝钗的建议，黛玉"次日勉强盥漱了，吃了些燕窝粥"。

第五十四回：贾母在大观园中看放烟火时说："夜长，觉得有些饿了。"凤姐儿忙道："有预备的鸭肉粥。"贾母道："我吃些清

---

① "御茶膳房"类档，中国第一历史档案馆藏，第0494号。
② 上海书店编辑部编：《清朝野史大观·清宫遗闻》卷1《制糕·新年贡品》，上海书店1981年版，第100页。
③ 王初桐辑：《奁史》卷80《饮食门》，《北京图书馆古籍珍本丛刊》，书目文献出版社1988年版。
④ 曹雪芹：《红楼梦》，北岳文艺出版社1991年版。

淡些吧。"凤姐儿忙道："也有枣儿熬的粳米粥，预备太太们吃斋的。"贾母笑道："不是油腻腻的，就是甜的。"凤姐儿又忙道："还有杏仁茶。"又接着补上一句："只怕也甜。"贾母道："倒是这个还罢了。"

第八十回：有道士王一贴用秋梨炖冰糖给宝玉治咳嗽的医方。

第八十九回：有宝玉食欲不振，吃香甜的"燕窝汤"调节胃口的描述。

从《红楼梦》的叙述中，我们可以看出，清代贵族所食用的糖制品众多，有甜粥、汤、炖品和糖制糕点等。由此可见，糖制糕点和糖制滋补品已是清代贵族的寻常食品了。

3. 平民用糖

至清中期，江苏的名点众多、各擅胜场，成为广大民众喜爱的食品，如肖美人点心："仪真南门外，肖美人善制点心。凡馒头、糕、饺之类，小巧可爱，洁白如雪"①。清末除夕前，北京有专门卖糖点的店铺，并且形成了有自己店铺特色的糖制品，如"聚兰斋"的糖点——糖蒸桂蕊，"京江裕和行家"的蜜饯——糖栖桃杏脯。② 清末的薛宝辰是如此描写当时在京师和西北地区极受人们欢迎，且到处有售的果羹等甜品的："果羹：莲子浸软，去皮心如前法。白扁豆浸软去皮，薏米浸饮。用实碗中作三角形，不要太满。再加糖与开水，少加糖渍黄木樨或糖渍玫瑰，入笼蒸极烂。翻碗。以糖和芡浇之，甚甘美，此京师《元兴堂》作法。其余食肆皆有之，庖人皆为之，俱以水煮熟加糖食之，全失浓腴馥芬之致矣。"③

清代，上海的糖制名点众多，如风行一时的"薛糕"已为当时民众所普遍接受和喜爱。同治年间的方志为此专门作了相关的记载："薛糕：邑人薛氏善制，故名。以糯米磨粉和糖蒸，作红白折叠文，甚软。"④ 清末民初的江南，过年用的年糕不仅仅是食品，也是身份的象征："黍粉和糖为糕，曰年糕，有黄白之别，大径尺，而形方，

---

① 袁枚：《随园食单》，广东科技出版社1988年版，第145—146页。
② 潘荣陛：《帝京岁时纪胜·皇都品汇》，北京古籍出版社1981年版，第42页。
③ 薛宝辰：《素食说略》，中国商业出版社1984年版，第39页。
④ 同治《上海县志》卷8《物产·饮馔之属》，民国二十五年铅印本。

俗称方头糕，为元宝式者曰元宝糕，俱以备年夜祀神，岁朝供先及馈赠亲朋之需，其偿赍仆婢者，则形狭而长，俗称条头糕，稍阔者曰条半糕，富家或雇糕工至家，磨粉自蒸，若就简之家，皆买诸市，节前一二十日，糕肆门市如云。"①

清代，糖制食品同时也极受僧尼的欢迎，如清代河南南阳的道观中，有不少用糖做成的斋菜：元妙观的油炸荷花，蘸白糖，与用白糖煮水做成的油炸"拔丝红薯"，成为当地的名菜。②

晚清，蔗糖制品由于价贱，人们的食用量进一步增多。此时蔗糖制品更加丰富，如广西的龙州③和同正县④，民间均有用蔗制酒的记载。清代的台湾"糖为本省主要产物，价贱与食盐相埒，故糖果店随处可见。糖果种类甚繁，大抵以柠檬、桔子、凤梨、薄荷、咖啡等和糖为之。家庭中常备以待客。平时乡村妇孺多食糖丸子，俗谓之'惜丸子'，或称'色丸子'"⑤。

可见，在清代，糖已经成为社会各阶层人民非常喜爱的日常消费品，极大地丰富了人们的饮食生活。

（二）宴席与主菜中的民众用糖特点

清人在宴会和主菜中的用糖特点，全国各地也有较大的差异，主要在以下两个方面有所反映。

1. 糖是江南及广东地区民众烹调和腌制食品中的重要调味品

李化楠所撰的《醒园录》，⑥由李调元整理出版，刊于乾隆年间，此书是四川籍仕人李化楠宦游江浙时所记载的清代前中期以江南饮食为主的一部专著，其中提到用糖的共有24处。浙江钱塘人（今杭州人）袁枚（1716—1797）所撰的《随园食单》，是极受饮食界推崇的一本古代食谱，是研究江南民众饮食极具价值的专著，书中提到34

---

① 胡朴安：《中华风俗志》下篇卷3《江苏·吴中岁时记》，上海文艺出版社1988年影印本，第65页。
② 刘琰：《南阳元妙观暨其斋菜》，《中国烹饪》1986年第1期。
③ 丁世良、赵放主编：《中国地方志民俗资料汇编·中南卷（上）》，第924页。
④ 同上书，第915页。
⑤ 丁世良、赵放主编：《中国地方志民俗资料汇编·华东卷（下）》，第1548页。
⑥ 李化楠：《醒园录》，中国商业出版社1984年版。

种带糖的饮食。从上面两部书的记载可知，清代中后期，人们已经能够根据所制食品的需要酌量加减糖的使用量，糖成为烹调中的调味品，被广泛地用于食品的腌制、熏制及点心的制作，乃至造酒、制酱。

在广东，烹调用糖十分普遍，特别是腌制广式腊味，糖是必需的。广东的糖渍梅，俗称"糖梅"，是全省大部分地区"嫁女所需"之物。①

2. 糖是全国其他地区民众烹调食品中的辅助调味品、点缀品

糖作为调味品，在全国大多数地区仅作为日常烹调用品之一。糖在饮食中的功能在其他地区远不及在江南和广东地区重要。

糖品及甜食在北方盛大宴会中虽不作为重要的食品，但北方人却赋予了它其他的功能与作用。

让我们观察一下孔府宴的构成，然后再对糖食的作用予以分析。

由中国孔府菜研究会编辑，中国经济出版社1986年出版的《中国孔府菜谱》一书中收集的有关清代孔府宴中的甜品是不少的，有代表性的为如下品种：

一品寿桃、诗礼银杏、带子上朝、西瓜糕、苹果罐、蜜汁火腿、蜜汁冬瓜、蜜汁耿饼、蜜汁梨球、拔丝金枣、琥珀莲子、雪丽琥珀、琉璃海石、冰糖百合、冰糖肘子、麻酥鹅皮、炒山药泥、炸藿香、清蒸芋艿、清蒸白木耳。

糖及其制品构成了孔府贵族宴席中必不可少的成分，"燕菜席"是孔府宴中规格最高的一种宴席，用来恭迎"圣驾"或"东巡祭礼"的大员，里面的甜品类除甘蔗、糖蒜外，还有：

四糖果甜品类：鸡骨、脆金、南糖、焦切。

四蜜果：山楂糕、蜜梨、菠萝蜜、青梅。

甜干果：糖饯砂仁、榛子（每人一份）。

二道点心：蜜汁火腿（大件）、冰糖杏仁豆腐。

从中我们可以看出，糖及其制品虽然不是主菜，但对宴席的丰富和饮食的调节起着至关重要的作用。

---

① 同治《番禺县志》卷7《物产》，同治十年刊刻。

此外，我们从孔府宴的其他宴席中也同样能看到糖及其制品的这种作用。如"鱼翅席"中的甜品有："四饯果：葡萄饯、核桃饯、花生饯、莲子饯；四蜜果：肥桃、红果、杏脯、冰梨"。

"四大件八大行"类点心有："蜜腊莲子、冰糖百合、鲜花饼跟橙子羹汤"。

"海参席"中的甜品有："甜酱莴苣、冰糖肘子、百合酥跟莲子羹、糖醋萝卜、八宝甜饭。"

"全素席"中甜品有："素饼跟清汤银耳、糖醋素鱼、八宝甜饭、枣泥酥合跟桔子羹。"

"清真席"中甜品有："麻团跟西瓜羹、糖醋萝卜。"

"花宴"中甜品有："单麻饼跟银耳汤、冰糖百合。"

"寿宴"中甜品有："蛋松拼白玉糕、寿字木樨糕、蜜汁金腿、'百寿桃'跟什锦甜羹、糖蒜台。"

从孔府席中，我们可以看出，品位越高的宴席，糖制品越多。

清代，藏人的日常饮食是不带甜的，他们也不喜欢吃甜食，但在节日和喜庆场合等藏族的宴会上，糖却是少不了的，甚至连藏族重要的日常食品"手抓饭"，在节日制作时也是要加入糖的。[①]

在东北地区人们的饮食习惯是"满人嗜面"，不好用糖，但节日用的面不少"制以糖"，更有"绿豆糕，花生糕数种，配以糖制之汤"，作为节日食品。[②]

可见，糖在全国大多数民众的饮食习俗中，并非是单纯为了调节口味的一种调味品。特别是在宴会中糖的使用，为的是烘托节日气氛的热烈甜美，其饮食功能倒成为其次的了。

（三）点心面食中的用糖特点

点心与面食是民众饮食中重要而又相对独立的品种，江南及广东的点心与面食中均普遍地用到糖，但糖在其中所起的作用与在全国其他地区又有明显的不同，主要表现在以下方面。

---

① 焦应旗：《西藏志·礼仪宴会》。
② 上海书店编辑部编：《清朝野史大观》卷2《嗜面》，第31页。

1. 北方多用于非正餐的早点和作为传统节日中的食品

清代北方地区以北京为代表，有着众多的糖点。如上所述，清初潘荣陛所撰的《帝京岁时纪胜》的《皇都品汇》篇中对京师的著名小食和糕点作了比较详尽的描述，如："聚兰斋之糖点""糕蒸桂蕊""土地庙之香酥""马思远之糯米滚元宵""贾集珍床张西直之楂糕""京江和裕行家之蜜饯糖栖桃杏脯"均名噪一时。此外，潘荣陛在描写清初北京地区祭祀的时候，指出糖及其制品已经是一种必不可少的祭品了："（春节前）神堂贡献，徼登架，果上罩，蜜糖衬供油煎；祠灶尊崇，糖作瓜，麻为饼，醴酒黄羊饭煮。"① 清末，糖制品成为小孩喜爱的食品的同时，也对节日和欢庆起到了点缀的作用。据胡朴安记载，北京糖制小食品种多且便宜，尤其小孩欢迎：吹糖人、卖冰糖葫芦（有冰糖、小糖两种）、冰糖子、洋糖、糖啊面（儿童食品，有词曰：姑娘吃了我的糖啊面，又会扎花又会纺线。小秃儿吃了我的糖啊面，明天长短发，后天梳小辫）、腌白糖蒜。特制甜品如胡子糕团：北京好以山楂作炒红果，山楂之皮与核，另以黑糖渍之，团之成球，铜元一枚，可得其五，卖者存储日，蝇屎满集，童子利其廉，辄喜买而食之。又如糖球：以虫蚀干杏碎之，和以黑糖之滓，团之成球，此类多为打糖锣者所卖。②

薛宝辰所撰的《素食说略》记述了清朝末年陕西、北京地区比较流行的170多种素食的制作方法，其中多处记载了糖的使用，笔者做了粗略统计有28处，但是使用糖的分量并不多，大多作为辅助用味，不像南方的点心与面食中糖占的量较多。

从中我们可知，流行于北方的糖点与面食虽然众多，但大多作为早点与节日食品。

2. 丰富而精美的江南与广东地区的点心面食

江南与广东地区的点心面食均有着一个共同的特点，那就是制作得十分精美且品种众多。

在广东，明末清初开始，点心制作中糖的应用就非常广泛，形成

---

① 潘荣陛：《帝京岁时纪胜·皇都品汇》，第41—42页。
② 胡朴安：《中华风俗志》下篇卷1《京兆·负贩琐录》，第36—37页。

了颇具地方性的著名节令甜品,据屈大均《广东新语》记载著名的有"炮谷""煎堆""米花",尚有"以糯粉杂白糖沙,入猪脂煎之,名沙壅;以糯粳相杂炒成粉,置方圆印中敲击之,使坚如铁石,又名为白饼"。"又有黄饼、鸡春饼、酥蜜饼","油柵、膏环、薄脆"等。①除此之外,广东的许多方志中记载了颇具地方特色的糖制糕点,如嘉庆年间的"糖不甩":"糍食为之糖不甩……今东莞以糖谓之名,曰糖不甩者,中亦有馅,以糯米粉和糖为圆形蒸之,有大径尺者。"②清代以来流传于广东省各地的著名甜食还有赤溪的"粄":"米饵谓之粄,粄屑米饼也……唐以前已有粄之称矣,今县俗以粉为年糕,谓之甜粄,松糕谓之发粄,又有园子粄,串粄之名。"③东莞县的"粔籹":"粔籹谓之糖环。莞俗以糖为之,故曰糖环。然亦炸以膏油即古之粔籹也。"④这些文献的记载,为我们展示了明末清初以来,广东糖制品的众多。

在江南,清代创制了许多颇具特色的点心与面食甜品,据《随园食单》《食宪鸿秘》等文献记载,江南的点心众多,不少流传至今,如"风枵""肖美人点心系列"等。总结起来,清代江南与广东地区的甜品面食主要有以下特色。

一是甜食众多,且具传承性。

江南与广东有着众多的甜食,元末明初韩奕所著《易牙遗意》中所记载的苏州甜点,明代高濂所撰的《遵生八笺》中的《饮馔服食笺》中记载的甜食便有56种,这些甜点在清代十分流行,是江南极具传统的美食。而屈大均在《广东新语》中所记载的甜食,直到今天仍然是广东甜品的代表。

二是味美。

江南与广东的点心非常之多,配料香美异常,制作方法有煎、炸、炒、蒸,品种有软有硬,产品甜、香、酥、脆皆有之,适合不同阶层、不同年龄段的人群,如江南美食"风枵":"以白粉浸透,制小片,入

---

① 屈大均:《广东新语》卷14《食语·茶素》。
② 嘉庆《澄海县志》卷12《方言下》,嘉庆二十年刊本。
③ 民国《赤溪县志》卷2《方言》,赤溪镇修志办公室2003年版。
④ 民国《东莞县志》卷12《方言下》,东莞养和印务局1927年版。

猪油灼之。起锅加糖渗之，色如白霜，上口而化"①，十分美味。

三是形美。

清代江南与广东的饮食书中，不少地方介绍了形状非常精美的甜品点心，如袁枚在描写扬州制作的"运司糕"里，糖的使用与形的匹配是那样的恰到好处，令人垂涎欲滴的同时还让人不忍下箸："色白如雪，点胭脂，红如桃花。微糖作馅，淡而弥旨。"②

四是意美。

江南与广东的点心取意极美，如风行于江南的"肖美人点心"，使人在享受美食的同时想起娇小的肖美人。广东人在过年食用的，称为"过年煎堆"，煎堆，是俗语"人有我有，家家有"的代名词。

（四）西式甜食成为晚清沿海和发达地区的甜点品种

清晚期，民众饮食一个较为突出的特点是对西餐和西式饮料的接受与改造。清晚期，西餐和西式饮料传入我国后，在一些沿海城市和发达地区逐渐被人们所接受，上海和天津等城市设有专门卖西式汽水和咖啡的店铺。这些西式餐饮逐渐成为颇具特色的清人消费的食品。如受西洋饮食影响的汽水饮料——荷兰水："以炭酸汽及酒石酸或枸橼酸加糖及他种果汁制成者，如柠檬水之类皆是。实非荷兰人所创，亦非产于荷兰也。今国人能自制之，且有设肆专售，以供过客之取饮者，入夏而有，初秋尤然。"③ 清人徐珂对天津、上海的咖啡店有如下记载："欧美有咖啡店，略似我国的茶馆。天津、上海亦有之，华人所仿设也，兼售糖果以佐饮。"④ 上海美籍教士的《造洋饭》一书，具体讲述了西餐中的汤、鱼、肉、蛋、菜、酸果、糖食、排面皮、甜汤、西式馒头、糕点等267个品种餐点的做法。西式餐饮的用糖量比中餐多得多，如书中记载的"朴定饭"（即布丁饭）糖的用量就非常多。⑤

---

① 袁枚：《随园食单》，第148页。
② 同上。
③ 徐珂：《清稗类钞·饮食类·荷兰水》，第13册，第6304页。
④ 徐珂：《清稗类钞·饮食类·饮咖啡》，第13册，第6320页。
⑤ 佚名：《造洋饭·朴定》，中国商业出版社1987年版，第29—30页。

第一篇　糖与古代中国社会

清晚期，西餐用糖法的传入丰富和补充了我国的饮食内容，经过我国人民的接收和改造，成为我国饮食文化中的一部分。

三　清人饮食用糖的文化性

清代，糖成为人们饮食中普遍被接受的食品，糖在刺激人们感官的同时，也给人们带来了精神上的享受，在文化上的表现是出现了众多与糖有关的文化产品，如以糖及其制品为题材创作的诗歌词赋、民俗画卷等精神文化，这些都给糖打上了深深的文化烙印。

（一）文人眼中的糖

清中后期，甜食是京都老百姓早餐中很平常和受欢迎的食品之一，乾隆年间杨米人所著的《都门竹枝词》是这样描述京师风味小吃的："目斜戏散归何处？宴乐居同六和居。三大钱儿卖好花，切糕鬼腿闹喳喳。清晨一碗甜浆粥，才吃茶汤又面茶。凉果炸糕聒耳多，吊炉烧饼艾窝窝。叉子火烧刚买得，又听硬面叫饽饽。烧麦混沌列满盘，新添特粉好汤圆。爆肚油肝香灌肠，木樨黄花片儿汤。"清代金华人方元昆旅居京师，在《咏都门食物作俳谐体》一诗中，除了赞美京师饮食中山珍海味的精美外，还不惜笔墨对京师的小食赞誉有加："吹糜要和合，说饼即家常。扁食教濡醋，元宵更掺糖。窝窝充粗粮，饽饽佐长馄。油徽松盘髻，牛酥莹割肪。卷蒸高订座，和落细排状。着手麻花腻，沾牙豆粉凉。碾缠银丝短，锅炸玉砖方。缓火令豆羹，通薪卖腐坊。茶浓和炒面，粥薄饮甜浆。果有频婆美，仁称巴旦良。……糖栗充饥炒，酸梅解暑汤。"① 从中可见糖制食品的普及和时人的喜爱。

清代京师糕点的制作十分精美，糖的使用也恰到好处，在京旅居的浙江德清人俞樾，回到南方反而不习惯江南用糖的浓和重了，故其在《忆京都词》一诗中，对京师的糖制糕点作了美好的回忆："忆京都，茶点最相宜。两面茯苓摊作片，一团萝卜切成丝。不似此间恶作

---

① 孙殿起辑，雷梦水编：《北京风俗杂咏》，北京古籍出版社1982年版，第41页。

剧，满口糖霜嚼复嚼。（注：京都茯苓饼罗卜饼最佳，南人不善制馅，但一口白糖供人咀嚼耳。）忆京都小食更精工，盘内切糕甜又软，油中灼果脆而松。不似此间吃胡饼，零落残牙殊怕硬。"①

（二）画卷中的糖

清代中后期，不仅诗人咏糖、赞糖，画家对糖及其制品也不惜笔墨，清人徐扬绘制的《盛世滋生图》，完成于乾隆二十四年（1759），此卷全长1255厘米，宽358厘米，作者描绘了自胥口至灵岩，辗转到虎丘长约六十里的苏州风光，形象地反映出当年苏州物产丰饶、工商繁荣的情形。画中反映的苏州，城镇连串、街坊成行，乡村僻壤的货郎贩夫比比皆是，有卖菜鬻鱼的，有售糕饼的，有卖糖果的，有卖糖山楂的；其中，有掮、有挑、有托盒、有摇着"摇毂鼓"招揽儿童的各色售卖者，颇为生动。"更有很多很多串街走巷，沿途兜售风味小吃的，仿佛是卖圆子、糖粥、汤团、馄饨、赤豆汤、豆腐花的……茶食有：太史饼、状元糕、玉露霜、桂花露、乳酪酥等。"②

清代画匠所作的《北京民间风俗百图》，③图文并茂地反映了同治、光绪年间，民间风俗中的用糖情形。《北京民间风俗百图》中涉及糖及其制品的有：

第二图："卖茶汤图：此中国卖茶汤也。其人肩挑水桶、火壶，遇食者，开水冲面成糊，上撒红糖，其味甚甜，当作点心而已。"

第二十五图："打糖锣图：此中国打糖锣之图也。其人小本营生，所卖者糖、枣、豆食、零星碎小玩物，以为哄幼孩之悦者也。"

第四十五图："抽糖人图：此中国抽糖人图也。其人用白糖做成人物、禽兽，每售卖时，用竹签三十二根，上刻有骨牌点，装入竹筒令抽之，如成副为赢，不成副为输，糖物上面拴挂牌点名色，对点即赢也。"

第五十九图："卖糖瓜糖饼图：此中国卖糖瓜、糖饼之图也。其

---

① 孙殿起辑，雷梦水编：《北京风俗杂咏》，北京古籍出版社1982年版，第46页。
② 转印自林永匡、王熹《清代饮食文化研究》，黑龙江教育出版社1990年版，第154—155页。
③ 书目文献出版社编辑部编：《北京民间风俗百图》，书目文献出版社1982年版。

人用糖做成（糖瓜、糖饼），设列摊子上，卖于军民人等，祀神职用。每岁腊月二十三日灶君上天之日，均买此糖，焚香供祀，取其甜言蜜语，可为一家之主也。"

第七十七图："此中国吹糖人之图也。其人挑木柜两个，一头上扎一架，小？（此缺一字）糖熬化成汁，用模子两块合在一处，用力吹之，能成禽兽人物，幼童纷纷争买也。"

《北京民间风俗百图》中，有关糖的民间风俗占了五幅，所涉及的人民生活是多方面的，有小吃的"卖茶汤图"，有喻示娱乐的"打糖锣"和"吹糖人图"，也有用以赌博的"抽糖人图"，更有祭祀用的"卖糖瓜糖饼图"，图中的糖制品丰富多样。

此外，以糖为中心的民间故事、风俗传说、民间歌谣在清代的文学作品中均有所反映。从清代时人遗留下来的有关糖的精神文化产品中，我们可以清楚地知道，糖对于提高人们的生活质量起了很大作用，与糖相关的文化及娱乐产品深入民心，为文学与艺术的创作提供了丰富的生活源泉和艺术灵感。

综上所述，清人在饮食消费中，形成了以上用糖特点，在丰富我国饮食文化的同时，也对精神文化的创造产生了一定的影响和积极的作用。

（原载《明清人口婚姻家族史论》，天津古籍出版社 2002 年版）

第二篇

明清广东海防研究

明代广东沿海巡检司与营堡的地域分布[①]

明代的巡检司,是设置在地方维持治安的基层机构,兼有一定的军事职能,对海防体系的构成有着不可或缺的重要意义,学者从不同的层面对明代的巡检司作了相关的研究,比如吕进贵《明代的巡检制度:地方治安基层组织及其运作》[②]一书,对明代巡检司的建置、变革、分布、功能等方面都进行了总体上的论述;鲁延昭则更多地把研究的视野放在个案的研究中,[③]希冀通过对广东中路巡检司的研究,一窥明代海防体系构建的全貌,其研究虽然涉及明代,但侧重清代的广东中路;李爱军侧重于对明代广东巡检司的建置与对空间演变进行探讨,特别是广州府。[④]

上述学者的研究虽然对明代巡检司的设置作了探讨,但仍然欠缺全面性与深入性,对于巡检司下辖营堡的研究,学界的关注更是不够,本文针对目前史学界对明代巡检司与营堡研究成果不丰且专论不足等情形,对明代巡检司与营堡的地域分布特点、形成原因等方面作较为系统与全面的梳理。

一 明代广东沿海巡检司的设置与地域分布

巡检司与营堡作为明代加强地方控制的基层军事单位,与纯军事化

[①] 本文为周正庆、曾大伟合著。
[②] 吕进贵:《明代的巡检制度:地方治安基层组织及其运作》,《明史研究丛刊》2002年版。
[③] 鲁延昭:《明清时期广东中路海防地理研究》,博士学位论文,暨南大学,2010年,第84—104页。
[④] 李爱军:《明代广东军事地理研究(1368—1644)》,博士后研究工作报告,暨南大学,2013年,第129—137页。

的卫所制度相比，承担了更多的维持地方治安的功能。作为地方防御体系中重要的一环，巡检司与营堡对于广东海防的作用相当重要，对于其地域分布进行有效的梳理，有助于理解明代海防体系的整体构成。

（一）明代广东沿海巡检司的设置

明代巡检司之始设，正史中最早见诸《明史》，史载洪武二年（1369）"以广西地接瑶、僮，始于关隘冲要之处设巡检司，以警奸盗，后遂增置各处"①。然方志所记，时间要早，据嘉靖《广东通志》记载，肇庆府罗苛、四合、立将、古良、文德乡等巡检司均为洪武元年（1368）所设，② 万历年间的《雷州府志》也清楚地记载了椹川巡检司设于洪武元年（1368）的事实，③ 故明代巡检司的设置应始于洪武元年。

"巡检"一词，始于唐代中叶，初为官称，未纳入职官之序。北宋初年，政府于地方设置巡检司，巡检司始为秩官机制而存在。④ 至元，巡检司在各地的设置已成常制，明承前制，继续实行巡检司制度。

明代广东共有十府，⑤ 其中韶州、南雄二府居于内陆，广州、潮州、惠州、肇庆、高州、雷州、廉州、琼州八府尽皆滨海，本文所作沿海巡检司的界定，即指上述滨海八府。统计资料以万历《大明会典》所记载的巡检司条目为基础（包括已经被裁革的巡检司），同时参考嘉靖《广东通志初稿》、嘉靖《广东通志》、万历《广东通志》《粤大记》《苍梧总督军门志》《筹海图编》《明史》等史籍，结合府、州、县地方史志，统计中涉及诸书所载有矛盾者，以嘉靖《广东通志》为准。

考明一代，广东沿海巡检司设置概况，详见表1。

---

① 张廷玉等：《明史》卷75《职官四》，中华书局1974年版。
② 嘉靖《广东通志》卷32《政事志五》，《广东历代方志集成》，岭南美术出版社2007年版，第815页。
③ 万历《雷州府志》卷8《建置志》，《广东历代方志集成》，第91页。
④ 黄宽重：《从中央与地方关系互动看宋代基层社会演变》，《历史研究》2005年第4期。
⑤ 万历五年（1577）又分肇庆府泷水县地设置罗定州做为直隶州，广东共有府10，直隶州1。

表1 明代广东沿海巡检司一览表

府别	县属	名称	设置时间	设置地点	沿革情况	资料来源
广州府	南海县（6）	金利巡检司	洪武三年	县西北桃子堡		嘉靖《广东通志》卷32《政事志五》
		神安巡检司	洪武三年	县西南盐步堡		嘉靖《广东通志》卷32《政事志五》；《明史》卷45《地理志六》；《读史方舆纪要》卷110《广东二》①
		五斗口巡检司	景泰三年	县南西淋都平洲堡	嘉靖五年移置于磨刀石县西南龙江堡，又迁佛山镇	
		三江巡检司	洪武三年	县西侧水村	后迁村堡	嘉靖《广东通志》卷32《政事志五》；《明史》卷45《地理志六》
		黄鼎巡检司	洪武三年	县西西隆堡宁口村		嘉靖《广东通志》卷32《政事志五》
		江浦巡检司	洪武三年	县西南鼎安都龙江堡		
	顺德县（5）	马冈巡检司	洪武三年	本都小湾堡	洪武十九年徙于县南容奇堡马冈村，后废	万历《顺德县志》卷2《建置》；嘉靖《广东通志》卷32《政事志五》
		马宁巡检司	洪武二年	县南马宁堡	后改于兴福寺	
		都宁巡检司	洪武三年	县南旧西淋寨		
		江村巡检司	洪武三年	县西三十八里江村堡		
		紫泥巡检司	洪武三年	县东南四十里紫泥堡	后徙于大洲村	

① 岭南美术出版社2007年版。

续表

府别	县属	名称	设置时间	设置地点	沿革情况	资料来源
广州府	番禺县（5）	鹿步巡检司	洪武三年	县东鹿步堡		嘉靖《广东通志》卷32《政事志五》①
		沙湾巡检司	洪武三年	县南白沙堡		
		茭塘巡检司	洪武三年	县南迳口堡		
		狮岭巡检司	洪武二年	县北瞿桂堡		
		慕德里巡检司	洪武二年	县北何岭堡		
	香山县（2）	香山巡检司	洪武三年	县北大揽村		嘉靖《广东通志》卷32《政事志五》；嘉靖《香山县志》卷3《政事志三》
		小黄圃巡检司	弘治九年	县北一百二十里小黄圃村		
	东莞县（6）	福永巡检司	洪武三年	县西南屯门固戍寨	洪武三十一年迁于福永村，遂改名福永，万历元年改属新安县	嘉靖《广东通志》卷32《政事志五》；嘉靖《广州志》卷25《公署四》
		官富巡检司	洪武四年	县东南八十里旧官富寨	景泰四年八月迁于屯门村，万历元年改属新安县	嘉庆《新安县志》卷7《建置略》；《明英宗实录》卷232景泰四年八月戊子
		缺口巡检司	洪武三年	县西南缺口村	正统十年巡检黄胜重建	嘉靖《广东通志》卷32《公署四》
		京山巡检司	洪武三年	县东北旧茶园寨	洪武十九年1386年都指挥花茂奏迁于京山村	黄佐《广东通志》卷25《公署四》；嘉靖《广东通志》卷32《政事志五》
		中堂巡检司	洪武三年	县西栋涌村	正德十六年，巡检王显重建	黄佐《广东通志》卷25《公署四》、《广东通志》卷32《政事志五》
		白沙巡检司	洪武三年	县西白沙村		嘉靖《广东通志》卷32《政事志五》

① 嘉靖三十六年刊本，香港大东图书公司1997年版。
② 黄佐：《广东通志》，广东省地方史志办公室1997年版。

续表

府别	县属	名称	设置时间	设置地点	沿革情况	资料来源
广州府	增城县(2)	乌石巡检司	洪武三年	县南甘泉都东洲村		嘉靖《广东通志》卷32《政事志五》
		茅田巡检司	洪武四年	县西绥福都		
	新会县(7)	沙村巡检司	洪武三年	县南长沙村		嘉靖《广东通志》卷32《政事志五》
		潮莲巡检司	洪武二年	县东潮莲村		
		沙冈巡检司	洪武三年	县西沙村旧乐里寨	洪武二十年都指挥花茂徙于沙冈村	
		药迳巡检司	洪武二年	县北坡亭村曹幕山药迳口		
		松柏巡检司	嘉靖十年	县东柏山下		嘉靖《广东通志》卷32《政事志五》;道光《广东通志》卷121《关隘略二》
		牛肚湾巡检司	洪武二年	县西何村		
		大瓦巡检司	洪武初年	县中乐都	洪武四年毁于寇,洪武十年重建,万历九年废革	
	从化县(1)	流溪巡检司	洪武三年	县北石潭村旧流溪寨		嘉靖《广东通志》卷32《政事志五》
	龙门县(1)	上龙门巡检司	洪武四年	县北西淋都		

续表

府别	县属	名称	设置时间	设置地点	沿革情况	资料来源
广州府	新宁县(2)	望高巡检司	洪武年间	县南旧襟州巡检司	洪武二十七年迁于望高村,遂改名望高	嘉靖《广东通志》卷32《政事志五》;《明史》卷45《地理志六》
		城冈峝巡检司	不详	县西南城冈堡	后废①	嘉靖《广东通志》卷32《政事志五》
	三水县(4)	三水巡检司	不详	县治南隔江三水口		雍正《广东通志》卷12《政事志五》
		横石巡检司	不详	西江沿岸南横石岭下		道光《广东通志》卷121《关隘略二》
		胥江巡检司	不详	县北五十里胥江街		嘉靖《广东通志》卷32《政事志五》
		西南巡检司	洪武三年	县东南杨梅堡	明末废	
	清远县(4)	横石矶巡检司	洪武二年	县东潖江乡旧横石寨		
		潖江巡检司	洪武二年	县东潖江乡旧潖江寨		
		滨江巡检司	洪武二年	在县西北池水乡滨江寨		
		回岐巡检司	洪武二年	在县西南回岐寨		
	阳山县(3)	星子巡检司	洪武二年	县北四长乡		嘉靖《广东通志》卷32《政事志五》
		朱冈巡检司	洪武二年	在县西北论富乡		
		西岸巡检司	洪武二年	在县东常岁乡		
	连山县(1)	宜善巡检司	万历九年	县西一百里连山故城		道光《广东通志》卷121《关隘略二》

① 城冈峝巡检司见载于《苍梧总督军门志》卷8《兵防五》,而成书于万历十三年的《大明会典》卷139《关津2》载其已被裁革,其裁革时间应为嘉靖末至万历初。

续表

府别	县属	名称	设置时间	设置地点	沿革情况	资料来源
惠州府	归善县（4）	驯雉巡检司	明初	县水东驿侧	明嘉靖中佥事施儒徙于古名都乌石屯，安民镇立凤凰冈。隆庆三年改属永安县	嘉靖《广东通志》卷32《政事志五》
		宽仁里巡检司	明初	县西南一百三十里义容江口	嘉靖初施儒移于园安全都桃子。隆庆三年复还，改属永安县	道光《广东通志》卷120《关隘略一》
		内外管巡检司	洪武元年	府东南一百三十里罗冈		嘉靖二十一年《惠州府志》卷6《公署志》
		碧甲巡检司	正统八年	府东南一百八十里海滨		嘉靖二十一年《惠州府志》卷6《公署志》
	博罗县（2）	善政里巡检司	洪武四年	湖镇村		
		石湾巡检司	洪武四年	县西石湾村		嘉靖《广东通志》卷32《政事志五》

续表

府别	县属	名称	设置时间	设置地点	沿革情况	资料来源
惠州府	海丰县（3）	长沙港巡检司	洪武十三年	金锡都	深广各三十丈,弘治八年（1495）知县刘璠重建	嘉靖二十一年《惠州府志》卷6《公署志》
		甲子门巡检司	洪武五年	石帆都	深广各二十丈,景泰二年巡检处福清知县刘修,弘治八年知县刘璠重建,正堂,后堂,仪门,谯楼咸备	
		鹅埠岭巡检司	不详①			
	河源县（3）	蓝口巡检司	洪武六年	在驿前		
		忠信里巡检司	洪武四年	县北一百里		嘉靖《广东通志》卷32《政事志五》明会典》卷139《关津二》
		长吉巡检司	洪武五年	县北一百二十里戈罗山下	隆庆三年改属长宁县	
	龙川县（2）	通衢巡检司	洪武九年	县北百里	成化十年知县秦宣重修	
		十一都巡检司	洪武二年	县一百五十里		嘉靖《广东通志》卷三十二《政事志五》

① 鹅埠岭巡检司不见于嘉靖《广东通志》卷32《政事志5》,而被《苍梧总督军门志》卷8《兵防5》收录,其添设应于嘉靖四十年（1561）至万历九年（1581）。

续表

明代广东沿海巡检司与营堡的地域分布

府别	县属	名称	设置时间	设置地点	沿革情况	资料来源
惠州府	长乐县(2)	清溪巡检司	洪武五年	县西三十里	后废①	嘉靖《广东通志》卷32《政事志五》
		十二都巡检司	洪武五年	县南百里黄牛渡		
	兴宁县(2)	水口巡检司	洪武八年	县南四十里		
		十三都巡检司	洪武四年	县北一百二十里与安远丹竹楼邻		
	和平县(1)	浰头巡检司	正德十三年	浰头		雍正《广东通志》卷12《山川三》
	长宁县(1)	岞坪巡检司	不详②	象冈都九曲岭上		嘉靖《广东通志》卷32《政事志五》
潮州府	海阳县(2)	枫洋巡检司	洪武四年	归仁都枫洋村	后迁南桂都园头村	嘉靖《潮州府志》卷2《建置志》
		辟望巡检司	洪武二年	下外莆都	洪武六年迁于辟望港口,洪武十六年复迁今地,递运所旧设,正统八年裁革。嘉靖四十二年改属澄海县	

① 清溪巡检司见裁于《苍梧总督军门志》卷8《兵防5》,而成书于万历十三年(1585)《大明会典》卷139《关津二》载其已被裁革,其裁革时间应为嘉靖末至万历初。

② 岞坪巡检司被《苍梧总督军门志》卷8《兵防5》收录,而长宁设县于隆庆三年(1569),其添设应于隆庆三年(1569)至万历九年(1581)。

续表

府别	县属	名称	设置时间	设置地点	沿革情况	资料来源
潮州府	潮阳县(4)	吉安巡检司	洪武三年	县西北七十里贵屿村		嘉靖《广东通志》卷32《政事志五》
		门辟巡检司	洪武二年	县治六十里门辟村		嘉靖《潮州府志》卷2《建置志》
		招宁巡检司	洪武二十八年	县治东三十里招宁村	洪武初设把海口,日海口巡检司,洪武二十八年以其村有海门守御千户所,因移置今地,更今名	隆庆《潮阳县志》卷9《官署志》;嘉靖《潮州府志》卷2《建置志》
		桑田巡检司	正统十三年	县北三十里竹山都	景泰四年1453年始除,官给印信	嘉靖《潮州志》卷2《建置志》
	揭阳县(3)	北寨巡检司	洪武四年	冈头山		嘉靖《广东通志》卷32《政事志五》
		湖口巡检司	洪武三年	棉湖寨		嘉靖《潮州府志》卷2《建置志》
		鮀浦巡检司	洪武三年	溪东村	嘉靖四十二年改属澄海县	
	程乡县(3)	太平巡检司	不详	县西一百里		
		石窟巡检司	不详	县北一百里	嘉靖四十二年改属平远县	嘉靖《广东通志》卷32《政事志五》;万历《大明会典》卷139《关津二》
		丰顺巡检司	不详	县西北一百二十里		

续表

府别	县属	名称	设置时间	设置地点	沿革情况	资料来源
潮州府	饶平县(2)	凤凰山巡检司	弘治五年	凤凰山		嘉靖《广东通志》卷32《政事志五》
		黄冈巡检司	洪武三年	黄冈村		嘉靖《广东通志初稿》卷34《营堡》;嘉靖《潮州府志》卷2《建置志》
	惠来县(1)	神泉巡检司	洪武年间	县西北山村旧北山巡司	洪武二十七年改置县南十五里神泉村	嘉靖《广东通志》卷32《政事志五》
	大埔县(4)	三河巡检司	洪武九年	县南		嘉靖《广东通志》卷32《政事志五》
		大产巡检司	嘉靖十六年	县南一百里大产村		道光《广东通志》卷120《关隘略一》
		乌楼巡检司	嘉靖四十一年	县西南		道光《埔阳志》卷2《位置》
		虎头砂巡检司	嘉靖四十一年	不详	后废	康熙《广东通志》卷120《关隘略一》
	澄海县(1)	蓬田巡检司	嘉靖年间	县西北一百三十里蓬田村		
	普宁县(1)	云落巡检司	嘉靖年间	云落径即寨婆径		乾隆《普宁县志》卷2《建置志》;《读史方舆纪要》卷103《广东四》
肇庆府	高要县(3)	禄步巡检司	天顺年间	城西七十里禄步都		
		横查巡检司	景泰五年	横查上半都	嘉靖三十六年迁于本都水口	
		古耶巡检司	洪武四年	龙池都鸾远	嘉靖二十五年迁于城东九十里横查下半都	嘉靖《广东通志》卷32《政事志五》

123

续表

府别	县属	名称	设置时间	设置地点	沿革情况	资料来源
肇庆府	四会县(3)	南津巡检司	洪武初年	县东四十里黄冈村	洪武十七年县东南六十里	道光《广东通志》卷123《关隘略三》
		金溪巡检司	不详	坐落大圃都地方	嘉靖三十八年改属广宁县	嘉靖《广东通志》卷32《政事志五》
		扶溪巡检司	洪武七年	县东北五十里柴岭接江西南安府界	嘉靖三十八年改属广宁县	道光《广东通志》卷122《关隘略三》
	新兴县(3)	罗旁巡检司	洪武元年	城北四十里芙蓉都黄村	深十丈广六丈。万历十七年改属罗定州东安县	
		四合巡检司	洪武元年	城东八十里双桥都四合村		嘉靖《广东通志》卷32《政事志五》；万历《大明会典》卷139《关津二》
		立将巡检司	洪武元年	城南八十里宁化都谭河村		
	高明县(1)	太平巡检司	正统年间	坐落沙村都地方		嘉靖《广东通志》卷32《政事志五》
	阳春县(1)	古良巡检司	洪武元年	城西二十里	废于洪武三十年，复设永乐元年	嘉靖《广东通志》卷32《政事志五》

续表

府别	县属	名称	设置时间	设置地点	沿革情况	资料来源
	阳江县(1)	海陵巡检司	正统九年	城西南一百里		《粤大记》卷28《政事类》;《明英宗实录》卷117
	恩平县(1)	恩平巡检司	成化二年	坐落得行都地方		嘉靖《广东通志》卷32《政事志五》;《嘉靖广东通志初稿》卷4《形胜》
		都城乡巡检司	洪武十年	州西七十里	民居三百家。万历五年改属罗定州	
	德庆州(3)	悦城乡巡检司	洪武四年	州东一百里	万历七年改属罗定州	嘉靖《广东通志》卷32《政事志五》;万历《大明会典》卷139《关津二》
肇庆府		普康乡巡检司	洪武十六年	州南一百余里	万历五年改属罗定州,后废	
	泷水县(2)	建水乡巡检司	洪武四年	坐落思劳都地方		嘉靖《广东通志》卷32《政事志》;民国《罗定县志》卷2《营建志》;万历《大明会典》卷139《关津二》
		开阳乡巡检司	正德六年	坐落一都地方	万历五年(1577)改属罗定州	
	封川县(1)	文德乡巡检司	洪武元年	县西大洲口	嘉靖二十四年徙县北七十里文德乡	道光《广东通志》卷122《关隘略三》
	开建县(1)	古今巡检司	不详	坐落四都地方		嘉靖《广东通志》卷32《政事五》

续表

府别	县属	名称	设置时间	设置地点	沿革情况	资料来源
高州府	茂名县(2)	赤水巡检司	洪武元年②	府东百十里电白下博乡	洪武二十七年都指挥花茂迁于赤水港	嘉靖《广东通志》卷32《政事志五》;道光《广东通志》卷123《关隘略三》
	电白县(1)	平山巡检司	洪武年间	县东南红花堡	后迁于县东北四十里电白堡,旧电白县境	嘉靖《广东通志》卷32《政事志五》
	信宜县(1)	立石巡检司	不详	不详		《明史》卷45《地理志六》
	化州①(1)	中道巡检司	不详	怀德乡路后黄潦寨左	久废,官就居城,后裁革	嘉靖《广东通志》卷32《政事志五》;《明会典》卷139《关津二》
		梁家沙巡检司	正统八年	进二都		嘉靖《广东通志》卷32《政事志五》;《世宗肃皇帝实录》卷之140
	吴川县(2)	宁村巡检司	洪武年间	川窖	洪武二十八年迁县西北之地寨门,又迁于芷宁口	嘉靖《广东通志》卷32《政事志五》;《明史》卷45《地理志六》
		硇洲巡检司	不详	硇洲文字村	正统九年六月徙于茂名县,更名博茂巡检司,后废	《粤大记》卷28《政事类》;《明英宗实录》卷117
	石城县(1)	凌禄巡检司	不详	凌禄		嘉靖《广东通志》卷32《政事志五》。

① 化州辖吴川、石城二县。
② 赤水巡检司旧名那黎巡检司,宋置那黎寨,元称那黎巡司,明初因之,因谓洪武元年(1368)。

续表

府别	县属	名称	设置时间	设置地点	沿革情况	资料来源
廉州府	合浦县(3)	高仰巡检司	洪武元年	县治南十里	后废	嘉靖《广东通志》卷32《政事志五》;崇祯《廉州府志》卷3《营缮志》
		珠场巡检司	明初	府东南六十里白沙海岸		万历《广东通志》卷53《郡县志四十》;崇祯《廉州府志》卷3《营缮志》
		永平巡检司	不详	府治西四百里	久废,嘉靖十三年巡检郭盛、千宁、文昕复建	嘉靖《广东通志》卷32《政事志5》
	钦州①(5)	如昔巡检司	不详	州治西一百七十里		嘉靖《广东通志》卷32《政事志五》
		管界巡检司	不详	州治西一百八十里		
		沿海巡检司	洪武五年	州治南十里中和城东二坊厢兼界	久废,巡检子孟浦江口结户盘诘	嘉靖《钦州志》卷4《职官》;崇祯《廉州府志》卷3《营缮志》
		长墩巡检司	洪武十年	州治西三十里永乐乡凤凰江口		崇祯《廉州府志》卷3《营缮志》
		佛陶巡检司	不详	不详		《明史》卷45《地理志六》
	灵山县(2)	西乡巡检司	洪武八年	县治西北一百四十里那木村		
		林墟巡检司	洪武四年	县治南一百四十里博峨乡		嘉靖《广东通志》卷32《政事志五》

① 钦州辖灵山县。

续表

府别	县属	名称	设置时间	设置地点	沿革情况	资料来源
雷州府	海康县(2)	清道巡检司	洪武二年	那滕村	洪武二十七年安陆侯吴杰迁司于县西南一百二十里九都乌石港	万历《雷州府志》卷8《公署》、卷21《古迹》
		黑石巡检司	洪武二年	第一都新宁村	洪武二十七年安陆侯吴杰改司于第一都北海边	万历《雷州府志》卷8《公署》
	遂溪县(2)	椹川巡检司	洪武元年①	县西二十六都椹川村	洪武三年迁于县东南七十里二十二都旧县村,后废,万历四十年仍建旧村	万历《雷州府志》卷8《公署》;康熙《遂溪县志》卷2《公署》;《明史》卷45《地理志六》
		涠洲巡检司	洪武三年	第八都迈合村	洪武七年迁司往遂溪县西八都蚕村,后废②	万历《雷州府志》卷2《公署》;嘉靖《广东通志》卷32《政事志五》
	徐闻县(3)	东场巡检司	洪武三年	十三都迈合村	洪武二十七年迁于东场	
		宁海巡检司	洪武三年	县东十七都一百里	洪武二十七年迁调黎浦口	《明史》卷45《地理志六》
		遇贤巡检司	不详	不详	后废	

① 万历《雷州府志》卷8《公署》载其为元至元三十一年(1294)设,洪武元年因之(1368)。
② 万历《雷州府志》卷8《公署》载涠洲巡检司初设于博里村,后迁于蚕里村,似误。

明代广东沿海巡检司与营堡的地域分布

续表

府别	县属	名称	设置时间	设置地点	沿革情况	资料来源
琼州府	琼山县(1)	清澜巡检司	洪武初	海口都	后移于县西北十五里，大小英都。后废	正德《琼台志》卷20《兵防下》，万历《大明会典》卷139《关津二》；《明史》卷45《地理六》①
	澄迈县(1)	澄迈巡检司	不详	县西北十里石矍都		
	临高县(2)	田牌巡检司	洪武初	临高县南二十里蚕村都		
		博铺巡检司	洪武初	县北三十里英丘都		
	定安县(2)	青宁巡检司	嘉靖二十年	潭览村	后迁县东南资都	
		宁村巡检司	不详	县西北一百五十里迈埃都铺前港之东		
	文昌县(2)	铺前巡检司	不详			
		青蓝头巡检司	洪武初	文昌清澜港	洪武二十四年因筑城移县东一百里抱陵港之青蓝头	

① 部分巡检司的设立时间参照黄忠鑫《明清时期琼南巡检司地理探微》，《环南海历史地理与海防建设论坛会议论文集》，广州/东莞，2013年，第134—145页。

续表

府别	县属	名称	设置时间	设置地点	沿革情况	资料来源
琼州府	会同县(1)	调嚣巡检司	洪武年间	乐会县东南十五里端赵都调嚣地	洪武二十七年都指挥花茂议迁太平都南箐村以防海寇，正统十三年复旧治。后废	
	儋州(2)	镇南巡检司	洪武初	州西南三十里抱驿都田头村		
		安海巡检司	洪武初	州西南八十里抱驿都		
	万州①(1)	莲塘巡检司	洪武初	州东三十里宣义都	后废	
	陵水县(1)	牛岭巡检司	洪武初	县北二十里兴调乡		
	崖州(3)	藤桥巡检司	洪武初	州东二百二十里末宁乡		同上
		抱岁巡检司	洪武初	抱罗村	永乐间移今州西八十里乐罗村	
		通远巡检司	洪武初	黄流村	正统十年移今凤岭下	
	感恩县(1)	延德巡检司	洪武初	县东八十南丰乡	后废	

注：该表之统计包括明末时已被裁革的巡检司，凡巡检司因迁移而改名者，只记其迁移后的名称；巡检司所属府县有变动的，将其归于初设属县之下，并于"沿革情况"中注明属县的变迁情况。

① 万州辖陵水县。

明代广东沿海八府所设巡检司的数目,由于裁撤、改属等原因,史书往往记载不一。正德《明会典》载广东沿海八府巡检司数目为137个;万历《大明会典》记载要更为详细一些,广东沿海八府有巡检司145个,其中已经裁革的有17个,存128个。表1综合明代诸文献作了相关的统计与甄别,广东沿海各府巡检司设置的总数(包括已经裁革的巡检司)为150个,与目前史学界大多数学者的统计基本一致,吕进贵在《明代巡检司迁革表》中的统计,广东沿海八府巡检司的数量是151个,笔者认为相差一个的原因是《明代巡检司迁革表》中载有广州府"西林寨巡检司"一条,文献出处为清修《明史》,但细查《明史》和其他时人所撰的文献,未见广州府有西林寨巡检司,故本文暂以150个为准,吕氏所说是为存疑。

(二)明代广东沿海巡检司的分布格局及其演变

根据表1所提供的数据,我们可以统计出以下数据:

表2　　　　　明代广东沿海八府巡检司数量统计

名称	广州府	惠州府	潮州府	肇庆府	高州府	廉州府	雷州府	琼州府	总计
数量	49	20	21	20	8	8	7	17	150

表3　　　　　明代广东沿海八府巡检司设置时间统计

年号	洪武	正统	景泰	天顺	成化	弘治	正德	嘉靖	万历	不详
数量	92	5	2	1	1	2	2	6	1	38

如表3所列,我们可以看到,巡检司所设,以明洪武年间最多,为92个,其次为嘉靖年间的6个,之后是正统年间的5个。变化情形基本上是在明初的基础上不断依据形势增减,有明一代历此不衰,数字说明,在明初巡检司就已经成为海防体系中一个重要的基层海防军事机构。

明初的巡检司,很多都是在前朝基础上改置的。以东莞县为例,据成化《广州志》载:"(宋制)广惠州海上巡检一员,屯门巡检一员,故戍角巡检一员……(元制)巡检五员:白沙寨一员,茶园寨一员,中堂寨一员,官富寨一员,屯门固戍寨一员。"① 明初中央政府在东莞县所设巡检司,几乎都是在元代"寨"的基础上改建,如下所列即是代表。

  福永巡检司,在县西南,旧屯门固戍寨,洪武三年改,三十一年迁于福永村,遂改今名。
  官富巡检司,在县南二百八十里,旧为官富寨,洪武三年建。
  京山巡检司,在县东北,旧在茶园寨,洪武三年改巡司,十九年都指挥花茂奏迁于京山村,遂改今名。
  中堂巡检司,在县西麻涌村,旧名中堂寨,洪武三年改。
  白沙巡检司,在县西南白沙村,旧白沙寨,洪武三年改。②

可见,明初建立起来的巡检司制度,是在前朝的基础上发展起来的,将前朝的寨(或巡检司)直接改建为本朝的巡检司,是洪武年间明政府在广东设置巡检司的主要方式。

在这些巡检司的基础上,明初的统治者也按照各个地方的山川形势在险要之地设置了一些新的巡检司,以加强对地方的控制。可见,明初以后广东沿海巡检司的分布格局并不是一成不变的,其演变主要体现在巡检司的新建与迁移两个方面。

先说新建。明初在前朝基础上建立起来的巡检司系统并不能完全适应统治者对于基层军事控制的需求,因而洪武以后又有新的巡检司设立,以弥补原有巡检司系统的某些不足,以应对新的基层统治需要。根据表1统计,洪武以后新设的巡检司如表4。

表4   洪武以后广东沿海各府新设巡检司一览

名称	所属府县	设置时间	设置地点	资料来源
五斗口巡检司	广州府南海县	景泰三年	县南西淋都平洲堡	嘉靖《广东通志》卷32《政事志五》

---

① 成化《广州志》卷14《题名》,《北京图书馆古籍珍本丛刊》第38册,第998—999页。
② 嘉靖《广东通志》卷32《政事志5》,《广东历代方志集成》,第813页。

续表

名称	所属府县	设置时间	设置地点	资料来源
小黄圃巡检司	广州府香山县	弘治九年	县北一百二十里小黄圃村	嘉靖《香山县志》卷3《政事志三》
松柏巡检司	广州府新会县	嘉靖十年	县东南柏山下	嘉靖《广东通志》卷32《政事志五》
宜善巡检司	广州府连山县	万历九年	县西一百里连山故城	道光《广东通志》卷121《关隘略二》
碧甲巡检司	惠州府归善县	正统八年	府东南一百八十里海滨	嘉靖二十一年《惠州府志》卷6《公署志》
鹅埠岭巡检司	惠州府海丰县	嘉靖末万历初	不详	《苍梧总督军门志》卷8《兵防五》
浰头巡检司	惠州府和平县	正德十三年	浰头	嘉靖《广东通志》卷32《政事志五》
岈坪巡检司	惠州府长宁县	隆庆末万历初	象冈都九曲岭上	雍正《广东通志》卷12《山川三》
桑田巡检司	潮州府潮阳县	正统十三年	县北三十里竹山都	嘉靖《潮州府志》卷2《建置志》
凤凰山巡检司	潮州府饶平县	弘治五年	凤凰山	嘉靖《广东通志》卷32《政事志五》
大产巡检司	潮州府大埔县	嘉靖十六年	县南一百里大产村	嘉靖《广东通志》卷32《政事志五》
乌槎巡检司	潮州府大埔县	嘉靖四十一年	县西南	道光《广东通志》卷120《关隘略一》
虎头砂巡检司	潮州府大埔县	嘉靖四十一年	不详	康熙《埔阳志》卷2《位署》
潘田巡检司	潮州府澄海县	嘉靖年间	县西北一百三十里潘田村	道光《广东通志》卷120《关隘略一》
云落巡检司	潮州府普宁县	嘉靖年间	云落径即寒婆径	乾隆《普宁县志》卷2《建置志》;《读史方舆纪要》卷130《广东四》

续表

名称	所属府县	设置时间	设置地点	资料来源
禄步巡检司	肇庆府高要县	天顺年间	城西七十里禄步都	嘉靖《广东通志》卷32《政事志五》
横查巡检司	肇庆府高要县	景泰五年	横查上半都	嘉靖《广东通志》卷32《政事志五》
太平巡检司	肇庆府高要县	正统年间	坐落沙村都地方	嘉靖《广东通志》卷32《政事志五》
海陵巡检司	肇庆府阳江县	正统九年	城西南一百里	《粤大记》卷28《政事类》；《明英宗实录》卷117
恩平巡检司	肇庆府恩平县	成化二年	坐落得行都地方	嘉靖《广东通志》卷32《政事志五》；《嘉靖广东通志初稿》卷4《形胜》
开阳乡巡检司	肇庆府泷水县	正德六年	坐落一都地方	嘉靖《广东通志》卷32《政事志五》；民国《罗定县志》卷2《营建志》；万历《大明会典》卷139《关津二》
梁家沙巡检司	高州府化州	正统八年	进二都	嘉靖《广东通志》卷32《政事志五》；《明英宗睿皇帝实录》卷140
青宁巡检司	琼州府定安县	嘉靖二十年	不详	正德《琼台志》卷20《兵防下》；万历《大明会典》卷139《关津二》；《明史》卷45《地理六》

根据表4，广东沿海八府巡检司可以确定为洪武以后新建的为23个，其中广州府、惠州府各4个，潮州府7个，肇庆府6个，高州府、琼州府各有1个。可见，洪武年间以后，广东沿海巡检司的新设主要集中于潮州府和肇庆府，而雷州府和廉州府并无新设巡检司的记录。

再说迁移。广东沿海各府巡检司在数量上的变动并不明显，但其空间变化却相当频繁。根据嘉靖《广东通志初稿》、嘉靖《广东通志》、万历《广东通志》，并结合各地方志中的记载，明代广东沿海各府巡检司变迁情况如表5。

表5　　　　　明代广东沿海各府巡检司迁移情况

名称	所属府县	初设地点	迁移情况	资料来源
五斗口巡检司	广州府南海县	县南西淋都平洲堡	后迁磨刀口，又迁佛山镇	嘉靖《广东通志》卷32《政事志五》
三江巡检司	广州府南海县	县西侧水村	后迁村堡	嘉靖《广东通志》卷32；《明史》卷45
香山巡检司	广州府香山县	县北香山寨	后迁大榄村	嘉靖《广东通志》卷32《政事志五》；《明史》卷45《地理志六》
福永巡检司	广州府东莞县	县西北旧屯门固成寨	洪武三十一年迁于福永村	嘉靖《广东通志》卷32《政事志五》；嘉靖《广州志》卷25《公署四》
官富巡检司	广州府东莞县	县东南八十里旧官富寨	景泰四年八月迁于屯门村	嘉庆《新安县志》卷7《建置略》；《明英宗实录》卷232
京山巡检司	广州府东莞县	县东北旧茶园寨	洪武十九年都指挥花茂奏迁于京山村	嘉靖《广东通志》卷32《政事志五》；道光《广东通志》卷121《关隘略二》
沙村巡检司	广州府新会县	县南长珠大神冈	后迁长沙村，再复故治	
沙冈巡检司	广州府新会县	县西南长沙村旧乐里寨	洪武二十年都指挥花茂徙于沙冈村	
药迳巡检司	广州府新会县	县北坡亭村曹幕山药迳口旧药迳寨	后迁县北石螺冈	
大瓦巡检司	广州府新会县	县中药都	洪武十年迁县北鸾台村	

135

续表

名称	所属府县	初设地点	迁移情况	资料来源
马冈巡检司	广州府顺德县	本都小湾堡	洪武十九年徙于县南容奇堡马冈村	万历《顺德县志》卷2《建置》；嘉靖《广东通志》卷32《政事志五》
都宁巡检司	广州府顺德县	县南旧西淋寨	后迁县北都粘堡	
马宁巡检司	广州府顺德县	县南马宁堡旧马宁寨	后改于兴福寺	
江村巡检司	广州府顺德县	县西江村	后迁县北查浦龙江等汇流之处	
紫泥巡检司	广州府顺德县	番禺沙湾	后徙于大洲村	
望高巡检司	广州府新宁县	县南旧㻌州巡检司	洪武二十七年都指挥花茂迁于望高村	嘉靖《广东通志》卷32《政事志五》；《明史》卷45《地理志六》
流溪巡检司	广州府从化县	县北石潭村旧流溪寨	迁县西南神冈村	嘉靖《广东通志》卷32《政事志五》
西岸巡检司	广州府阳山县	县东仁内乡	迁县东偏南青莲水口西岸墟附近	
驯雉巡检司	惠州府归善县	归善县水东驿侧	嘉靖中佥事施儒徙于古名都乌石屯，后又徙于凤凰冈	嘉靖《广东通志》卷32《政事志五》
宽仁里巡检司	惠州府归善县	县西南一百十里义容江口	嘉靖初施儒移于宽得都桃子园，后复还	道光《广东通志》卷120《关隘略一》
枫洋巡检司	潮州府海阳县	归仁都枫洋村	后迁于南桂都园头村	嘉靖《广东通志》卷32《政事志五》

续表

名称	所属府县	初设地点	迁移情况	资料来源
辟望巡检司	潮州府海阳县	辟望芒尾村	洪武六年迁于港口，十六年迁于下外莆都，嘉靖四十二年移建在苏湾都南洋乡后	嘉靖《潮州府志》卷2《建置志》
招宁巡检司	潮州府潮阳县	原海口巡检司	洪武二十八年以其村有海门守御千户所，因移置招收都大栅村	隆庆《潮阳县志》卷9《官署志》；嘉靖《潮州府志》卷2《建置志》
神泉巡检司	潮州府惠来县	县西北山村旧北山巡司	洪武二十七年改置县南十五里神泉村	嘉靖《广东通志初稿》卷34《营堡》；嘉靖《潮州府志》卷2《建置志》
横查巡检司	肇庆府高要县	横查上半都	嘉靖三十六年迁于本都水口	嘉靖《广东通志》卷32《政事志五》
古耶巡检司	肇庆府高要县	龙池都弯远	嘉靖二十五年迁于城东九十里横查下半都	嘉靖《广东通志》卷32《政事志五》
南津巡检司	肇庆府四会县	县东四十里黄冈村	洪武十七年移治于县东南六十里马山都地方	道光《广东通志》卷122《关隘略三》
文德乡巡检司	肇庆府封川县	县西大洲口	嘉靖二十四年迁于县北七十里文德乡	
赤水巡检司	高州府茂名县	府东百十里电白下博乡旧那黎巡司	洪武二十七年都指挥花茂迁于赤水港	嘉靖《广东通志》卷32《政事志五》；道光《广东通志》卷122《关隘略三》
平山巡检司	高州府茂名县	县东南红花堡	后迁于县东北四十里电白堡	嘉靖《广东通志》卷32《政事志五》

续表

名称	所属府县	初设地点	迁移情况	资料来源
宁村巡检司	高州府吴川县	川㴠	迁县西北之地聚村，又迁于芋叶口	嘉靖《广东通志》卷32《政事志五》；《明史》卷45《地理志六》
硇洲巡检司	高州府吴川县	硇洲文字村	正统九年六月徙茂名县	《粤大记》卷28《政事类》；《明英宗实录》卷117
清道巡检司	雷州府海康县	那縢村	洪武二十七年安陆侯吴杰迁司于县西南一百二十里九都乌石港	万历《雷州府志》卷8《公署》、卷21《古迹》
黑石巡检司	雷州府海康县	第一都新宁村	洪武二十七年安陆侯吴杰改迁于第一都北海边	
湛川巡检司	雷州府遂溪县	县西二十六都湛川村	洪武三年迁于县东南七十里二十二都旧县村，后废，万历四十年仍建旧县村	万历《雷州府志》卷8《公署》
涠洲巡检司	雷州府遂溪县	涠洲岛博里村	洪武七年迁往遂溪县西八都蚕村	万历《雷州府志》卷8《公署》；康熙《遂溪县志》卷2《公署》；《明史》卷45《地理志六》
东场巡检司	雷州府徐闻县	十三都迈谷村	洪武二十七年迁于东场	万历《雷州府志》卷8《公署》；嘉靖《广东通志》卷32《政事志五》
宁海巡检司	雷州府徐闻县	县东十七都一百里	洪武二十七年（1394）迁调黎浦口	

续表

名称	所属府县	初设地点	迁移情况	资料来源
清澜巡检司	琼州府琼山县	海口都旧海口巡检司	后移于县西北十五里,大小英都	
青蓝头巡检司	琼州府文昌县	文昌清澜港	后移县东一百里抱陵港之青蓝头	
调嚣巡检司	琼州府会同县	乐会县东南十五里端赵都调嚣地	洪武二十七年都指挥花茂议迁太平都南寮村,正德三年迁回	正德《琼台志》卷20《兵防下》
抱岁巡检司	琼州府崖州	崖州抱岁村	永乐间移州西八十里乐罗村	
通远巡检司	琼州府崖州	崖州黄流村	正统十年移凤岭下	

从方志中的记载来看,明代广东沿海各府巡检司在地域上的迁移是相当频繁的。明代广东沿海八府巡检司的数量为150个,根据表5,设置地址发生迁移的巡检司就有43个,占巡检司总数的百分比接近29%。从这些巡检司迁移的时间来看,其中接近半数的迁移时间发生在洪武年间。这主要是因为明初巡检司的设置还没有形成一种定制,往往是根据一些紧急需要设立的,致使很多巡检司并未设立在险要之地,无法发挥其应有的作用。于是明太祖在洪武十三年(1380)在全国大量裁撤和调整巡检司,经过此次调整,全国巡检司的布局才基本成型,其后巡检司的增减和迁移虽一直持续,但基本上都属于小规模的调整。

从巡检司在各府的分布情况来看,根据正德《明会典》和万历《大明会典》的相关记载,正德、万历年间广东沿海各府巡检司分布的演变状况如表6。

表6　　　　　正德、万历年间广东沿海各府巡检司数量

府	正德年间			万历年间		
	州、县（数）	巡检司（数）	巡检司数/州、县数	州、县（数）	巡检司（数）	巡检司数/州、县数
广州府	10	44	4.40	15	46	3.07
惠州府	7	18	2.57	10	19	1.90
潮州府	5	14	2.80	10	20	2.00
肇庆府	10	22	2.20	10	13	1.30
高州府	6	8	1.33	4	5	1.25
廉州府	3	9	3.00	3	9	3.00
雷州府	3	7	2.33	3	5	1.67
琼州府	10	15	1.50	10	11	1.10
总计	54	137		65	128	

从广东各府巡检司的数量上来看，广州府巡检司数量最多，分布最密集，平均一个县就设有四个巡检司，而位于广东西部的雷州、高州最少。

广州府所辖的巡检司最多，主要是因其险要的地理位置。广东位于中国大陆最南端，北负山岭，南滨大海，地形较为复杂。万历《广东通志》载广东的地理形势："粤隶荒服，广州中奠，环以九郡，若基置焉，譬诸腹心四体，皆天委和，少有疾痛疴痒，其脉络弥不贯，急则互维之，缓则互调之，期以共厝诸安运化视身而粤政一矣。"① 可见广州府之于广东，犹如心腹之于人体，都处于至关重要的地位。广州府地处广东中部，是联系周边诸府的要冲之地，广州有事，整个广东的施政都会受到影响。而且，广州府海陆地形复杂，"包山带海，群邑罗卫、外郡倚以为重"②，尤其是拥有绵长曲折的海岸线，加之珠江三角洲密布的水网，往往"大洋千里，盗贼渊薮"③，受到寇盗骚扰的概率比其他地区要大很多，这就需要更多的巡检司来维持地方

---

① 万历《广东通志》卷1《藩省志1》，《广东历代方志集成》，第34页。
② 姚虞：《岭海舆图·广州府图序》，中华书局1985年版，第7页。
③ 谢杰：《虔台倭纂》下卷《倭议一》，书目文献出版社1998年版。

的稳定，防备寇盗。

此外，通过正德、万历年间各府巡检司数量的对比，不难发现，位于广东海防东路的潮、惠二府的巡检司数量不断增长，中路广州府巡检司的数量基本维持稳定，而地处广东海防西路的高、廉、雷、琼四府巡检司的数量则是减少了的。① 而且，从明中后期各府巡检司发展的情况来看，西路的情况明显要差于东路。明中后期，广东各府巡检司弓兵的数额不断减少，巡检司的作用也受到削弱，而且这一时期广东各地巡检司发展的情况还存在明显的差异。

在东路，位于潮州府惠来县的神泉巡检司于"嘉靖二十三年筑城，周三百丈"②；位于惠州府海丰县的长沙港、甲子门巡检司公署在弘治八年（1495）还进行了增建。③

在西路，高、雷、廉、琼四府的巡检司则多有裁革，存留下来的巡检司也有相当一部分已然破败不堪。崇祯《廉州府志》记沿海、长墩、管界、如昔"四巡司岁久俱废，巡检各于所在结庐盘结。嘉靖十八年（1539），知州林希元议迁建沿海、长墩、管界三巡司于故址，如昔巡司于那苏，隘以满，去不果"④；又高州府平山、中道、梁家沙三个巡检司到嘉靖年间也都破旧不堪，巡检司的官员都放弃之前的驻地，"附城就居"⑤。可见，明代广东沿海各府巡检司的发展呈现出某种程度上的不平衡。

（三）广东沿海巡检司分布格局演变的原因

明代广东沿海巡检司分布格局演变的主要原因有二。

其一是随地方行政区域的变迁及卫所城池设置的变化而迁移。例如，位于广州府新宁县的望高巡检司，本称"褥州巡检司"，洪武二

---

① 与四府同属西路的肇庆府的情况比较特殊，该府巡检司的减少与罗定州的设立有关。
② 嘉靖《广东通志》卷32《政事志五》，《广东历代方志集成》，第815页。
③ 嘉靖三十五年《惠州府志》卷6《建置志》，《天一阁藏明代方志选刊》，上海古籍出版社1982年版。
④ 崇祯《廉州府志》卷3《营缮志》，《广东历代方志集成》，第49页。
⑤ 嘉靖《广东通志》卷32《政事志五》，《广东历代方志集成》，第816页。

十七年（1394）因在其驻地设立广海卫，被迁移到了望高村；① 再如隆庆三年（1569）长宁县、永安县的设立："以广东惠州府河源县、归善县地广多盗，增建长宁县于鸿雁洲，永安县于安民镇，长宁设岞坪、长吉、黄峒、象冈巡检司四，割河源英德翁源田粮三千三百七十六石与之；永安设驯雉、宽仁巡检司二，苦所驿一，割归善长乐田粮四千二百四十七石与之。"② 正是由于此次两县的新设，驯雉才从古名都的乌石屯迁往位于归善县西南七十五里的凤凰冈；原属潮州府海阳县的辟望巡检司情况与之相似，"府东南本海阳县之辟望巡检司，嘉靖四十二年正月改为（澄海）县，析揭阳、饶平二县地益之，而徙辟望巡检司于县北之南洋府"③。

其二是随着巡检司所在地理位置重要性的变化而发生改变。如高州府茂名县的赤水巡检司，旧在电白下博乡，元时设置，名"那黎巡司"，地理位置比较偏僻，"洪武二十七年都指挥花茂以那黎地僻，迁建于此（赤水）"④。考察该地方志舆图，赤水、那黎皆为港，而赤水港更近电白县治，地处限门，为要害之地。⑤ 此外，一些地处关隘而地理位置比较偏僻的巡检司，往往会进行迁移，以靠近地方上的一些基层经济中心。广州府巡检司的迁移，多数都属于这种情况。⑥

（四）广东沿海巡检司在海防体系中的作用

明代巡检司的职能，主要是缉捕匪盗，维持地方治安："凡天下要冲去处，设立巡检司，专一盘诘往来奸细及贩卖私盐、犯人、逃军、逃囚、无引面生可疑之人，需要常加提督。"⑦ 巡检司职能的设

---

① 郭棐著，黄国声、邓贵忠点校：《粤大记》卷28《弓兵》，中山大学出版社1998年版，第806页。
② 学识斋编：《明穆宗实录》卷28，隆庆三年正月辛未，学识斋1868年印行。
③ 张廷玉等：《明史》卷45《地理六》。
④ 嘉靖《广东通志》卷32《政事志5》，《广东历代方志集成》，第815页。
⑤ 万历《高州府志》卷1《形胜》，《广东历代方志集成》，第9页。
⑥ 参见李爱军《明代广东军事地理研究（1368—1644）》，博士后研究工作报告，暨南大学，2013年，第131—133页。
⑦ 《诸司职掌·职方部·关津》，《玄览堂丛书》，台湾"中央"图书馆1981年版。

定，决定了它必须设置在所谓的要冲之地。顾炎武认为，明代的巡司相当于古代的"关"，这是基于传统的陆防观念所产生的认识。虽然多数的明代巡检司只于路上盘查，并不直接参与海上的缉捕，但从明代海盗海陆勾结的特点来看，沿海各处巡检司对于匪盗的盘诘，也可以看作明代海防的一部分。而且，许多巡检司就设置于滨海之地，与烽堠等军事设施的设置相结合，成为沿海防御体系中的重要一环，这些设置于海边的巡检司也就直接具备了防倭备盗的海防职能。

《明太祖实录》载有明初福建沿海海防体系的具体层次："以福、兴、漳、泉四府民户三丁取一为缘海卫所戍兵以防倭寇……增置巡检司四十有五，分隶诸卫，以为防御。"① 明代广东沿海巡检司的情况也大致相当，其主要的作用就是防海和备倭。例如设于潮州府惠来县的神泉巡检司，方志载："神泉山在县治南一十五里，最近大海，下即神泉巡司，上为烟堠，海贼桅船往来可以眺望。"② 巡检司设在神泉山下，上为烽堠，一旦有警，能够及时支援。而同属潮州府的桑田巡检司，"正德十三年，县丞刘忠以其地濒山海，寇攘时作，奏闻增创"③，显然同样具备海防的职能。设置于廉州府钦州地方的沿海、长墩二巡检司，既位于河边，同时地濒大海，兼具河防与海防的功能。④

沿海巡检司的迁移以及海防职能的发挥，往往是配合着整个海防体系的构建。以雷州府为例，根据表1的统计，雷州府共有清道、黑石、椹川、涠洲、东场、宁海、遇贤等7个巡检司。雷州府的7个巡检司，除遇贤巡检司设立时间不明外，其余6个都是于洪武初年设立。

明初，由于通过外交途径解决倭寇问题的失败，明太祖开始着手在沿海各地的海防建设，从设置的巡检司多数临近海岸线这一点上来看，此时雷州府巡检司的设立应当属于海防建设的一部分，洪武三年（1370）椹川巡检司的迁移就是一个很好的例子。

---

① 《明太祖实录》卷181，洪武二十年三月戊子。
② 嘉靖《广东通志初稿》卷32《弓兵》，《北京图书馆古籍珍本丛刊》第38册，第552页。
③ 隆庆《潮阳县志》卷9《官署志》，《广东历代方志集成》，第91页。
④ 崇祯《廉州府志》卷3《营缮志》，《广东历代方志集成》，第49页。

湛川巡检司，元至元三十一年（1294）设于遂溪县西的湛川村，洪武三年（1370）迁到位于县东南七十里的旧县村。① 据《湛江市地名志》所载，湛川村在今遂溪县遂城镇西南25公里处，隋时为椹川县县治，后因鼠疫县治迁移，改为村，村名沿称"椹川"，后改"湛川"。② 旧县村在今湛江市霞山区西南15公里处，属湖光镇，以其为遂溪县旧县城所在而得名"旧县"。③ 湛川村居雷州半岛的中北部，距海较远，而旧县村就地处沿海。可见，洪武三年（1370）湛川巡检司的迁移，是出于加强海防的需要。

综上所述，明代在广东设置卫所，辅以巡检司、营堡等基层军事组织，构建起了完整的海防体系。巡检司虽然品级不高，兵力数量也较少，但其担负的是维护地方治安，防范和清剿匪盗的重要责任。广东的沿海巡检司设置于险要之地，随着形式的变化而不断调整，并与周边设置的卫所、水寨、营堡、烽堠等相互配合，联合抵御海寇的侵袭。可见，明代建立起来的沿海巡检司既是维护地方治安的基层管理组织，同时也是整个海防体系中的重要一环。

二　明中后期广东沿海营堡的设置及其地域分布

明中后期，卫所制度衰落，各地卫所的旗军数量不断减少，这使得卫所一级的军事系统对地方的控制力明显下降，加之部分巡检司的裁革与衰落，以往以旗军、弓兵所构筑起来的基层防御力量被大幅削弱。在这样的背景下，营堡在地方基层的大规模设立也就成为必然。目前学界对营堡的研究范围主要集中在北方九边地区，对于广东沿海营堡的探讨尚不多见，最系统的应是李爱军的研究。李爱军在《明代广东军事地理研究（1368—1644）》④ 一文中设有专节探讨广东营堡

---

① 万历《雷州府志》卷8《建置志》，《广东历代方志集成》，第91页。
② 广东省湛江市地名编纂委员会编：《湛江市地名志》，广东省地图出版社1989年版，第398页。
③ 同上书，第41页。
④ 李爱军：《明代广东军事地理研究（1368—1644）》，博士后研究工作报告，暨南大学，2013年。

的建置与空间布局,分析了营堡的建置过程、军队组成以及空间分布,但其讨论并不是以海防为视角的。可见相关研究尚不够全面和深入,故本文试针对目前史学界对明代广东沿海营堡较少涉及的情况,对明代沿海营堡的设置和地域分布特点等方面进行较为系统的研究。

(一)广东沿海营堡的设置

与卫所体系不同的是,明中后期普遍设置的营堡,其驻防的主要军事力量是民兵。明代民兵的设立,始自洪武初年。"洪武初,立民兵万户府,拣民间武勇之人编成队伍,以时操练。有事用以征战,事平复还为民,有功者一体升赏。"正统年间设民壮,"就令本地官司率领操练。遇警调用,事定仍复为民"①,体现的是"寓兵于农"的思想。后来又出现了完全雇佣制的"打手""勇手",这就为各地营堡的设置提供了充足的兵员。

营堡的设置职能与巡检司有相似的地方,其目的多数是防备寇盗,维持地方的治安。明初,营堡已经有所设置。洪武二十四年(1391),广东都同知花茂上书:

> 广州地方若东莞、香山等县逋逃蛋户附居海岛,遇官军则称捕鱼,遇番贼则同为寇,出没劫掠,殊难管辖。请徙其人为军庶革前患,仍请于要害山口海议立堡,拨军屯守,诏皆从之。于是三灶等地方民之通贼者徙去,而香山滨海,多置营堡,其可考者:沙尾营,在县南一百六十里,正统以前驻扎海军五十;东洲营在县东麻子村,驻扎本所军一百二。②

可见,洪武年间,广州府香山县营堡的设立,就是为了防备海寇。嘉靖年间,由于寇盗的不断侵扰,广东各地的营堡开始大量设置,其设立往往具有很强的针对性。地方志书中记载营堡兵员的同时

---

① 李东阳等撰,申时行等重修:《大明会典》卷137《兵部20》,广陵书社2007年版,第1939页。
② 嘉靖《香山县志》卷3《政事志3》,《广东历代方志集成》,第38页。

往往也会着重标注出营堡的设置是为了专防哪一地的寇盗，如肇庆府开建县嘉靖年间所设的会珠营、万保营、独住营，都是为了防备当地的山贼而设的。①

地方营堡的设置，往往与该地的战事有关。例如位于广东最西的钦州，由于安南的不断侵扰，嘉靖年间就在沿海与陆上边界一带设置了一系列的营堡：

> 方家营，在州城西方家村一十里，乃海舟可泊之所。……嘉靖十六年有事安南，知州林希元建议于此立营。
> 白皮营，在州治东南，白皮厫前。……嘉靖十六年，知州林希元因有事安南，复建。
> 烟通营，在州治南，烟通岭之阳。……嘉靖十六年有事安南，知州林希元立营。
> 搵坑营，在州治东南，乌雷岭之北，旧无。嘉靖十六年有事安南，夷贼杜文庄于乌雷岭下泊舟，侦我动息，官军得获，廉州知府张岳始于此立营，拨廉州卫旗军五十名防守。
> 那苏隘，在如昔都。……嘉靖十六年知州林希元因有事安南于此建营。②

可见，与作为常设机构的卫所和巡检司相比，营堡的设立往往是出于当时军事形势的需要。再根据崇祯《廉州府志》的记载，这些设立于嘉靖年间的营堡，由于战事的平息，很多未过多久就废弃掉了。

与卫所、巡检司单一的兵员配备相比，营堡的兵员种类要更为复杂一些。根据嘉靖《广东通志》记载的营堡驻守兵员的名称，就有"官军""军余""旗军""民壮""乡夫""打手""余丁""弓兵""勇手""目兵""夫僮""义勇"等之多。总体来说，驻守营堡的主要兵员还是民兵。而且，部分营堡还具有屯田的性质，如惠州府博罗

---

① 郭棐著，黄国声、邓贵忠点校：《粤大记》卷28《营堡》，中山大学出版社1998年版，第834页。
② 嘉靖《钦州志》卷6《兵防》，《广东历代方志集成》，第89—90页。

县的橘子铺、南坑、桥子头三营,就是由乡民保甲屯守的。在兵员的数量上,营堡的兵员数量要远远超出当地巡检司的弓兵数量。可见,到明中后期,营堡已经成为地方军事防务体系的主体。

(二)广东沿海各府营堡的地域分布

与驻地固定的卫所、巡检司相比,营堡的设置具有很大的灵活性,地域分布也较为多变,许多营堡的存在甚至只有短短的几年时间。因此,对于营堡名称、数量和兵员的记载,各种史籍往往会有较大的出入。明代广东的营堡,李爱军对万历年间广东营堡的分布已进行了详细的统计,① 为了便于对比与说明,本文将其原表摘录如下:

表7　　　　　明万历年间广东省各地营堡建置及分布情况②

州府	各县(州)营堡名称及数量	合计
广州府	番禺:(16):白坟营、神头营、城东营、博罗等八埠、博罗、石冈、猎德三埠,乌涌、车陂二埠。 南海(5):城西营、城南营、茅溶、碱冈洲埠、石门埠。 东莞(1):企石营。 香山(6):镇头角营、南禅佛营、县港、象角头、浮虚营、大埔洋营。 顺德(2):黄涌头营、仰船冈、三沥沙哨。 新宁(5):仓步营、甘村营、城冈堡、那银堡、何木堡。 新会(15):利迳营、汾水江营、水哨赤水口营、蚬冈营、良村营、鬼子窟营、五坑迳营、长沙塘营、游鱼山营、金钗营、寨壕迳营、水流迳营、仓步营、火炉岭营、临江台堡。 三水(3):鸭埠水营、界牌石营、岩石营。 从化(1):上塘营。 清远(19):老虎岗、锣鼓滩营、板谭营、禾云营、合头营、黄柏迳营、鸭春迳营、黄冈迳营、石川迳营、大燕水营、正江口营、秦王迳营、风坑营、白泡潭营、丫矾水营、鼓楼冈营、黄岗水营、高田营、尽斗角营。 阳山(19):白芒营、高滩营、饭甑营、大崀营、琵琶迳营、江头圳营、早塘闸、马丁民营、李尚营、佛子迳闸、黄柏迳闸、梅花迳营、沙涌闸、石盤闸、大青蓝闸、小青蓝闸、高桥闸、牛仔营、长塘闸。 连山(5):白沙营、黄南营、大眼营、拳石营、沙坊营	97

---

① 参见李爱军"明万历年间广东省各地营堡建置及分布情况表",载《明代广东军事地理研究(1368—1644)》,博士后研究工作报告,暨南大学,2013年,第169—171页。
② 只摘出沿海八府的部分。

续表

州府	各县（州）营堡名称及数量	合计
惠州府	归善（1）：蚬壳营。 河源（1）：古城堡。 兴宁（2）：迳心隘、罗冈隘。 和平（2）：三角山隘、中村隘。 海丰（10）：油坑营、赤岗营、谢道山营、湖东澳军营、鱼尾澳军营、南沙军营、南灶军营、长沙军营、石山营、大德军营	16
潮州府	海阳（2）：北关镇、潘田堡。 揭阳（5）：狮子营、马头营、大场镇、夏岭镇、新港镇。 饶平（21）：竹林堡、小榕隘、渔村、平溪、岭脚、牛皮、石九村、黄泥、大径、凤凰、小村、青竹径、十隘等。 大埔（1）：乌槎营堡	29①
肇庆府	高要（7）：金鸡坪营、贝水营、白坭营、云初营、雾迳营、白坭埠、狗迳营。 四会（10）：古灶营、大坑营、大径营、青草营、黄桐营、峡迳营、沙田营、鹤爪营、哨捕河岸、截捕营。 高明（4）：都含海口营、长圳营、长冈营、劬塘营。 新兴（17）：东营、西营、通利营、白鸠营、高村营、芦利营、平安冈营、石子营、第八营、张公脑营、茶岗营、裹尚营、东山营、料尚营、曲龙营、长迳塘营、长岭营。 恩平（11）：塘宅堡、马冈营、红嘴山营、猎迳营、楼迳营、祠堂营、火夹脑营、长沙营、镇安屯、教场营、新安。 阳江（5）：永安营、马轱迳营、麻缌营、莲塘地方、咸船湾。 阳春（7）：北寨迳、蕉林迳、曹峒迳闸、白水迳闸、盘龙迳闸、牛厄曲营、岩面营。 广宁（4）：黄沙营、企冈营、花山营、德胜营。 德庆（36）：南江营、大埔营、大力埠、思和营、三岭营、塘底营、送鬼岭营、茅坡营、平村营、蔴地营、大塘营、大石岭营、山栢营、何木迳营、步云营、查岗营、木源营、新安堡、白马营、罗傍营、蔴塘埠、西湾营、沿头埠、绿水埠、大、小涧埠、冷水埠、野芋埠、龙目部、辣头埠、下埇埠、思蔴埠、蓬远埠、大塘埠、莲湖埠。 泷水（12）：水西军营、水东营、茅尖营、大茜营、铁场营、惠鸡营、云青营、龙角营、旧东民营、旧西民营、旧帽冈民营、旧窦州民营。 开建（3）：会珠营、万保营、独住营。	116

---

① 该表作者所标29，此处应为20，因饶平12之数误标为21。

续表

州府	各县（州）营堡名称及数量	合计
高州府	茂名（7）：高州府城、东门营、旧电白堡、电白县城、狮子堡、龙门营、三桥堡。 信宜（3）：信宜县城、岭底堡、忠堂堡。 化州（2）：化州城、梁家沙堡。 石城（3）：石城县城、三合堡、那楼堡。 吴川（1）：吴川县城	16
雷州府	遂溪（1）：横山堡	1
廉州府	钦州（10）：防城营、思勒营、罗浮营、陆眼营、那迫营、黄观营、那罗营、团围营、总捕营、钦州城。 合浦（5）：洪崖堡、石隆堡、八角营、县城、县外城窝铺	15
琼州府	琼山（2）：大坡立营、白沙营。 澄迈（1）：便居营。 临高（10）：那零营、屯建营、新安、三家末、落乌石、博白、黄龙、吕湾、博顿、八港。 感恩（8）：县门堡、南港、岭头、白沙、南北沟、黎港、抱驾港、白沙湾。 崖州（6）：合水营、牙刀营、林牙狼、不头、利桐、玳瑁洲。 安定（1）：岭背营。 文昌（5）：白岩、架营、铺前、木兰、抱虎。 乐会（2）：猪母营、沙牛坝营。 万州（9）：莆宁营、沙牛坝营、驭北营、镇南营、南港、莲塘、莲岐、大塘新潭、港澳。 陵水（6）：洛索营、鸭塘营、合水营、水口、立庵、港门	50

　　李爱军所进行的统计，其史料依据，主要是《苍梧总督军门志》《粤大记》《天下郡国利病书》，同时还参考了万历《广东通志》的相关记载，对于府志、县志等地方史志的利用并不充足。以雷州府为例，根据表7，该府营堡数量仅为1座，考察万历《雷州府志》的有关记载，雷州府万历年间有营34座、堡3座，数量远远超过通志的记载，或可将之归因于通志记录过于简单。因此，这里笔者试依据府志、县志等地方志的记载，对表7进行了局部的修正。

　　根据成书于万历四十二年（1614）的《雷州府志》[①] 记载，雷州

---

① 万历《雷州府志》卷12《兵防志1》，《广东历代方志集成》，第199—201页。

府共有大营4座、小营30座、堡3座（详见表8）。

表8　　　　　万历年间雷州府营堡名称及数量

州府	营堡名称及数量	合计
雷州府	遂溪（26）：河头营、拱辰营、瑞芝营、山心营、平岗营、仙居营、遂康营、边畔营、城月营、田头营、德安营、司马营、新兴营、石桥营、石井营、观兰营、白泥营、太安营、永平营、牌后营、金钗营、桥头营、赤堠营、遂溪堡、横山堡、息安堡。 海康（10）：金差营、南靖营、南渡营、迈特营、南平营、南界营、平乐营、淳化营、安民营、安定营。 徐闻（1）：海安大营	37

根据成书于万历四十一年（1613）的《高州府志》① 记载，高州府共有大营3座、小营22座、堡7座（详见表9）。

表9　　　　　万历年间高州府营堡名称及数量

州府	营堡名称及数量	合计
高州府	茂名（5）：高州营、热水营、平铺营、沙田营、旧电白堡。 电白（5）：阳电营、龙门营、望夫营、狮子堡、三桥堡。 化州（8）：黄竹营、东岸营、都和营、龙山营、兴礶营、镇安营、梁家沙堡、平定堡。 石城（13）：两家滩营、龟子营、青平营、白藤营、母鸡营、清音营、山口营、碱水营、独竹营、大峒路口营、瑶村江口营、横山堡、三合堡。 吴川（1）：吴川营	32

万历十四年（1586）成书的《肇庆府志》，其《营寨》② 一节记载多摘援引《苍梧总督军门志》《广东图说》等书，并有关于当时兵员部署的记载，由于与李爱军所统计的数据并无太大出入，在此并不做详细讨论。

通过以上对雷州、高州、肇庆三府万历年间地方志的考查，结合

---

① 万历《高州府志》卷2《戎备》，《广东历代方志集成》，第30—32页。
② 万历《肇庆府志》卷16《兵防志2》，《广东历代方志集成》，第319—325页。

李爱军《万历年间广东省各地营堡建置及分布情况表》，可以了解明万历年间沿海八府营堡的分布情况如表10。

营堡的设置，相比巡检司来说要灵活得多，地方上的营堡往往是为了应对突发事件而设立的，事后旋即将其裁撤。"自成化后，地方多故，营寨日多。或以稍宁而撤，或以险要而赠，或以非据而徙，或以势分而并，因时制宜，兴革靡定。"[1] 成化以后，广东营堡的设置日渐增多，嘉靖《广东通志》、万历《广东通志》《苍梧总督军门志》作了记载（详见表10）。[2]

表10　　　　明万历年间广东沿海八府营堡建置及分布情况

州府	各县（州）营堡名称及数量	合计
广州府	番禺（16）：白坟营、神头营、城东营等八埠、博罗、石冈、猎德三埠、乌涌、车陂二埠。 南海（5）：城西营、城南营、茅滘、戙冈洲埠、石门埠。 东莞（1）：企石营。 香山（6）：镇头角营、南禅佛营、县港、象角头、浮虚营、大埔洋营。 顺德（2）：黄涌头营、仰船冈三沥沙哨。 新宁（5）：仓步营、甘村营、城冈堡、那银堡、何木堡。 新会（15）：利迳营、汾水江营、水哨赤水口营、蚬冈营、良村营、鬼子窟营、五坑迳营、长沙塘营、游鱼山营、金钗营、寨壕迳营、水流迳营、仓步营、火炉岭营、临江台堡。 三水（3）：鸭埠水营、界牌石营、岩石营。 从化（1）：上塘营。 清远（19）：老虎岗、锣鼓滩营、板谭营、禾云营、合头营、黄柏迳营、鸭春迳营、黄冈迳营、石川迳营、大燕水营、正江口营、秦王迳营、风坑营、白泡潭营、丫矾水营、鼓楼冈营、黄崮水营、高田营、尽斗角营。 阳山（19）：白芒营、高滩营、饭甑营、大崮营、琵琶迳营、江头圳营、旱塘闸、马丁民营、李尚营、佛子迳闸、黄柏迳闸、梅花迳营、沙涌闸、石盤闸、大青蓝闸、小青蓝闸、高桥闸、牛仔营、长塘闸。 连山（5）：白沙营、黄南营、大眼营、拳石营、沙坊营	97

---

[1] 万历《肇庆府志》卷16《兵防志2》，《广东历代方志集成》，第319页。
[2] 关于营堡的史料记载往往也包括以"埠""隘""寨""关""闸""烽堠"为名的地方军事据点，此处所统计的营堡也包括这些名称各异的军事据点。

续表

州府	各县（州）营堡名称及数量	合计
惠州府	归善（1）：蚬壳营。 河源（1）：古城堡。 兴宁（2）：迳心隘、罗冈隘。 和平（2）：三角山隘、中村隘。 海丰（10）：油坑营、赤岗营、谢道山营、湖东澳军营、鱼尾澳军营、南沙军营、南灶军营、长沙军营、石山营、大德军营	16
潮州府	海阳（2）：北关镇、潘田堡。 揭阳（5）：狮子营、马头营、大场镇、夏岭镇、新港镇。 饶平（21）：竹林堡、小榕隘、渔村、平溪、岭脚、牛皮、石九村、黄泥、大径、凤凰、小村、青竹径、十隘。 大埔（1）：乌槎营堡。	29①
肇庆府	高要（7）：金鸡坪营、贝水营、白圳营、云初营、雾迳营、白圳埠、狗迳营。 四会（10）：古灶营、大坑营、大径营、青草营、黄桐营、峡迳营、沙田营、鹤爪营、哨捕河岸、截捕营。 高明（4）：都含海口营、长圳营、长冈营、坳塘营。 新兴（17）：东营、西营、通利营、白鸠营、高村营、芦利营、平安冈营、石子营、第八营、张公脑营、茶岗营、裹尚营、东山营、料尚营、曲龙营、长迳塘营、长岭营。 恩平（11）：塘宅堡、马冈营、红嘴山营、猎迳营、楼迳营、祠堂营、火夹脑营、长沙营、镇安屯、教场营、新安。 阳江（5）：永安营、马牯迳营、麻总营、莲塘地方、咸船湾。 阳春（7）：北寨迳、蕉林迳、曹峒迳闸、白水迳闸、盘龙迳闸、牛厄曲营、岩面营。 广宁（4）：黄沙营、企冈营、花山营、德胜营。 德庆（36）：南江营、大埔营、大力埠、思和营、三岭营、塘底营、送鬼岭营、茅坡营、平村营、蔴地营、大塘营、大石岭营、山栢营、何木迳营、步云营、查尚营、木源营、新安堡、白马营、罗傍营、蔴塘埠、西湾营、沿头埠、绿水埠、大小涧埠、冷水埠、野芋埠、龙目部、辣头埠、下埇埠、思蔴埠、蓬远埠、大塘埠、莲湖埠。 泷水（12）：水西军营、水东营、茅尖营、大蔀营、铁场营、惠鸡营、云青营、龙角营、旧东民营、旧西民营、旧帽冈民营、旧窦州民营。 开建（3）：会珠营、万保营、独住营。	116

---

① 该表作者所标29，此处应为20，因饶平12之数误标为21。

续表

州府	各县（州）营堡名称及数量	合计
高州府	茂名（5）：高州营、热水营、平铺营、沙田营、旧电白堡。 电白（5）：阳电营、龙门营、望夫营、狮子堡、三桥堡。 化州（8）：黄竹营、东岸营、都和营、龙山营、兴礌营、镇安营、梁家沙堡、平定堡。 石城（13）：两家滩营、龟子营、青平营、白藤营、母鸡营、清音营、山口营、碱水营、独竹营、大峒路口营、猺村江口营、横山堡、三合堡。 吴川（1）：吴川营	32
雷州府	遂溪（26）：河头营、拱辰营、瑞芝营、山心营、平岗营、仙居营、遂康营、边畔营、城月营、田头营、德安营、司马营、新兴营、石桥营、石井营、观兰营、白泥营、太安营、永平营、牌后营、金钗营、桥头营、赤埌营、遂溪堡、横山堡、息安堡。 海康（10）：金差营、南靖营、南渡营、迈特营、南平营、南界营、平乐营、淳化营、安民营、安定营。 徐闻（1）：海安大营	37
廉州府	钦州（10）：防城营、思勒营、罗浮营、陆眼营、那迫营、黄观营、那罗营、团围营、总捕营、钦州城。 合浦（5）：洪崖堡、石隆堡、八角营、县城、县外城窝铺	15
琼州府	琼山（2）：大坡立营、白沙营。 澄迈（1）：便居营。 临高（10）：那零营、屯建营、新安、三家末、落乌石、博白、黄龙、吕湾、博顿、八港。 感恩（8）：县门堡、南港、岭头、白沙、南北沟、黎港、抱驾港、白沙湾。 崖州（6）：合水营、牙力营、林牙狼、不头利桐、玳瑁洲、港澳。 安定（1）：岭背营。 文昌（5）：白岩、架营、铺前、木兰、抱虎。 乐会（2）：猪母营、沙牛坝营。 万州（9）：莆宁营、沙牛营、驭北营、镇南营、南港、莲塘、莲岐、大塘、新潭。 陵水（6）：洛索营、鸭塘营、合水营、水口、立庵、港门	50

资料来源：万历《广东通志》《苍梧总督军门志》《天下郡国利病书》《粤大记》、万历《雷州府志》、万历《高州府志》、万历《肇庆府志》等。

三本史书中，嘉靖《广东通志》成书于嘉靖四十年（1561），《苍梧总督军门志》成书于嘉靖三十二年（1553），万历七年（1579）增补再成，或可反映广东各地营堡在嘉靖末年至万历初年的情况，万历《广东通志》成书于万历三十年（1602）。根据表11的统计，嘉靖万历年间广东营堡的数量是不断增加的，这反映出营堡在基层军事防御体系中地位的上升。

表11　　明代嘉靖、万历年间广东沿海八府营堡数量统计

府名	嘉靖《广东通志》	《苍梧总督军门志》	万历《广东通志》
广州府	91	97	97
潮州府	20	20	64
惠州府	21	16	97
肇庆府	115	116	221
高州府	11	16	24
雷州府	1	1	1①
廉州府	15	15	15
琼州府	20	50	57
总计	393	430	576

据已有的相关研究来看，② 嘉靖、万历年间广东沿海八府营堡的设置主要是为了应对爆发于粤西北部的瑶乱，所以八府的营堡数量以肇庆府为最多。不过从三本志书记载的详略来看，无疑广州府和肇庆府营堡的军事价值更受到编纂者的重视，也从一个侧面反映出营堡陆防功能要比其海防功能更被看重。

沿海八府中，惠州、潮州、肇庆三府的营堡数量都出现了激增，这主要是由于万历《广东通志》记载较前两书较详，如万历《广东通志》中所载惠州府的很多隘口都是嘉靖年间设置的，而之前两书皆不载。

---

① 万历《广东通志》卷55载雷州府有墩台97。
② 参考李爱军《明代广东军事地理研究（1368—1644）》，博士后研究工作报告，暨南大学，2013年，第173—174页。

以上所引的三部志书对营堡记载较为详细，这些营堡中，明确记载因防海贼而直接设置的却不多，仅有广州府新会县临江台堡，惠州府海丰县湖东军营、南沙军营、石山营、大德军营，肇庆府阳江县咸船湾，琼州府琼山县白沙营，当然，这只是局限于一部方志的记载。从营堡设置的地点上来看，明确承担有海防任务的营堡数目要比以上列举的多，但其数量所占总额的比例还是相当有限的。可见，这里虽然讨论的是沿海各府，但是营堡分布较为密集的地区几乎全是山区，这些地区基本都远离海岸，与之相应的，分布在靠近沿海地区的营堡就要少很多，也较为分散。

直接具有海防职能的营堡，依其分布特点，主要有以下四种。

一是位于江河入海口附近或是入海口三角洲附近，配备哨船，定时分班巡哨，兼具江防与海防职能。这种类型的营堡主要分布于珠江三角洲地区，如南海县波罗、石冈、猎德、乌涌、车陂、咸洲冈、石门等埠。均配备哨船两只，定时巡哨，虽名为江防，实则兼具海防的功能。

二是直接设置于海岸附近，如海角、海岛和海湾入口等地势险要之地，驻兵设防，与沿海卫所、水寨的官军相互配合，防备海寇登岸袭击。如广州府顺德县黄涌头营，"四面环海，广州左等四卫旗军九十六名"[1]，掌控仰船冈、三沥、沙哨等要地。肇庆府阳江县咸船湾，"近大洋，民壮十五名，驾哨船一只，与神电、双鱼、海朗、阳江卫所官军防番寇为害"[2]。此外，廉州府的乾体寨、白皮营、方家营也都属于这种情况。

三是营堡往往驻扎在沿海城镇或者是村落附近，屯驻兵力，以保证这些城镇在被海寇袭击的时候免受损害。这些营堡以保护沿海城镇为主要职责，于陆上配合卫所、水寨官军作战，潮州府饶平县竹林堡、惠来县荆陇寨，广州府镇头角营、浮虚营都属于这种情况。

四是广东沿海各府于各海岸、港口设烽堠或置军人瞭守，如琼州

---

[1] 郭棐著，黄国声、邓贵忠点校：《粤大记》卷28《营堡》，中山大学出版社1998年版，第816页。

[2] 同上书，第830页。

府新安、三家、没落、乌石、博白等港皆设军人或民众两名进行瞭守,[①] 此类营堡的特点是兵员少,数目多,较为分散。

三 结论

通过以上的分析可知,相对于明代前期巡检司制度建立的规范与设置的众多,广东各地营堡的设置记载甚少,政府也不够重视。随着明中后期广东卫所体系的衰落,巡检司的功能也有所削弱。为弥补卫所军事力量的不足,募兵的数量不断增加,而以募兵为主要驻守力量的营堡也得到迅速的发展,从而成为卫所、巡检司系统之外,明代广东地方基层军事力量的重要补充。

比较巡检司与营堡,二者职能有相近的地方,都是以缉捕匪盗,维持地方治安为主要目的。但与巡检司固定的兵种和驻地相比,营堡的兵员组成更为复杂,设置也更为多变,可以随军事形势的变化而做出及时调整。再者,从兵员的数额上看,营堡兵员的数量要比巡检司多。以廉州府的钦州为例,钦州共有巡检司六座:沿海、长墩、管界、如昔、西乡、林墟,原额弓兵配备为125名,而仅仅位于其辖境西部的防城营,其驻防兵员就有旗军200名,加上思勒、罗浮、陆眼、那迫、黄观、那逻、团围诸营的兵力,兵员数量达到了801名。可见,到明中后期,巡检司的军事功能已经无法同营堡相提并论了,营堡逐渐成为广东基层军事防御体系的主体,这也是对日渐衰落的卫所体系的有力补充。

(原载郭声波、吴宏歧主编《中国历史地理研究》第6辑,西南地图出版社2014年版)

[①] 郭棐著,黄国声、邓贵忠点校:《粤大记》卷28《营堡》,中山大学出版社1998年版,第838页。

明末广东海防体系研究*

近年，随着中国南海局势的变化与国际势力在这一地区的角逐，广东海防史研究也成为学术界的热点，但显然，涉及明代广东海防体系的研究成果虽然不少，但并不系统与深入，专文研究较少，基本依附于学者对于区域海防史的整体研究需要而有所论及。故本文希望通过对广东海防体系进行专题探讨引起学界对这一研究课题的进一步重视。

中国海防体系的构建自明初开始，① 广东海防系统化的完善比山东、江浙地区稍晚，至嘉靖后期才得以完成。洪武元年（1368）开始，倭寇开始对我国从南到北进行大规模侵扰，"倭寇出没海岛中，乘间辄傅岸剽掠"②。据统计，洪武年间，倭寇入侵沿海地区44次，广东占7次，永乐元年（1403）到宣德十年（1435）间，倭寇侵入中国达33次，③ 明初广东倭患虽不及山东和浙江，但较之福建仍损失较重。为了防止沿海反明势力和倭寇对广东沿海地区的袭扰，朱元璋派汤和镇守广东，汤和携熟悉水上防守的方国珍侄子方鸣谦一同前往。方鸣谦根据广东的地形与民情，向汤和提出了御倭之法："倭海上来，则海山御之耳。请量地远近，置卫所，陆聚步兵，水具战舰，塞垒错置其间，则倭不得入，人亦不得傅岸。"④ 他的建议得到了汤

---

* 本文为周正庆、郑勇合著。
① 参见杨金森等《中国海防史》，海洋出版社2003年版，第3页，"前言"。鲁延昭：《明清时期广东海防分路问题探讨》，《中国历史地理论丛》2013年第2辑。
② 张廷玉等：《明史》卷130《张赫传》，中华书局1974年版，第3832页。
③ 范中义、仝晰纲：《明代倭寇史略》，中华书局2004年版，第18页。
④ 夏燮：《明通鉴》卷9《纪9》，中华书局2009年版，第408页。

和的认同，并付诸实施，这便是被学者总结为"陆聚步兵，水具战舰"① 的海防政策。

汤和到达广东后，组成了以"卫"为指挥中心，千户所为海防前沿阵地，配合巡检司为机动作战单位，加以"烽""堠""墩""台"为外围预警防线的立体作战体系。可以说，明代中期以前的海防体系，主要的特点是配合陆防而建，以防御性为出发点，所以在海上势力没有大规模入侵中国以前，基本上达到了设防的目的。

明初的海防虽然在抗倭和保卫沿海人民的生命财产方面卓有成效，但仍有许多需要改进的地方，只是初步形成了海防体系，并不像某些学者所认为的"以陆防海和陆、海并防的措施，在中国万里海疆建立起较为严密的防御体系，改变了以往中国历代统治者重陆防而轻海防的局面"②。

正统朝以后，由于政府腐败日隆，国内的形势十分动荡，宦官专权、瓦剌南侵、农民起义不断。表现在海防方面也出现了卫、所战斗力空前下降，人员逃佚等衰败情形，但此时由于日本实行锁国政策等原因，海患相对平静。

在广东，尽管受到葡萄牙等西方殖民主义国家的侵扰，但由于西方势力初到中国，对广东的影响仍然有限。

嘉靖壬子年（1552）后，倭寇侵扰日繁，明初所构建的海防格局已经不能适应防御海上滋扰的需要。面对这种情形，嘉靖后期，政府在原海防体系基础上，针对明中期海防衰败的现象，加强了海防建设，并对海防重心进行了相应的调整，所以明代后期的海防体系尽管漏洞百出，并承受着诸如倭寇和来自海上盗寇的侵扰，但总体而言，基本能够担负防御中国沿海安全的职责。

倭寇大规模滋扰广东自嘉靖三十六年（1557）开始，同时海盗势力比以往更强大，为害沿海更强烈，海防呈现了更为复杂的态势，拒敌于海上，减少沿海地方的灾难，成为政府与民众的共识，广东的海防体系开始进入建设与进一步完善阶段。此时，政府在广东设立了六

---

① 参见邱富生《试论明朝初年的海防》，《中国边疆史地研究》1995 年第 1 期。
② 同上。

水寨，并建立了相应的海上"巡洋会哨"制度，使广东的海防上升到了一个比以往都完善的高度，尽管此时广东与福建是受海上威胁最频繁的，但还是有效地防止了海患的蔓延，取得了较为理想的效果。

万历以后，由于后金的崛起，明政府将军事重心转移到了东北，全国的海防力量削弱，但并没有崩溃。由于其时来自海上的势力相对较弱，故有明一朝仍然能够有效地取得海上的主动权，对来自海上的诸方入侵势力给予有效的遏止。

综观明朝广东的海防体系的构建，既与全国有相似之处，又有着其独特的一面，研究明代广东海防的特点，有助于我们对明代全国海防形势的正确把握。

一　明代后期广东海防形势

对于明代海防时期的划分，虽然没有统一的标准，但学者或是根据海防的目的，或是根据构建的特点对明代的海防作了初期、中期与晚期三个时期的划分。在具体分期的时间点上，学者们的观点各有不同，但"考海患见之载籍者，莫剧于嘉靖之世"[①]，故将嘉靖年间视为广东海防晚期为大多数学者所认同。[②]

可是，对明代晚期广东海防历史时期再进行细分，学者间的观点又有所不同。[③] 如何对明代广东海防晚期再进行时期的细分，我们既要从全国的范围去考虑，又要从广东海患的特点去思量，在此基础上再去观察海防体系的变化，从而对海防各个阶段进行较为科学的分期。

倭寇入侵是有明一代之首要海患，考察倭寇入侵频繁程度在时间与地点的变化，有助于我们对全国海患形势的正确把握。

[①] 道光《重纂福建通志》卷87《事宜》，《中国地方志集成·省志辑·福建》，巴蜀书社2011年版，第221页。
[②] 参见范中义《明代海防述略》，《历史研究》1990年第3期。
[③] 有以嘉靖四十五年广州始设水寨为分界的观点，参见暨远志、张一兵《明代后期广东海防与南头水寨》，《明清海防研究论丛》第1辑，广东人民出版社2007年版；范中义等则从全国的角度将中后期简单地划分为嘉靖年间、隆庆至万历中期以及万历中期以后三个阶段，参见范中义、仝晰纲《明代倭寇史略》，中华书局2004年版。

从表1的统计我们可以看出，嘉靖三十一年，即壬子年（1552）开始，倭寇开始作乱中国，发生在中国的倭患达169次之多，然而广东却只有2次，倭寇入侵的目标主要是山东半岛和江浙等省，广东相对平静；至嘉靖三十六年（1557）开始，倭患主要以福建和广东为主，发生在全国的倭患90起，福建占了69次，广东也有12次，广东成为除了福建之外第二大受倭寇侵袭之地，广东的海患进入多事之秋。隆庆至万历十九年（1591），全国的倭患有20次，广东占了12次，可见，这个时期倭寇之害以广东为主。万历中期以后倭寇侵入中国次数渐少，全国共有9次，广东只有一次，故倭寇之害基本停止。

表1　　　　　　　　明朝倭寇入侵广东次数对比①

时间	入侵广东次数	全国	所占比
洪武年间	7	44	约15.9%
永乐至宣德年间	6	34	约17.6%
正统至正德年间	10	22	约45.5%
嘉靖三十一年至三十六年	2	169	约1.2%
嘉靖三十七年后至隆庆前	12	90	约15.9%
隆庆元年至万历十九年	12	20	约13.3%
万历中期后	1	9	约11.1%
合计	50	388	约12.9%

由于明代的海防基本上是针对倭患进行构建而呈现出不同的阶段特色，故我们以倭寇侵略广东时间变化作为基点，将广东晚期海防再细分为三个阶段是比较合适的，那就是第一阶段，即嘉靖初年（1522）至嘉靖三十六年（1557）。第二阶段，嘉靖三十六年（1557）至万历十九年（1591）。第三阶段，万历中后期至崇祯末年。这三个不同时期，广东的海患形势各有特点，兹作如下的分析。

---

① 依照范中义、仝晰纲的《明代倭寇史略》各章中的倭寇入侵情况表进行统计。

（一）第一阶段：嘉靖初年（1522）至嘉靖三十六年（1557）

嘉靖初年（1522）至嘉靖三十六年（1557），广东海患处于相对平缓时期，尽管嘉靖壬子年后，倭寇对中国全面侵扰，但广东直至嘉靖三十六年（1557）后才出现大规模的倭寇之乱，故此时广东海患的主要形势不是倭寇侵扰，而是"贼势猖狂"的"海盗"。

对于"海盗"所指的人员构成，清人作了如此解释："海盗，非别有种类，即商渔船是。商渔，非盗也，而盗在其中。我有备则欲为海盗者，不得不勉为商渔；我无备则勉为商渔者，难保不阳为商渔而阴为海盗，久之而潜滋暗长，啸聚既多，遂立帮名抗官军，居然自别于商渔，而濒海居民乃大受其扰。"① 由此可见，在清人的眼中"海盗"是具有渔民和商人的双重身份，在有机可乘、有利可图的情形下演变为海盗的。

其实"海盗"的成分与身份相当复杂，亦商亦渔亦盗者有之，勾结、冒充倭人于海上实行抢劫者有之。但明初被称为"盗""贼"之人，大部分是由于政府实行"海禁"而失于生计的沿海渔民。

明初，由于倭寇对中国沿海实施侵扰，政权未稳等原因，明太祖朱元璋实施海禁，"寸板不许下海"②，并先后于洪武三年、七年、十四年、二十三年、三十年数次在全国发布了相关的禁海诏令。洪武三十一年（1398），朱元璋再次针对广东下达严厉的"禁广东通番诏"，诏书说："如今广东近海百姓，有不畏公法，私带违禁物货下海，潜往外国买卖。今后凡私自下海的人，问他往何国买卖。若拿有实迹可验的就全解到京师，赏原拿人大银两个、钞一百锭。若不肯用心巡拿，与犯人同罪。有能首告，一体给赏。"③ 由于明政府禁止出海捕鱼、通商，致使"海滨民众，生理无路，兼以饥馑荐臻，穷民往往入

---

① 嘉庆《雷州府志》卷13上《海防志》，《广东历代方志集成》，岭南美术出版社2007版，第339页。
② 张廷玉等：《明史》卷205《朱纨传》，中华书局1974年版，第5403页。
③ 万历《广东通志》卷6《事纪5》，《广东历代方志集成》，第129页。

海从盗，啸集亡命"，"海禁一严无所得食，则转掠海滨"①，"国初，两广、漳州等郡不逞之徒，逃海为生者万计"②。

明成祖永乐年间，国力较为昌盛，出现了郑和七下西洋的壮举，海禁处于较为放松状态，至嘉靖初年，沿海一些地方已经出现了势力强大的海商，在揭阳县的蓬州里"有以下海为业者，惯与外国交通……当是时地方承平日久，户口殷富，豪家大贾往往以势利相高，公然修造大船，遍历诸部，扬帆而去，满载而归，金宝溢于衢路。"③然至嘉靖二年（1523）五月，日本国王源义植在位期间，大臣左京兆大夫大内艺兴和右京兆大夫细川高国各自派遣使臣到明朝朝贡，演变成"争贡之役"，对我国浙江、宁波沿海地区造成了严重的损害，经此一事，明政府强化了禁止下海和"通番"等律例，复又严厉实行海禁。

嘉靖十三年（1534），广东副使叶照重申"严下海之罚，申互市之禁"④，并且以"将为海患"为由，将新会等地濒海渔民的双桅大船毁掉。⑤在这种情况下，"近海之民，以海为命，故海不收者谓之海荒。自禁之行也，西至逼罗、占城，东至琉球、苏禄，皆不得以驾帆通贾，而边海之民日困"⑥。以海为生的沿海渔民，别无生计，只能为盗，福建巡抚谭纶《条陈善后未尽事宜以备远略以图治安疏》论及闽粤海盗成因时说："闽人滨海而居者不知其凡几也，大抵非为生于海则不得食，海上之国，方千里者不知凡几也。无中国绫锦丝枲之物，则不可以为国，禁之愈严则其值愈厚，而趋之者愈众，私通不得，即攘夺随之，昔人谓比源如鼠穴也须留一个，若还都塞了，好处俱穿破，意正如此。今岂惟外洋，即本处鱼虾之利与广东贩米之商、

---

① 顾炎武：《天下郡国利病书》第26册《海防总论》，《四部丛刊》三编，上海书店1985年版。
② 张萱：《西园闻见录》卷56《防倭》，全国图书馆文献缩微复制中心1996年编印，第1134页。
③ 隆庆《潮阳县志》卷2《县事纪》，《广东历代方志集成》，第31—32页。
④ 焦竑：《国朝征献录》卷62《都察院九》，学生书局1965年版，第2643页。
⑤ 乾隆《新会县志》卷2《编年志》，《广东历代方志集成》，第41页。
⑥ 姜宸英：《日本贡市入寇始末拟稿》，《湛园未定稿》卷1《记》，《四库全书存目丛书·集部》第261册，第611页。

漳州白糖皆一切禁罢，则有无何所于通衣食，何所从出，如之何不相率而勾引为盗也。"①

在广东境内，"盗""贼"分布于沿海全境，如闽、粤交界处南澳，匪盗猖獗，"东莞洋之老万山，海寇每每停泊"，海陵澳之盗，"在海陵山之西，中阔口狭……海寇据此泊舟，则官兵不能敌，实为险扼之地"②。更"有一种奸徒，见本处严禁，勾引外省，在福建者则于广之高、潮造船，浙之宁、绍置货，纠党入番；在浙江、广东者，则于福之漳、泉等处造船，置货纠党入番"③。故嘉靖三十六年（1557）前，广东海患频发，"海盗"之害，成为时代之祸，其中影响较大者如下表所示。

表2　　　　　　　　　嘉靖三十六年前广东主要海盗情形

时间	主要影响地区	海盗首领	事件	资料来源
嘉靖十年	广东全省的沿海地区	东莞人黄秀山、黎国玺	"屯据海洋东西二路，妄自称号。"	《粤大记》卷3《海岛澄波》
嘉靖初至嘉靖十一年	广东全省的沿海地区	东莞人许折桂、陈邦瑞、曾本亮、周广等	从黄秀山"出海为盗"。黄秀山失败后，许折桂"屯交趾"，于嘉靖十一年被剿灭	
嘉靖初年至数十年	粤东沿海	饶平黄冈人许栋、养子许朝光	为害粤东数十年，"凡商船往来，无大小皆给票抽分，名曰买水"	隆庆《潮阳县志》卷2《县事纪》
嘉靖十五年	珠三角沿海地区	南海人区胜祥	"春大饥复大旱"，"潮莲大独贫民病其乡富户闭粜，不肯借贷，遂与南海逸囚区胜祥等倡乱出海"	光绪《广州府志》卷78《前事略四》

---

① 谭纶：《谭襄敏奏议》卷2《条陈善后未尽事宜以备远略以图治安疏》，全国图书馆文献缩微复制中心2009年影印，第283—284页。
② 嘉靖《广东通志初稿》卷2《山川下》，《广东历代方志集成》，第41页。
③ 张萱：《西园闻见录》卷57《海防前》，第1146页。

续表

时间	主要影响地区	海盗首领	事件	资料来源
嘉靖十五年至嘉靖三十八年	江、浙、闽粤等东南沿海地区	王直	嘉靖十九年王直等人趁海禁松弛之机，远赴广东沿海打造双桅大船，携明王朝严禁出海的硝磺、硝石、丝绸等物品与日本、暹罗、西洋等国往来互市	《倭变事略·附录》
嘉靖二十三年至嘉靖三十三年	粤、闽、浙诸省沿海	东莞人何亚八	"纠合番船前来广东外洋及沿海乡村肆行劫掠"，"复往福建集叛亡数千"，与海盗王直等人海盗"流劫浙江诸郡"，嘉靖三十三年被杀	嘉靖《广东通志》卷66《海寇》
嘉靖三十三年	新会县	新会人陈父伯	陈父伯煽动饥民为乱，拥众海上，肆行劫掠，官兵捕之，反为所杀	光绪《广州府志》卷78《前事略四》

从表2中我们可以看出，嘉靖初年至嘉靖三十六年（1557）前，海盗之害遍布广东所有洋面，嘉靖年间刑部主事唐枢对嘉靖初年以来广东海防态势在《复胡默林论处王直疏》一文中作了较为中肯的表述："嘉靖六七年后，守奉公严禁，商道不通，商人失其生理，于是转而为寇。嘉靖二十年后，海禁愈严，贼伙愈盛，许栋、李光头辈然后声势蔓延，祸与岁积。今日之事，造端命意，实系于此。夫商之事顺而易举，寇之事遂而难为，惟其顺易之路不容，故逆难之事乃作，访之公私舆论，转移之智实藏全活之仁。前此侍郎赵文华、都御史郑晓等各有建议，本兵聂豹曾有覆题，国初有论倭书，所以为高皇帝废市之劝，高皇帝使假之以年，或不能不自更其令矣。"①

可见，嘉靖三十六年以前，由于明政府实行海禁政策，广东沿海

---

① 唐枢：《复胡默林论处王直疏》，载陈子龙选辑《明经世文编》卷270《御倭杂著》，中华书局1962年版，第2850页。

民众失去生计，被迫出海为生，部分渔商成为亦渔亦商之"海盗"，有些则啸聚海上，为害沿海民众，成为职业"海盗"，故防"盗""贼"成为这个时期的海防重点。

除了"盗""贼"之外，这个时期影响广东海上安全的另一股势力是来自西方的殖民者，但因西人初来，对广东珠三角地区虽然构成了一定袭扰，但规模较小，影响有限。

14世纪末15世纪初，欧洲经历了地理大发现，至16世纪初，开始将势力范围扩至亚洲，正德六年（1511）葡萄牙殖民者入侵控制了满剌加（马六甲）海峡，切断了中国与南洋诸国海上交通之道，致使沿途海域"商舶稀至"，原先航此海道之商船多改道"直诣苏门答腊"，仍然"率被邀劫"，导致"海路几断"①。

1513年，葡萄牙人安特拉德（Fernaoperezd'andrade）率舰队到达广东，要求登陆，遭到广东地方官员拒绝后，葡萄牙舰队强行驶入珠江，到达广州。正德十五年（1520）十二月，御史何鳌上书正德皇帝，对葡萄牙人进入广州城的情形作了如下的描述："佛郎机最好凶诈，兵器比诸夷独精。前年驾大舶突进广东省下，铳炮之声震动城郭；留驿者违禁交通，至京者桀骜争长。"②自此之后，葡萄牙人抢占了广东东莞县的屯门岛海澳，并对中国沿海进行骚扰。

正德十二年（1517），葡萄牙人通过贿赂广东地方官员，获准登陆，"佛郎机国，前此朝贡莫之与。正德十二年，自西海突入东莞县界，守臣通其朝贡"③。在取得合法贸易权之前，他们混杂在其他国家合法商人之中，私自入境，"嘉靖中，党类（指佛郎机）更番往来，私舶杂诸夷中交易，首领人皆高鼻白皙，广人能辨识之"④，葡萄牙人来到中国，在广东新会等地进行抢劫、掠夺，明政府于嘉靖元年（1522），派出指挥柯荣、百户王应恩率军对侵掠广东新会县的葡萄牙人进行打击，在西草湾击败葡萄牙军队，俘获战船两艘及火炮等军械，自此以后，葡萄牙人改变了对华策略，按规定对明中央政府进

---

① 张廷玉等：《明史》卷225《满剌加传》，第8419页。
② 《明世宗实录》卷118，嘉靖九年十月辛酉条。
③ 嘉靖《广东通志初稿》卷35《外夷》，《广东历代方志集成》，第582页。
④ 嘉靖《广东通志》卷66《外志三》，《广东历代方志集成》，第1743页。

行朝贡，收买地方政府官员，甚至帮助广东地方军队缉拿"海盗"，获得了广东地方官员的好感，至嘉靖三十三年（1554），明政府批准葡萄牙人与中国拥有正式贸易权利，澳门对葡萄牙人正式开埠，明政府允许葡萄牙人大量移居澳门，① 从此，来自西方的滋扰势力得到暂时的安抚。总的来说，嘉靖三十六年（1557）前，中路来自西方势力的海患影响较小。

西部海患主要来自安南，永乐五年（1407），政府设交趾三司统治安南，武宗年间，安南内乱，被三股势力所瓜分，"黎氏在南，莫氏居中，陈氏在西北"②，对中国广东西部沿海地区时有骚扰，但嘉靖十九年（1540）十一月初三日，莫登庸在镇南关，"稽首纳款"归降明朝后，二国边境基本晏然。③

西部沿海地区遭受越南侵扰最严重的一次是嘉靖二十八年（1549），越南对钦廉沿海地区的一次突袭，但很快被俞大猷等将领平息，对此《正气堂集》作了相关的记载：

> 广东都指挥使司添注军政佥书署、都指挥佥事俞大猷为地方事。嘉靖二十八年，交南万宁、永安等州之夷从贼范子仪、范子流、范廷真等作乱，叛其年幼应袭都统使莫宏瀍，立营据守于万宁春兰庄社，累来寇边犯城。蒙提督两广军务兼理巡抚兵部右侍郎兼都察院右副都御史欧阳镇守两广地方，总兵官征蛮将军太保兼太子太保平江伯陈、按广东监察御史黄会本请命职专驻钦廉地方，操练水兵，防捕夷贼。本年五月内兵船次冠头岭（今广西北海市），贼众七千余人，驾船二百一十只，突入白勒港行劫。职亲驾兵船抵其港战之，贼败，由山路走回，擒斩二十七功级，其船尽为我兵所夺。其走回贼受饿及水淹而死者无算也。七月内各贼又夺食于如昔贴浪、都乡村，职自龙门亲督兵船及原领陆兵太

---

① 汤开建：《澳门开埠时间考》，《暨南学报》1998 年第 2 期。
② 张岳：《论征交利害与庙堂诸公》，载陈子龙选辑《明经世文编》卷 194《张净峰集》，中华书局影印本 1962 年版，第 2003 页。
③ 严从简：《殊域周咨录》卷 6《安南》，《续修四库全书·史部》第 735 册，上海古籍出版社 2002 年版，第 636 页。

平府通判戴懋督其所部土兵，水陆并进，连日大战，追至新安、海东、云屯等处，生擒贼首范子流、范廷真等一十八名，徒党二百七十四名，斩首级八百一十一颗，夺船七十三只，各兵俘获男女名口不计，贼被兵杀及连船冲破沉水者又不计，贼营四千余间火焚三日始尽。范子仪脱身走入安南内地，职一面移檄莫宏瀵责令出兵截捕，旋据呈送范子仪首级至军门，钦廉夷贼之患一扫而晏然宁息矣。职今将亲历水陆道路，着图于后，而条说于其前，以告后来之有事于交南者，理合呈乞施行须至呈者。①

表2显示，海盗乱事的首发地多为粤东和珠三角，粤西较少，是因为粤东距离倭患严重的江浙与福建最近，粤中受到西人的影响较多，故政府在这两地的海禁更严，引起民众的反抗更为强烈，故嘉靖初年（1522）至嘉靖三十六年（1557）海患态势是海上"盗""贼"猖獗，纵横广东由东至西的沿海地区，但以粤东"盗"为重，广东中路初受西方势力侵扰影响次之，粤西盗患较轻，偶有来自越南规模有限的间断性袭击。

（二）第二阶段：嘉靖三十六年（1557）至万历十九年（1591）

嘉靖三十六年（1557）至万历十九年（1591），广东的海患进入高发期，表现出来的是倭寇侵扰与海盗横行的态势。

从嘉靖三十一年，即壬子年（1552）倭寇开始侵害我国沿海地区，至隆庆初年，倭寇为害全国90起，福建占了69次，福建成为倭患的重灾区。然而，从嘉靖四十二年（1563）开始，戚家军进入福建，与福建名将俞大猷一起分别于嘉靖四十二年（1563）取得"平海卫大捷"，又相继于嘉靖四十三年（1564）大败倭寇于仙游、同安的王仓坪和漳浦蔡丕岭、福宁等地。倭寇在福建遭到严重打击后，转而将袭扰的重点转向广东，广东成为倭寇侵袭的重灾区，嘉靖三十六年（1557）至万历十九年（1591）影响广东沿海地区的

---

① 俞大猷：《正气堂集》卷3《交黎图说》，《四库未收书辑刊》第5辑第20册，据清道光孙云鸿味古书室2000年刻本，第126—127页。

倭患如下表。

表3　　　　嘉靖三十六年至万历十九年倭寇侵略广东概况

时间	地点	事情经过	资料来源
嘉靖三十六年十二月	潮州澄海	倭浯屿趋潮州澄海界登岸，袭陷黄冈土城，寻奔诏安	岑仲勉：《明代广东倭寇记》
嘉靖三十七年正月	驼浦、揭阳、大井、蓬洲、钱冈、凤山、潮阳	倭寇进犯广东潮州驼浦，攻破蓬州千户所。倭寇所至，官军不能御，或败或走。倭自漳泉入揭阳，掠大井、蓬洲、钱冈、凤山诸村，势张甚，都御使王钫调兵邀击，斩首三百，俘百有奇，夺还男妇四十人。已寻复犯潮阳，钫调兵擒剿百七十人，夺还男妇亦百七十人	范中义、仝晰纲：《明代倭寇史略》；岑仲勉：《明代广东倭寇记》
嘉靖三十七年二月		广东佥事万仲分所部水陆兵为东西哨攻倭，临敌哨兵皆溃，只有千户魏岳、百户蒋期明、镇抚陈睿力战，斩首八十余级，生擒九十余人，倭寇才退去。官兵死二百余人，围岳战死	范中义、仝晰纲：《明代倭寇史略》
嘉靖三十七年十月	饶平黄冈镇、惠来龙溪、洋尾、饶平、揭阳	倭又自平和桥忽犯饶平黄冈镇，踞其城，都御使王钫临潮，调集汉土官兵，命副使林懋举、佥事经彦寀、知府李春芳、参将钟坤秀分路出师，大败之，俘斩一百四十六人。倭奔海阳辟望港。同是又有倭自广州入寇惠来龙溪，都指挥杨箄被杀；十二月，移屯荆陇，劫洋尾四村，杀男女数千人，旋攻饶平，揭阳，至翌年正月，始去之漳州	岑仲勉：《明代广东倭寇记》；刘伯骥：《明代广东的倭寇》

续表

时间	地点	事情经过	资料来源
嘉靖三十七年十二月	黄冈、甲子、锦湖、荆陇、龙江	海阳下外莆都又有倭寇自福建云霄突入黄冈，与辟望港贼会合，分劫甲子、锦湖等处，军官皆击破之。其他另一支倭寇据惠来之荆陇，沿海劫掠，潮阳贼首白哨张阿公与倭接应，横行攻劫，扎营龙江市月余，乡民逃窜失所	刘伯骥：《明代广东的倭寇》
嘉靖三十八年正月	海阳、饶平、潮阳、惠来、大窖桥	广东原屯黄冈的倭寇，流劫海阳、饶平、潮阳、惠来等县。辟望港倭遁走大窖桥	范中义、仝晰纲：《明代倭寇史略》；刘伯骥：《明代广东的倭寇》
嘉靖三十八年二月	揭阳	倭寇围揭阳，官兵大破之，黄冈之倭亦退去	范中义、仝晰纲：《明代倭寇史略》
嘉靖三十八年十月	潮阳、凤山、钱冈	倭复从海口焚舟登岸，直薄潮阳城下，为乡兵所击，不得逞，肆掠凤山、钱冈诸村	岑仲勉：《明代广东倭寇记》
嘉靖三十八年十一月	海门、石碑澳、平和、潮阳、黄冈镇、海阳之辟望港、揭阳之蓬洲都	以千余人从达濠渡河，会许朝光（即许栋养子）攻海门，水哨指挥孙敏偕南丹州土目莫善追至石碑澳，败之，贼遁还平和。寻又与许朝光自海门犯潮阳，县丞范南卿击走之。次日，又有倭从分水关犯黄冈镇，通判翁梦鲤、指挥李荣、知县熊炅统兵截击，越三日，屯南洋之指挥冯良佐、土目莫善、千户黄升统汉土兵，分为二哨，夹击之，大破其众，残寇奔海阳之辟望港，越十日，又奔揭阳之蓬洲都，皆为官兵所败。会王钫迁南京右都御使，以兵部侍郎郑绅代，绅至，则躬督海道副使郑维诚，通判翁梦鲤等益兵严讨	岑仲勉：《明代广东倭寇记》

续表

时间	地点	事情经过	资料来源
嘉靖三十八年十二月	揭阳棉湖寨、黄冈、彩塘、甲子、棉湖、芦清	倭寇海阳下外莆都，越三日，自平和桥移营赤寮村，掠揭阳棉湖寨，官军援之。又有倭自福建云霄突入黄冈。越八日，辟望港之贼，游奕彩塘，官兵邀击之，斩首二十七级。越七日，云霄贼与辟望贼合，分劫甲子、棉湖、芦清，官军皆击破之，俘斩凡一百八十有奇	岑仲勉：《明代广东倭寇记》
嘉靖三十八年		饶平县胥张琏与程乡林朝曦等，引倭寇流劫，自号飞龙人主	岑仲勉：《明代广东倭寇记》
嘉靖三十九年正月	潮阳贵山都、古埕、南洋、平和沙岭、大窖桥	倭贼屯潮阳贵山都，指挥武尚文及乡兵击之，连战皆捷。贼移营古埕，自辟望港往南洋登岸，在籍典膳秦金与官军合击，打败之，俘斩三百七十有奇，贼溃渡河，官兵邀击之，复大捷，贼又渡江而来，尚文等复大败之，越十日，古埕贼与官兵遇，又斩二十余级。二月，贼遁还平和沙岭，越十有二日，辟望贼遁走大窖桥，官兵俘斩颇多，又十日，贼分哨悉至，官兵奋勇击之，贼大溃，俘斩八百有奇。四月，佥事齐遇与海道参将会击之，又俘斩三百六十有奇。自倭变以来，军声于此稍振	岑仲勉：《明代广东倭寇记》

续表

时间	地点	事情经过	资料来源
嘉靖三十九年二月	平和沙岭、大窖桥、潮州等处	倭复回平和沙岭，又窜大窖桥，官兵复胜之。倭又来掠，守备兵击之，倭大溃，俘斩八百有奇。倭寇六十余人流劫潮州等处，守臣告急。兵部言：闽、广二省俱邻南海，倭奴侵犯广东，皆以闽人为向导，如今倭势甚炽，两广守臣固当如期剿灭，福建抚臣也难辞纵贼贻患之咎。闽、广应相互策应，共同剿灭倭寇	刘伯骥：《明代广东的倭寇》；范中义、仝晰纲：《明代倭寇史略》
嘉靖三十九年六月	潮阳贵屿	倭寇潮阳之贵屿，薄暮，由苦竹、白叶越城而入，署县事通判翁梦鲤勒兵御之，城内绅耆各领子弟佣作，与贼通宵巷战，屡摧贼锋，平明，乡民来援，杀贼无算，始遁去	岑仲勉：《明代广东倭寇记》
嘉靖三十九年七月	大埔	倭寇大埔，知县马俶芳击败之	岑仲勉：《明代广东倭寇记》
嘉靖三十九年八月	潮州之三河、湖寮、古城、莒村、枫朗，海丰	倭大举寇潮州之三河、湖寮、古城、莒村、枫朗等乡。十一月始出境。潮贼张琏使其党王伯宣串引倭寇由潮侵入海丰界，山贼方炽，倭警频报，故时局异常惊扰	岑仲勉：《明代广东倭寇记》；刘伯骥：《明代广东的倭寇》
嘉靖三十九年十一月	饶平上里	倭又掠饶平上里，土舍王真通杀之	刘伯骥：《明代广东的倭寇》

续表

时间	地点	事情经过	资料来源
嘉靖三十九年十二月	潮州大城所	倭寇攻陷广东潮州大城所。其先,潮州败倭人诏安,大城海道刘五等乘机作乱。十二月除夕夜,刘五等乘城中无备,潜入城中,群倭继至,守城诸将惊慌失措,各弃印而逃。至四十年二月,知府何镗等督兵追捕,刘五被擒,斩首三百余级。七月,以倭贼侵陷广东潮州府大城所,诏夺惠潮参将张四维俸三个月,分守参议冯皋漠、海道副使郑维诚、分巡佥事齐遇夺俸各两个月,并有九人因失职被论罪	范中义、仝晰纲:《明代倭寇史略》
嘉靖四十年正月	黄冈、饶平大埕所	倭陷饶平大埕所。先是倭陷黄冈,大埕戒严,倭移营诏安以懈之,谍城中备弛,乃选精锐五千人自东北隅入,杀传箭者,流言兵反,居民闭户不敢出,平明,贼大至,城陷,杀掳无算,积尸塞道,踞城凡三十余日,东里累世储积,悉为贼有矣。先倭之来也,巨寇吴平等为之向导,所遇屠戮,惨不胜言	岑仲勉:《明代广东倭寇记》
嘉靖四十一年	澄海县	海盗林国显、吴平等道倭入寇澄海县,散屯各乡,尽发土民冢	刘伯骥:《明代广东的倭寇》
嘉靖四十二年正月	海阳、揭阳、黄冈、大澳等处	倭犯海阳沿乡,掘发冢墓,居民号哭。寻犯揭阳之官溪,逼南关,屯潮尾村,窥城数月,城门昼闭,大井乡勇击走之。倭犯惠、潮二府,黄冈、大澳等处	岑仲勉:《明代广东倭寇记》

续表

时间	地点	事情经过	资料来源
嘉靖四十二年三月	潮阳，掠迤北诸村，破凤山、直浦	倭寇大举，突薄潮阳城下，掠迤北诸村，破凤山、直浦，县令郭梦得募壮士五百人拒战。贼造冲车攻城，有人从贼所射书入，具言击冲车之法，城内用其法连破之。贼复积薪城下，一昼夜高二丈许，城内先发制人，投火燃薪，会天反风，火大炽，贼兵焦头烂额，死者无算。先是义勇庄淑礼、胡世和战死，梦得缟衣哭祭，故人人痛愤，殊死战，五战五捷，贼围城两月余，迄不得下，遂溃走	岑仲勉：《明代广东倭寇记》
嘉靖四十二年五月	新会厓门、新宁	倭屯海上，号万众，副使刘存得统兵来援，乃遁。八月，倭寇新会厓门，当道檄邓子龙偕指挥陶灿御寇，倭遁去，既而倭逼新宁，子龙驰赴新宁击走之	岑仲勉：《明代广东倭寇记》
嘉靖四十二年	饶平	饶平贼林国显引导倭人寇，踞上底林家围，四出抄掠	岑仲勉：《明代广东倭寇记》
嘉靖四十三年正月	海阳	倭犯海阳，以巨贼吴平为向导，沿相发掘坟墓	刘伯骥：《明代广东的倭寇》
嘉靖四十三年三月	涎水、神山沟、海丰大德港、惠来	倭复寇潮，侍郎吴桂芳调俍兵四万五千，福兵一万五千，以总兵俞大猷统之，佥事许甫宰监军，战于涎水、神山沟，再战于海丰大德港，连日破之，俘斩二千有奇，倭溃下海忽飓风起，覆溺殆尽。而吴平又挟残倭流劫惠来县境内	岑仲勉：《明代广东倭寇记》；刘伯骥：《明代广东的倭寇》

续表

时间	地点	事情经过	资料来源
嘉靖四十三年三月	潮州	都御使吴桂芳让降贼伍端作为进攻潮州倭寇的先锋,官军紧随其后,将倭寇包围在邹塘,四面举火,一日夜连克三巢,焚斩四百余人	范中义、仝晰纲:《明代倭寇史略》
嘉靖四十三年六月	惠州海丰县	广东官军在惠州海丰县大破倭寇。当初,倭寇自福建流入广东,正值两广、南赣各军门征调的汉、土兵刚刚会集,乘倭寇刚至尚未站稳之际,紧急围击。倭寇逃至崎沙、甲子等澳,夺渔船入海,遇风暴,舟皆覆溺,得脱者逃亡海丰金锡都。总兵俞大猷,相守两个多月。倭寇被围,粮食用尽,欲转移地方,副总兵汤克宽斩杀倭寇头目三人,参将王诏等拥兵继进,倭寇溃败,擒斩一千二百余人,各哨所前后捕杀一千余人,余倭无几,失去战斗力,散逃山薮,官军仍紧追不舍,分道搜寻	范中义、仝晰纲:《明代倭寇史略》
嘉靖四十三年八月	海丰、潮州	诏安贼吴平挟残倭流劫惠州海丰,转入潮州,既而闻二省会讨,乃退	岑仲勉:《明代广东倭寇记》
隆庆元年	南澳	倭寇三百余人驾船突入南澳,筑堡建垒,企图久居	范中义、仝晰纲:《明代倭寇史略》
隆庆二年	澄海外砂南湾、海丰甲子所	倭两百余人,又突至澄海外砂南湾,焚舟登岸,外砂乡民尽格杀之,无一还者。倭攻海丰甲子所,千户马焘不为备,城陷,坐失机,下狱死	岑仲勉:《明代广东倭寇记》;刘伯骥:《明代广东的倭寇》

续表

时间	地点	事情经过	资料来源
隆庆三年三月	碣石、甲子诸卫所	吴平遗党海盗曾一本勾结倭寇进犯广东,破碣石、甲子诸卫所,巡抚熊桴驱惠州,遣参将王诏、耿宗元分兵往御,及倭至,宗元部将周云翔先遁,宗元欲斩以徇,云翔惧,夜帅其众三千袭杀宗元,执通判潘槐投倭,桴纵火击之,云翔败走。槐在倭中,亦因行间执首恶廖凤以献,复戮叛党四百余人	岑仲勉:《明代广东倭寇记》;范中义、仝晰纲:《明代倭寇史略》
隆庆三年五月		提督张瀚以倭患尚炽,调参将蔡汝兰、中军李峨帅师三千五百人讨之,执叛将周云翔等磔于市,并获倭酋	岑仲勉:《明代广东倭寇记》
隆庆三年十一月	广州之西海登陆,寇海晏、双门诸村	倭寇二百余从广州之西海登陆,寇海晏、双门诸村	岑仲勉:《明代广东倭寇记》
隆庆三年	铁冈、小捕材、伊冈、佛岭、铁场、增城、沙子水、白云屯、金锡	是年,海寇会一本,欲窥广州,复诱倭使踞大鹏为所援。倭取道海丰经平山欲往大鹏,迷失道,误转北向,由铁冈渡沿途经小捕材,伊冈,佛岭,铁场皆罹害;既而过增城,阻沙子水,不得渡,会征广西、闽、浙兵三万人讨山寇,副使江一麟伸威张子宏议且拒倭,总兵郭成将而前击倭,倭既穷,乃倾锐以迎战我师,我师稍挫,倭亦遁还铁冈,出白云屯,参将谢潮追之,斩数十级,至金锡,郭成又追之,倭入海夺舶而去	刘伯骥:《明代广东的倭寇》

续表

时间	地点	事情经过	资料来源
隆庆四年正月	广海卫	广海卫有谪守奸人朱衣、庐荣等，怨卫所官，遂构邱乐闲辈五百余人，联结西海倭寇攻城，值旗军上梧州班，月之六日五鼓，朱衣灭火杀人，引贼从城西南入，千户宁绍杰弃城遁，指挥王正、镇抚周秉唐战败死之，百户何兰亦力战死	岑仲勉：《明代广东倭寇记》
隆庆四年二月	广海卫、新安	肇庆府同知郭文通帅师追倭于广海卫，败绩。倭据卫记四十六日，杀戮三千余人，官民房舍，焚毁殆尽，比退，文通督俍兵、浙兵追之，两军不和，故败绩。倭寇流劫新安乡村，百户吴纶率乡兵战死	岑仲勉：《明代广东倭寇记》
隆庆四年	东莞九江水铁冈等村	倭寇流劫东莞九江水铁冈等村，百户吴纶帅乡兵战殁，后郭成讨走之	刘伯骥：《明代广东的倭寇》
隆庆四年八月	高州莲头、佛子屯、漂竹、高冈、那台	倭四十余人，自高州莲头登岸，东奔至佛子屯，通判夏宗龙领募兵三百余人，追击之。将军马良汇领兵自阳江遇于漂竹与敌，不克；又有倭百余自白津来，与贼合于高冈，相引入山，寇大炽，于是分巡罗向辰调向五兵二千，领以指挥白翰纪剿之，遇于那台，后倭趋直陇夺船而去	刘伯骥：《明代广东的倭寇》
隆庆五年正月	新宁、矬峝、大鹏所	倭攻新宁城，不克，遂掠矬峝。倭贼围攻大鹏所，凡四十余日，具云梯薄城，舍人康寿柏呼众坚守，有登堞者，手刃之，即碎其梯，围乃解，当道以扁旌之	岑仲勉：《明代广东倭寇记》

续表

时间	地点	事情经过	资料来源
隆庆五年三月	澄迈县，海口所，文昌	倭寇突入广东澄迈县，袭陷海南卫所城。结果琼州府同知陈梦雷被罚俸三个月，海南道副使朝宜被罚款二个月。倭二十五人自廉州夺船渡，突至琼州海口所，据四门，大掠后由文昌下场窃船遁	范中义、全晰纲：《明代倭寇史略》；刘伯骥：《明代广东的倭寇》
隆庆五年十月	高州、雷州	倭寇进犯高州、雷州等地，提督侍郎殷正茂率兵征伐，俘斩一千零七十五人，高、雷地区倭患基本平息	范中义、全晰纲：《明代倭寇史略》
隆庆五年十一月	新宁、沙冲、独冈、蚬冈、恩平、那西、双鱼、电白庄峒	倭再攻新宁城，不克，遂掠沙冲、独冈。已而越蚬冈突至恩平，入总屯寨屠之，仅遗采樵数人而已。岭南兵备陈奎追至总屯，战败而远，倭亦取道往电白，岭西兵备李材，躐其后，败之于那西。同时，倭贼二百余，自双鱼登岸，直抵电白庄峒，知县江晓指挥范震不为备，皆遁，城将破，神电卫指挥金事张韬独披甲与战，倭彼此夹攻，倭彼此夹攻，韬呼援不至，抚剑叹曰："渠等偷生卖国，韬敢不死。"乃挟戈斩房，竟遇害，军民死者三千八百有奇，妇女投井缢树，不计其数。倭寇数有五千，既大掠而去，李材追破之石城，设伏海口，伺其遁而歼之，夺还妇女三千余。会奸人引倭自黄山间道溃而东，材声言大军数道至以疑贼，而返故道，迎击尽杀之，又追袭雷州倭至英利，皆遁去	岑仲勉：《明代广东倭寇记》；刘伯骥：《明代广东的倭寇》

续表

时间	地点	事情经过	资料来源
隆庆五年十二月	电白城、石城东门、雷州西门外张官寨村	倭分二队，一趋电白城；一直犯石城东门，屯东壚数天，移屯上县村一夜，潜登城西北角，前后攻城甚急，典史徐鉴辅知县韦俊民多方防御，卒保孤城。至十三日拔寨径抵雷州西门外张官寨村屯住	刘伯骥：《明代广东的倭寇》
隆庆六年正月、二月	神电、锦囊、吴川、阳江、高州、海丰、雷州、徐闻、乐民	倭寇连陷神电、锦囊二卫。当时，吴川、阳江、高州、海丰等地都遭到焚劫。先年倭患，惠、潮为甚，故有司防守加密，倭不得逞，遂向西，神电、锦囊，相继陷没，遐迩大震。时广西巡抚殷正茂莅苍梧甫浃旬，即率兵而东，檄总兵张元勋，参政江一麟等引兵赴之，各道帅所部以从，佥事李材监其军，贼披靡四奔，官军穷其所往，先后斩首千余级，倭患悉平。余党奔雷州，与前倭合流，至徐闻海那里等村，官兵追捕，陆续收功，至乐民大山剿讫	岑仲勉：《明代广东倭寇记》；范中义、仝晰纲：《明代倭寇史略》；刘伯骥：《明代广东的倭寇》
隆庆六年润二月	新宁、高州、雷州、临高县石牌、新安两港，	倭寇进犯新宁、高州、雷州等处，官兵拒敌，连战皆捷，俘斩二百余人，焚溺死者甚众。是时海贼许万仔率倭寇二十余艘于临高县石牌、新安两港，四掠乡村，围攻城邑，典尉林邦达厉兵负土填太平桥障水以灌之，贼还而东，遂并力东守，屡战却贼，已而贼乘夜迫城，攀援而上，达亲坠巨石二渠魁，贼乃少退，天明，复大至，敌及亭午，矢石雨注，炮声震天，复殪彼丑走，始解围去	范中义、仝晰纲：《明代倭寇史略》；刘伯骥：《明代广东的倭寇》

续表

时间	地点	事情经过	资料来源
隆庆六年三月		提督两广兵部左侍郎殷正茂报告，抚民许瑞出兵攻剿倭寇，生擒七十八人，斩首二十五级	范中义、仝晰纲：《明代倭寇史略》
隆庆六年五月	犯广海、新宁、惠来，陷神电、锦囊诸城，转掠高、雷、廉、琼州	倭寇海贼突犯广海、新宁、惠来，攻陷神电、锦囊诸城，并转掠高、雷、廉、琼界，所过之地，劫杀掳掠。官兵前后拒战，擒斩千余人	范中义、仝晰纲：《明代倭寇史略》
万历元年十一月	新浦	倭自海北夺船夜泊新浦，兵道陈复升指挥夹击，皆擒之	刘伯骥：《明代广东的倭寇》
万历元年	铜鼓卫双鱼所	倭陷铜鼓卫双鱼所	岑仲勉：《明代广东倭寇记》
万历二年十二月	双鱼千户所、电白	倭攻双鱼千户所陷之，岁趋电白，总兵张元勋参将梁守愚破之于五蓝，斩首五百级，随追入山，悉擒之	刘伯骥：《明代广东的倭寇》
万历二年	双鱼所	倭寇进犯双鱼所，提督殷正茂率军征讨。文武将吏，日夜筹划，认为倭寇海上无船，攻城势必向内陆逃跑，儒峒是其必经之地，在此设伏，可一举获胜。官军攻城，倭寇逃至儒峒，官军遮道夹击，大获全胜，共擒斩八百一十二人，夺回被俘男女六十一名。漏网的少数倭寇亦被官军分道找出，死无遗类	范中义、仝晰纲：《明代倭寇史略》
万历三年	电白	倭犯电白，提督殷正茂剿杀千余人，岭表略定	岑仲勉：《明代广东倭寇记》

179

续表

时间	地点	事情经过	资料来源
万历四年十一月	廉州永安城、海川营、新寮闸	倭贼攻廉州永安城,指挥孙本固守,复掠海川营及新寮闸,兵备金事赵可怀御之,俍目韦真被杀,贼势益猖獗。十二月,副将张元勋追袭于廉州香草江,大破之	岑仲勉:《明代广东倭寇记》
万历五年	大鹏	日本萨子马的盗贼三百余人,乘二十余船,犯温州,遇大风,船只损坏,四处散奔。有一倭船载四十余人,至广东大鹏,海道副使孙光祖,奉督府方略,帅参将胡震,督兵追剿至九洲洋。倭寇惧怕,弃舟登岸,进入黄杨山丛林中抵抗。官兵追击,生擒二十三人,斩首六级,缴获其舟械,解救被掳者八人	范中义、仝晰纲:《明代倭寇史略》
万历十年五月	香山难柏村	倭犯香山难柏村,香山所昭信校尉王言奋勇拒击,生擒倭寇嗄呶尾等二十余名,斩首无算	刘伯骥:《明代广东的倭寇》
万历十年十一月	广州	蜑民梁本豪勾引倭寇,犯广州,势猖獗,总督陈瑞集众军击之,沈其船百余艘,本豪亦授首	岑仲勉:《明代广东倭寇记》;范中义、仝晰纲:《明代倭寇史略》

注:参考书目:1. 范中义、仝晰纲:《明代倭寇史略》,中华书局2004年版,第156—158、309—314页。2. 刘伯骥:《明代广东的倭寇》,《更生评论》第3卷,1938年第2期,第26—30页。3. 岑仲勉:《明代广东倭寇记》,《圣心》1931年第1期。又载于岑仲勉《中外史地考证(下)》(外一种),中华书局2004年版,第680—686页。

从表3中,我们可以看出倭寇对广东的侵扰严重度排列次序,正如明人的分析那样:"广东三路,虽并称险陋,今日倭奴冲突莫甚于东路，亦莫便于东路，而中路次之，西路高雷廉又次之。"①

表3显示，倭寇劫掠广东，多与海盗合谋，显示此时的海盗规模更大。特别是万历年间，海盗已经由单个团伙，发展成为海盗联盟，具有与政府大规模作战的能力，这反映了这个时期的海患形势相当复杂，倭寇与沿海不法之徒相互勾结，祸害百姓，广东全省洋面上呈现出倭、盗猖獗的态势。对此，时人著作作了很好的记载："广东省会郡属错居海上，东起福建，西尽日南，沿洄六、七千里，中间负海之众，无事则资海为生，有事则藉之为暴。自嘉靖末年倭夷窃发，连动闽浙，而潮惠奸民，乘时遘衅，外勾岛孽，内结山巢，恣其凶虐，屠城铲邑，沿海郡县殆人人机上矣。"②

（三）第三阶段：万历晚年至崇祯末年

明朝万历以后，政治趋于腐败，国内矛盾异常激烈，至明熹宗天启初年开始，各地陆续爆发反明斗争，以白莲教为代表的宗教形式的起义、南方佃农的抗租、各地的民变与兵变记载已不绝于史册。天启七年（1627），首发于陕西白水县的农民起义揭开了明末农民起义的序幕，随后演绎了波澜壮阔的以李自成、张献忠为代表的全国性的明末农民起义。在东北，努尔哈赤的势力日益强大，终于在万历四十四年（1616）建立后金政权，后金的崛起，成为明朝最大的心腹之患。

与国内矛盾及东北军情的危急相比，万历以后的广东沿海来自海上的威胁处于一个相对平静的时期，原因主要有：

其一，西方诸强始来，军事力量没有对明朝形成足够的威胁。万历中期至崇祯末年，西方外来势力对中国的入侵以荷兰人为主，万历三十二年（1604）和天启二年（1622），荷兰殖民主义者先后两次侵占澎湖，均被明朝军队驱逐。崇祯六年（1633），荷兰人再度入侵，攻陷厦门，但不久即被福建巡抚邹维琏调兵击退，荷兰人对广东几乎没有造成影响。

---

① 王鸣鹤：《登坛必究》卷10《广东事宜》，《续修四库全书·子部》第960册，第418页。

② 应槚等：《苍梧总督军门志》卷5《舆图3》，全国图书馆文献缩微复制中心1991年影印，第87页。

英国威德尔船队在 1637 年 8 月 8 日到达虎门亚娘鞋（Anunghai），与当地驻军发生了中英外交史上的第一次军事冲突，英军在 12 月离去，这次冲突对广东沿海民众造成的损害甚少，直至鸦片战争前，英国也没有对中国沿海造成大规模的损害。

其二，万历三十一年（1603）日本征夷大将军德川家康在江户（今东京）建立了德川幕府，拉开了统治日本长达 264 年（1867 年还政日本天皇）的序幕，其间实行锁国政策，广东沿海倭患暂时停止。

1603 年日本征夷大将军德川家康建立德川幕府政权后，至 1650 年历家康、秀忠、家光三代将军，是德川幕府统治的上升期。对内，剿灭国内主要反对势力，占有了全国 1/4 的富饶的土地，将大阪、京都、江户等重要城市纳入自己的势力范围，垄断了国家金、银、钱三种货币的铸造权。① 这个时代也是葡萄牙与西班牙等西方势力东来日本的叩关之时，为了防止外国势力的渗透，1616 年日本下令明朝以外的船只只可停泊于长崎及平户二港，同时对来访的船队规模作了严厉的限制。

随着欧洲天主教徒在日本活动的频繁，为了杜绝日本人与葡萄牙等外国势力相互勾结，日本取缔了天主教。并且于宽永十年（1633）至宽永十六年（1639），幕府政府先后 5 次发布"锁国令"，其中 1633 年颁布的第一次"锁国令"极为严厉，对日本人违反规定的处以死罪，条款中有：

第一，除特许船只以外，严禁其他船只驶往国外。

第二，除特许船只以外，不得派遣日本人至外国。如有偷渡者，应处死罪，偷渡船及船主，一并扣留。

第三，已去外国并在外国构屋营居之日本人，若返抵日本应即处以死罪。但如在不得已之情势下，被迫逗留外国，而在五年之内归来日本者，经查明属实，并系恳求留住日本者，可予宽恕。如仍欲再往外国者，即处死罪。②

---

① ［美］安德鲁·戈登：《日本的起起落落（从德川幕府到现代）》，李朝津译，广西师范大学出版社 2008 年版，第 14—15 页。
② ［日］中川清次郎：《西力东渐本末》，第 196—198 页，转引郭守田主编《世界通史资料选辑·中古部分》，商务印书馆 1981 年版，第 458 页。

从 1603 年德川幕府政权建立至 1650 年，正是德川幕府政权的稳固与政治上升时期，该时期与中国的万历晚期至崇祯末年大致相当，严厉的锁国政策，使明初以来持续困扰明朝的倭患暂时得到平息。

虽然在万历二十年（1592），丰臣秀吉发动了侵略朝鲜的战争，但于万历二十六年（1598），被明将陈璘、邓子龙、陈蚕等率水兵 13000 人击败，取得了"露梁海战大捷"，由于战争滋扰的时间较短，因此对沿海人民造成的影响较小。

所以这个时期，海患不是社会的主要矛盾，明政府的军事重心在东北，军事力量主要用于与后金的战争和国内镇压各地起义及社会动荡。

二　明代后期海防体系思想的形成

（一）海防体系思想的确立

明代以前，中国防止外国的侵略行为，以"边防"为主，"边防"一词出现于唐高宗武德年间（618—626），"唐初，兵之戍边者，大曰军，小曰守捉、城、镇……此自武德至天宝以前边防之制"①。由此可见武德年间开始，我国古代边防部队正式形成建制，序列包括军、捉、城、镇等，"边疆""边陲""边圉""边鄙""边裔"等词常见于史书所载，守御边疆的部队常用"戍边""屯边""边塞""边寄""边尘""边邃""边警"等进行描述，唯独少见对海上防御之师的论述。

要论述海防体系，我们必须首先了解海防思想的概念，进而对"海防思想"与"海防体系思想"概念进行区别。

对于"海防思想"的理解，我们必须先要厘清"海防"一词的内涵，今人对"海防"一词的解释是指针对国外势力对我国的入侵而采取的海上防御之策，"在沿海和海疆进行的防卫和管理活动的总称"②。现代学者对"海防"内涵的研究，也基本上依据《辞海》的

---

① 欧阳修等：《新唐书》卷 50《兵志》，第 1328—1329 页。
② 《辞海》（缩印本），上海辞书出版社 2000 年版，第 1124 页。

解释而作拓展。说明即使到了现代，人们对于"海防"一词的内涵仍然没有详尽的解释。

纵观历史上封建政府应对海患之行为与措施，笔者认为，"海防"的对象应包括来自海上威胁到王朝政府之动乱、祸害、侵扰、劫掠等暴力行为。防御的对象包括国外与国内反对王朝政府的势力，故"海防思想"应指政府有意识地构建防止来自海上敌对势力的侵略而形成的一系列军事举措的指导思想。而"海防体系思想"，则指主动地对海防实行系统性的设计，建立能够应对来自海上威胁的系统性指导思想，包括运转良好的海上指挥系统，专职海军序列的建制、海陆防御设施、海上预警系统等软硬件设施的配置等。

明初，我国海防思想已经形成，但形成系统的思想体系则在嘉靖年间。

为了应对倭寇的入侵与来自海上的反明势力，洪武年间，根据方鸣谦的"陆聚海具"建议，政府依托陆上军事设施，构建了较为完整的卫、所、巡检司、水寨、营堡等具有海防性质的军队建制，在沿岸修建城墙、濠沟等防御海患的设施，并构建了烽堠、墩台等预警机制。可见，在明初，政府已经具有抵御来自海上的外来反动势力侵略的思想，并且形成了相关的海防体系。

所谓"体系"，现代人的理解是："泛指一定范围内或同类的事物按照一定的秩序和内部联系组合而成的整体。"① 故"海防体系"是一个应对海患而形成的海上防御与出击之联合机制，由指挥系统、海军、海岸防御设施、预警防范体系等元素组成，明初构建的海防体系无疑具有这些特征，故有学者认为"洪武年间广东的海防体系基本建立，永乐至宣德年间又有进一步的完善"②。但明初为应对海患形成的海防思想，是针对当时海患而产生的一种朴素的应对思维，所构建的海防系统具有很强的被动与随意性，没有相关系统性的理论作指导，故笔者认为明初政府虽具海防意识，但尚未形成系统的思想体系。

---

① 《辞海》（缩印本），上海辞书出版社 2000 年版，第 274 页。
② 杨金森、范中义：《中国海防史》上册，海军出版社 2005 年版，第 23 页。

那么明代系统性的海防思想是什么时候开始形成的？明人茅元仪有言，"防海岂易言哉？海之有防！自本朝始也！海之严于防！自肃庙时始也"①，明确指出"海之严于防"，是从"肃庙"开始的，"肃庙"是什么时候？指明世宗朱厚熜，其谥号"钦天履道英毅圣神宣文广武洪仁大孝肃皇帝"，即嘉靖皇帝。所以，清人蔡方炳在《广舆记·海防篇》一文中提出了中国海防体系形成于嘉靖年间的观点，"海之有防，历代不见于典册，有之，自明代始。而海严于防，自明之嘉靖始"②。

嘉靖年间开始形成的海防体系，是有理论基础指导的产物，是一种有目的性，系统构建的海防工程。而此时，一批明代的军事或类军事专著也相继问世，这些专著从各个侧面对海防提出了自己的见解，标志着明代海防体系思想的正式确立，这些思想对明代后期海防体系的建设具有相应的指导意义，广东海防体系的构建就是这些海防体系思想的主动反映。

"海防"一词最早出现于《筹海图编》。郑若曾（1503—1570）于嘉靖三十五年（1556）受聘于浙江总督胡宗宪，与邵芳等人对浙闽粤等省沿海卫所的现状、山川地形等海防资料进行收集，编辑成书，共13卷，刊刻于嘉靖四十一年（1562）。

《筹海图编》列举了五十条海防策略，从防倭思维出发，对全国沿海的海防体系及其相关的制度作了系统的记载："是书首载舆地全图沿海沙山图，次载王官使倭略，倭国入贡事略，倭国事略，次载广东、福建、浙江、直隶、登莱五省沿海郡县图，倭变图、兵防官考及事宜，次载倭患总编、年表，次载寇踪分合图谱，次载大捷考，次载遇难殉节考，次载经略考"③。第一次就海防体系的内涵作了系列的论述，他认为，"予按防海之制谓之海防，则必宜防之于海，犹江防者，必防之于江，此定论也"，确定了海防的指导思想是"防海之制"，即关于海防之制度性建设。书中以江浙的"巡洋会哨制度"为

---

① 茅元仪：《武备志》卷209《占度载·海防》，华世出版社1981年版，第9947页。
② 蔡方炳：《海防篇》，载王锡祺辑《小方壶斋舆地丛钞》第9帙卷43《广舆记》。
③ 纪昀：《筹海图编提要》，《四库全书·史部》第194册。

例作了系统的评析,这种被时人认为是"御倭上策"的海上巡哨制度,实际抗倭的结果是"竟罕有能御之于海"者,原因是"文臣无下海者,则将领畏避潮险不肯出洋"。针对这种情形,他提出必须要建立指挥系统、海岸防守体系、海上巡哨体制、军民联防机制等方面联合运作的"御海洋"海防体系。郑氏用了"固海岸""谨了探""勤会哨""重邻援""散贼党""慎招抚""择守令""严城守""分信地""分职掌""慎防御""筑城堡""广团结""行保甲""用间谍""开互市"①等篇章对这种思想进行了阐述,并结合战船、兵仗、戎器、火药的配置作了较为详细的记载与论述,显示了其系统化的理论思想,故纪昀在乾隆四十六年(1781)将《筹海图编》编入《四库全书》时,在提要中认为此书"于明代海防亦云详备"②,不是眼见一隅之作。

郑若曾《江南经略》之《海防论一》对海防理论作了进一步阐述,认为海防要从海上和海岸防御方面进行整体权衡分析:"海防之策有二,曰御海洋,曰固海岸。何谓御海洋?会哨陈钱,分哨马迹、大衢、羊山,遏贼要冲是也。何谓固海岸?修复祖宗朝备倭旧制,循塘拒守,不容登泊是也。"其分析的结果是"御海洋为上策"③。这种观点,明代官员归有光在嘉靖三十三年(1554)的《御倭议》中曾经力主:"不御之于外海而御之于内海,不御之于内海而御之于海口,不御之于海口而御之于陆,不御之于陆则婴城而已,此其所出愈下也。宜责成将领严立条格,败贼于海者为上功。"④郑氏在书中将时人的海防理论进行了系统化,并提升到理论的高度。

另一本反映明代海防体系思想重要著作是《苍梧总督军门志》。嘉靖三十一年(1552)两广总督应槚召集初修,并于次年成书,共24卷,定名为《苍梧军门志》。至万历七年(1579)刘尧诲任两广总督在原书基础上增补为34卷,万历九年(1581)由广东布政使司刻

---

① 郑若曾撰,李致忠点校:《筹海图编·目录》,中华书局2007年版,第6—7页。
② 纪昀:《筹海图编·提要》,《四库全书·史部》第194册。
③ 郑若曾:《江南经略》卷1下《海防论》,影印文渊阁《四库全书·子部》,台湾商务印书馆1986年版,第444页。
④ 归有光:《震川先生集》卷3《御倭议》,上海古籍出版社2007年版,第71页。

印，此书才得以刊行传播，故此书成书虽早，但影响较《筹海图编》稍迟。

《苍梧总督军门志》是一部以记载广东、广西二省军事部署为主的一部较早的军事志书，对嘉靖后期和万历年间的广东海防情形作了系统的记载，如书中对沿海卫所兵力布防、舟船配置、战略战术记载尤其详细。又如书中"舆图"目中的"全广海图"，描绘了东起福建，西至安南，七千余里广东海岸的地形图，标注了易被海贼聚散往来之沿海港湾、"春秋汛期"等水文资料，对"六水寨形势图""六寨会哨法"作了详细图文介绍。这些系统化的记载反映了明代中后期士人和官员已经将海防看作一个系统工程的思想了。

（二）广东海防体系构建中系统化思想的反映

与山东、江浙等沿海地区所构建的海防体系相比，海防体系在广东的形成略迟，但由于防御海患的思想体系形成比较成熟，故嘉靖后期广东构建的海防体系更为成熟，这一点《粤大记》一书所载和广东抗倭将领之言论均可反映。

《粤大记》，著者郭棐（1529—1605），字笃周，号梦兰，广东南海人。明嘉靖四十一年（1562）进士，曾任湖广道屯田副使、四川提学、广西右江副使、云南右布政使等，晚年为光禄寺正卿。此书自万历五年（1577）始修撰，二十三年完稿，历时十八年而成，共32卷。

《粤大记》是最能反映嘉靖、万历年间，广东海防体系思想与构建的一本时人著作。书中郭棐对嘉靖末年倭寇患边的主要原因作了分析，认为内外勾结是造成倭患屡剿不灭的原因。针对这种情形，郭棐提出了自己的对策，"禁遏群小，绝勾引之路，把防海口，塞从入之门，峻行保甲，杜接济之奸，严诘贪婪，清苞苴之实，庶几海防可肃而地方无虞"[①]。然而要达到上述效果，必须从四个方面去加强海防

[①] 郭棐撰，黄国声、邓忠声点校：《粤大记》卷32《海防》，中山大学出版社1998年版，第906页。

建设,"一曰严法令。海防官不非不星罗棋布,然玩法坐视,众谓宜定以限防,严法法守,贼入其界则罪不少宥,庶人心知畏惧,则岛可澄清矣。二曰密保甲。宜于沿海边民使相联络,十家为甲,各简炼兵勇,精明器械,把裁海口,毋令贼得入境。三曰杜窝济。盖海寇能鸱张者,以滨海居民为之窝藏,得容其奸也,又从而为之,接济或载鱼米与之贸易或通消息为之",必须要杜倭济以"剪海冠之羽翼也"。"四曰明信地,近缘建六水寨,给与船器专备追击而以副总兵统之,计殊周矣。然沿海信地宜亟申明使各严把守,遇冬春收汛期,务遵原定会哨之法,庶责守优明赏罚可信矣。"① 郭棐对杜绝倭患的论证,作了全面系统的考虑。

明代将领在与倭寇和海盗的作战中,深刻地认识到,孤立的海防意识已经不能满足实际作战的需要,所以他们从整体海洋防御思想出发提出了自己的主张。嘉靖四十二年(1563)吴桂芳任两广总督,在《请设沿海水寨疏》中将闽、浙、广三地的倭患、海盗情形作对比,提出了建立六水寨是根除海盗,杜绝倭患的根本之策,文中体现了其将粤东、粤西海洋联合考察的整体海洋防御观:

其南头迤西,由广省极抵琼崖交南,茫洋二三千里之间,备御向疏,边防失讲,以故海上行劫,偷珠巨盗,往往呼朋引类向彼,潜屯久住,略无忌惮。至于东路海贼,每遇官兵追剿,亦即扬帆西向,以为逋逃之所,如近日海贼吴平之奔越,是可鉴也。尝窃考之,浙、闽、广同一海也,而广之海独为延袤,较浙倍之,较闽则三倍矣,然而近自倭患以来,浙有六水寨,闽有五水寨,每寨兵各数千,楼船各数十,既朝除把总官分领之,复参将、总兵官总统之,此闽浙海上奸人所以无所容也。今广中素无水寨之兵,遇有警急方才召募兵船,委官截捕。夫贼起然后募兵,则卒非素练,安可必其决胜?贼灭而兵即散,则不旋踵而贼复入矣!即今平贼虽报败没,然传闻不一,未敢信凭,而其残徒

---

① 郭棐撰,黄国声、邓忠声点校:《粤大记》卷3《海岛澄波》,第61页。

曾三老辈又复回潮州，劫掠我村落，烧毁闽兵船，又该臣等再督新任参将邵应魁留任，副总兵汤克宽前去剿荡，仍委海道副使莫抑躬亲监督出海，区区残丑，成擒固可必矣。然臣窃以目下二将之出，足为一时应变之权，然必须蚤定水寨之筹，始可以永弭海洋之警。何者？沿海皆兵，楼船相望，一寨报警，诸寨趋之，虽有十曾三老辈，不足虑也，况今海上曾三老之外，惟林道乾一二辈仅存乎？若沿海无备，所在空虚，特恃今出二将之威，以为数千里海防之重，则今虽尽殄曾三老、林道乾辈，而海上之为曾三老、林道干者，兵罢而复出矣！臣会同议照兵家之道，伐谋为上，御戎之本，守备为先，所据海岛沸腾，连年不熄，始由水寨不设，知我无备故也，今必须比照浙闽事例，犬加振刷，编立水寨，选将练兵，使要害之所，无处无兵。庶奸慝无所自容，而海波始望永息。①

吴桂芳认为独立的区域防御是不能有效地抵御来自海上的侵扰的，故提出了在广东范围内设立六水寨，相互配合，形成快速联合反应机制的建议，这一奏疏最后得到嘉靖皇帝的同意性批复，反映了明代后期君臣的海洋整体防御观的形成。

三 明代后期广东海防体系的变化与特点

嘉靖年间至崇祯末年，广东海防体系的建设与变化，随海患影响而出现了不同阶段的特征。嘉靖三十六年（1557）前，基本上承继了明初的海防布局，没有如江浙闽形成较为完备的海防体系，表现在海防指挥系统的不完善，海防建制虽具备了卫、所等基本的雏形，但没有水寨，海上巡哨制度也不完备，存在着诸多弊端。

嘉靖三十六年（1557）至万历年间，明政府对海防体系进行了改革，添设了海防职官与新增防御设施，广东海防体系得到了加强，形

---

① 吴桂芳：《请设沿海水寨疏》，载陈子龙选辑《明经世文编》卷342《吴司马奏议》，中华书局1962年版，第3672页。

成了有别于他省的地方特点，表现在如下方面。

（一）明晰海防指挥体系，形成海防建制序列

明初政府设置"三司"，即承宣布政使司，提刑按察使司，都指挥使司，分管地方的行政、司法监察与军事，三司相互牵制，皇帝达到集权之目的。但这种体制在实际执行过程中，矛盾重重，军事方面表现尤其明显，明代的"都指挥使司"虽然"掌一方之军政"，并"各率其卫所以隶于五府"，但作为地方最高军事长官的"都指挥使司"最后裁决权"听于兵部"①，这样的结果，导致在战争中迁延不决的弊端。明中期开始，两广瑶乱频发，"都指挥使司"作战系统在征剿中出现军队指挥无序，令出多头，下层指挥官责任不明，无所适从等乱象丛生。为了改变这种地方军事执行不力的局面，从景泰三年（1452）开始专设两广总督，用于"征蛮瑶"之乱，"浔、梧瑶乱……特遣一大臣督军务，乃以命（王）翱。两广有总督自翱始"②。两广总督成为两广最高军事长官，这一建制于成化六年（1469），随着总督府定于广西梧州而成为常态。

两广总督开府于梧州，初衷为应对广西瑶乱，至嘉靖年间，倭乱与海盗成为社会动荡之首祸，故于嘉靖四十五年（1562），府址迁至广东之肇庆，以利于近海坐镇指挥防倭事务。自此，针对广东海防所设置的军事力量渐次加强，嘉靖四十五年前，广东设有"征蛮将军两广总兵官一人"，目的是配合广西军事征剿，时设时撤，并没有形成定制。嘉靖后期，由于广东倭事吃紧，指挥海上作战常由陆上军官临时充任，调用未经海上训练的陆地官兵进行海战，没有明晰海上指挥权。为了改变这种情形，明政府设置代海道副使，全称提刑按察司巡视海道副使，初驻广州，后移南头，负责处理广东全境海防事务，成为拥有实际权力的广东海防最高长官。它的设置使广东海防军队以往由陆上指挥官兼任，转入到由负责海道的专职官员担任最高指挥官，并配以相关职位的海防将领，按标准配备

---

① 张廷玉等：《明史》卷76《职官5》，第1872页。
② 张廷玉等：《明史》卷177《王翱传》，第4701页。

水兵，形成战斗序列，如万历三年（1575）潮州府添设"协守副总兵一人"，驻南澳，下设"分守参将七人，曰潮州参将、曰琼崖参将、曰雷廉参将、曰东山参将、曰西山参将、曰督理广州海防参将、曰惠州参将，练兵游击将军一人，守备五人，坐营中军官二人"①，形成了海道副使统率下以江海防线为重心的海防总兵指挥体系。即以两广总督主导全局，统率全署军事；以海道副使为实际指挥，总兵管辖地方卫所军队，参将、把总负责游击、巡检为主的以防海患为主的指挥官体系，并形成了系列化的海防军队，所以海道副使的设置"在广东海防体系中占有突出地位"②，它使广东水师的建设纳入了正规化、常态化的轨道。

嘉靖四十二年（1563），广东开始设立水寨，两广总督吴桂芳在上疏皇帝的奏章中强调了挑选将领的重要性，并且在水寨建制开始时就倡议建立由各级将领和监军组成的相互配合的指挥体系，我们可以从其奏章所说看到他的意图：

> 一、设将领。照得六寨分设，统领兵船，最贵得人，遴之不精不可也，待之不重不可也。合无亦照闽浙之例，每寨除南头、柘林已有专官外，其今新设四寨，请乞添设钦依把总各一员，以都指挥体统行事该道。仍于附近卫所官负才力者，每哨选委各一员，二员分领哨事。各寨所认信地，沿海卫所悉听把总调度，各信地内沿海卫所城池，亦把总之责。但六寨地方，既有把总、守备官分领之，仍须参将总辖之。缘海洋辽阔，一海防参将实难兼制。查得琼、雷地方旧有右参将一员，职务颇简，以西海洋本其责任。合无将广省东西二洋分属二参将统辖，以广海卫为中界，自广海卫以东直抵闽界，皆今海防参将邵应魁主之；自广海卫以西直抵交南，皆今雷琼参将戴冲霄主之。亦自照依所辖三寨信地以明功罪，一应海上兵船，皆听二参将调度，各分巡、海、兵道不得十羊九牧，掺能混管，致令

---

① 张廷玉等：《明史》卷76《职官5》，第1870页。
② 李庆新：《明代屯门地区海防与贸易》，《广东社会科学》2006年第6期。

掣肘，违者听臣等参究。其琼雷参将仍乞改注文凭，令其兼管西路海防，伏乞圣裁。

一、置监军。照得水寨分建，大小将领固有人矣。然无文职以监督之，则上下或至比周独用，不无生弊，故监军不可不设焉。监之于上，海道、兵备其责也；监之于下，各府同知其官也，皆必不可无者也。合无将六水寨照依信地，分属海、兵道官。如柘林、碣石二寨，则属海防佥事；南头、白鸽门二寨，则属海道副使；其琼州寨，则属海南兵备；海康、乌兔寨，则属海北兵备。各司监督，凡稽察奸弊，催督钱粮，分别勤惰，明章功罪，皆其责任。遇有大伙贼徒，仍要同参将官亲督各寨兵船，出海剿捕。官兵临敌退缩，许令以军法从事。其每寨乞将附近府同知令之专理海防监督军务。仍乞敕下吏部，另换清军并专理海防文凭与各同知官收领，照依各道责任，常川在寨，与把总等官协同行事。有功与把总等官同其升赏，失事则与把总等官同其参治。不许营求别项差委，妨废海上正务。遇有升迁，必须候新同知至日交代，方许离任。如此，则监统皆有其人，文武各举其职，综理周密而海防振举矣。①

吴桂芳的请求获得嘉靖皇帝的批准，水寨指挥系统的建立，保障了广东海上巡洋会哨制度和海上机动作战体系的畅顺运行。

（二）区域防守与整体协防作战体系的形成

广东海岸线漫长，以潮汕地区为代表的东部，以珠三角为中心的中部和以钦廉琼海地区为主的西路，沿海地形复杂，海患特点各有不同，嘉靖后期根据倭患情形不同，将广东省沿海地区划分三个战区（即三路）进行防守，"广东列郡者十分为三路，西路高雷廉近占城满剌诸番，中路东莞等奥水贼倭寇不时出没，东路惠潮与福建连壤，漳舶通番之所必经，其受海患均也。故旧制每岁春汛各澳

---

① 吴桂芳：《请设沿海水寨疏》，载陈子龙选辑《明经世文编》卷342《吴司马奏议》，中华书局1962年版，第3672页。

港皆设战舰，秋尽而掣回泊水寨，至今日则不然，倭奴冲突莫甚于中路，亦莫便于东路，其次则南头等处，又其次乃及高雷廉三府，势有缓急事有难易分兵设备亦当因之"①。但这三路之间的防守并不是孤立的，大致情形是中、东二路因"受海患均也"，并且地理位置相近，故防守体系设置的关联呼应度较高，东路防倭以对海洋的巡哨和对海岛的镇守为主；中路屯重兵把守，守卫广州等政治中心和支持东路作重点。与此相比，西路与中路联系没那么密切，西路海防兼防珠盗。故形成的海防特点是，中东路形成联防体系，以海上巡哨制度管理方法策应西路，整体协防，其轴心始终没有脱离中路的政治中心。

1. 区域防守，三路各有侧重点

嘉靖年间，根据广东海洋汛期的特点，明朝将海上防区分为三路进行布防，即"其防汛之境，略分三路"②，三路的海防注重各有特点，东路以防倭为重。明初在潮州府设有卫所官兵，嘉靖后期设有水寨，配以参将、把总等官兵以守备倭防盗，然其效果依然不好，主要原因是没有将海防力量延伸至海岛，海岛成为倭、盗等海患滋生之地，至万历初年，粤东的这种局面得到了改变。

闽粤交界之南澳海面，"为闽、广上下要冲，厄塞险阻，外洋番舶必经之途，内洋盗贼必争之地"，故"南澳一镇为天南第一重地，是闽粤两省门户也"③，海域中的钟澳、南澳二岛被倭寇和海盗盘踞，成为海患"渊薮"，"钟澳、南澳当闽广交界，在大海之中，有山田数千亩。乃国家起发居民遗弃之地也，嘉隆间倭泊于此互市，广捕急则奔闽，闽捕急则奔广，而海寇许朝光、吴平之徒相继巢穴于此，诚盗贼渊薮也"，为了"外以夺海寇之巢，内以绝接济之路，左以伸闽

---

① 郑若曾撰，李致忠点校：《筹海图编》卷3《广东事宜》，中华书局2007年版，第244页。

② 杜臻：《粤闽巡视纪略》卷1，《近代中国史料丛刊续编》第971册，文海出版社1976年版。

③ 蓝鼎元：《论镇守南澳事宜书》，贺长龄等编《清经世文编》卷85《兵政》，中华书局1992年版，第2105—2108页。

之臂指，右以固粤之门户"①，万历三年（1575）农历六月，福建巡抚刘尧诲会同两广总督殷正茂上书"请设南澳总兵"。农历九月初六明政府批复设立"闽粤南澳镇"，"万历四年以南湾属闽广之交，设副总兵专驻，协守漳州、潮州，又设元钟所游兵隶焉"②，专事巡弋所辖洋面，闽粤水师分别在南澳岛上设左营（福营，由福建派驻），右营（广营，由广东派驻）领兵三千进行驻防。"闽粤南澳镇"海防体系的建立，完成了海岸、滩涂与岛链、洋面一体化防御体系的构建，粤东成为一个独立完整的战略防区，而南澳也逐渐发展成为镇守闽粤交界处的海防重镇。

中路构建了以南头为军事中心，镇守珠三角洋面和策应东路的海防体系。嘉靖四十二年（1563），明政府设立广州水寨，负责粤东与广东中路的海防巡哨，水寨的总部设于偏离广州，地理位置更靠近粤东的东莞南头，隶属南海卫。嘉靖后期以南头为中心集结了"旗军6869名，马39匹"，"大战船8艘，乌艚20艘，数量居三路兵船之首"③。辖汛地六处：曰佛堂门，曰龙船湾，曰洛格，曰大澳，曰浪涛湾，曰浪白。万历十九年（1591），南头寨增至战船112艘。④ 体现了南头虽以水寨建制，其管理权重和职能超过其他水寨，成为协调广东海防东路和中路重要战略指挥中心，故有学者将"明代广东中路的防御措施"看成"东路的一个有机组成部分"⑤。

西路以防珠盗为最。钦廉地区位于广东西南部，"是郡（廉州府）为水道入安南之要路"⑥，战略位置十分重要。廉州府在历史上是珍珠的主要产地，"合浦珍珠"一直是皇家贡品，故北部湾洋面地位已经超过战略意义，成为皇家难以外言之"私密"。

明代粤西雷州、廉州二府共有珠池8处，"廉州之池七，曰青莺、曰杨梅、曰乌坭、曰白沙、曰平江、曰断望、曰海渚沙；雷州之池

---

① 王鸣鹤：《登坛必究》卷10《广东事宜》，《续修四库全书·子部》第960册，第418页。
② 郝玉麟等：《福建通志》卷16《兵制》，《四库全书·史部》第178册。
③ 嘉靖《广东通志》卷31《兵防一》，《广东历代方志集成》，第791—793页。
④ 嘉庆《新安县志》卷12《寨船》，《广东历代方志集成》，第356页。
⑤ 曾小全：《清代前期的海防体系与广东海盗》，《社会科学》2006年第8期。
⑥ 应槚等：《苍梧总督军门志》卷3《舆图一》，第51页。

一,曰乐民"①。洪武二十九年（1396）首诏采珠,但仍"未有专官采办"。"太祖洪武三十五年",朱元璋开始"差内官于广东布政司起取蜑户采珠,蜑户给与口粮",实行珠池专营。正统年间"命内官二员分镇雷廉珠池,倚池建厂,专守防盗"②,由内府直接派内官（太监）负责采珠供应皇室消费,形成定制。此后,历代皇帝均派内官前往粤西各珠池采珠,并派卫所官兵重点看守,如"英宗天顺八年差内使一员看守平江珠池","宪宗成化二十年,差内官一员看守雷州府乐民珠池"。"（成化）二十三年,差太监一员看守永安所杨梅珠池,令取回广东新添守珠池内官","孝宗弘治七年,差太监一员看守广东廉州府杨梅、青莺、平江三处珠池,兼巡捕廉、琼二府,并带管永安珠池"③。

嘉靖年间,倭盗、粤东粤中的盗贼,将劫掠目标转向了合浦珠池,"粤三珠池,俱在合浦,设游击一,把总三以守之。每遇冬月,东莞等处奸徒辄驾巨艘数十来侵,官军出御,互有杀伤"④。

粤西珠盗以万历年间最为严重。万历七年（1579）,苏观升、周才雄占据乌兔埠,修筑军事基地,"使梓人采大木十韦（围）以上,建屋居,令部曲相保,为堑垒,木樵校联不绝,开东西二大门,其一门面大海,往来幸得通,它门皆重封",发展成为拥有船只达18艘之多。万历九年（1581年）明政府集结高雷廉三地兵力才将珠盗苏观升、周才雄剿灭。⑤

更严重的是,防守珠池的官兵内外勾结,谋珠获利,"陈文峰为督府,欲献珠权贵人,潜令奸徒盗珠。时薛鸣宇治兵海北,闻警严行浦逐,而官军探知陈指,佯与贼斗,而实纵之"⑥。又如"（万历）十

---

① 嘉靖《广东通志初稿》卷30《珠池》,《广东历代方志集成》,第517页。
② 参见杜婉言《明代宦官与广东经济》,《中国社会经济史研究》1992年第2期；谭启浩：《明代广东的珠池市舶太监》,《海交史研究》1988年第1期。
③ 王圻：《续文献通考》卷27《征权考·珠池课》,文海出版社1979年版,第1681页。
④ 伍袁萃：《林居漫录·多集》卷2,《四库全书存目丛书·子部》第242册,第573页。
⑤ 万历四十年（1612年）刊行的明瞿九思撰《万历武功录》（《续修四库全书》影印本）其中卷三记述广东战事,凡列传14篇,有关"珠盗"的活动散见于"蜑贼苏观升周才雄梁本豪列传""李茂列传""珠贼陈镜列传"等篇。
⑥ 伍袁萃：《林居漫录·多集》卷2,《四库全书存目丛书·子部》第242册,第573页。

七年春正月，雷廉游击陈居仁与把总童龙卖池通盗"，致使"广寇陈镜等连艘百余出没池中"①。针对这种情况，明政府在粤西沿海地区和近海岛屿先后添设采珠内监衙门、游击将军和守海水寨等职守对珠场进行保护。有学者认为是政府为了防止盗珠，"竭力垄断珠池"所为，②但笔者认为围绕保护珠池这一重心进行的军事行动，是政府构建粤西海防体系的一部分。

对于粤西的军事布防，明初开始设立军事机构时，便将军事布防与珠场保护紧密联系。明初在白龙设立珠场巡检司，洪武永乐间设于珠场巡检司之右，正统年间，宦官于此地设置采珠衙门，专管珠场，建有"珠池公馆"③。珠场巡检司地位十分重要，嘉靖年间设立水寨后，管理东西八寨，"白龙墩，府南七十里，前内监采珠衙门，居八寨之中，珠场巡司衙门、东西八寨俱属管"④。"东西八寨"，东寨指位于白龙厂（墩）东面永安千户所属地的乌兔寨、凌禄寨、英罗寨、萧村寨、井村寨、对达寨、丰城寨、黄泥寨；西寨指川江寨、陇村寨、调埠寨、白沙寨、武刀寨、龙潭寨、古里寨和西场寨，以及珠池巡检司所在的珠场寨。至万历年间，额设守兵144名。⑤康熙二十三年（1684），杜臻巡视粤闽海防对白龙厂（墩）遗址作了如下描述，"明时采珠内监所驻，有城，四门，内官署及巡道署废址犹存于城之东隅"⑥，可见白龙厂遗址已具城池规模，成为镇守粤西珠池一重要军事要地。

隶属廉州府之涠洲岛，蛇洋洲洋面一带也是粤西重要珠池，洪武三年（1370），设立涠洲巡检司，府址于雷州府遂溪县西八都蚕村，

---

① 乾隆《琼州府志》卷8《海寇》，《广东历代方志集成》，第531页。
② 陈贤波：《明代中后期粤西珠池设防与海上活动——以〈万历武功录〉"珠盗"人物传记的研究为中心》，《学术研究》2012年第6期。
③ 嘉靖《广东通志初稿》卷10《公署》，《广东历代方志集成》，第212页。
④ 崇祯《廉州府志》卷11《奏议志》，《广东历代方志集成》，第171—172页。
⑤ 万历《广东通志》卷53《郡县志四十·廉州府》，《四库全书存目丛书·史部》第198册，第375页。
⑥ 杜臻：《粤闽巡视纪略》卷1，《近代中国史料丛刊续编》第971册，文海出版社1976年版。

图 1　明代白龙珍珠城城墙遗址①

额设巡检一员,徭编弓兵 30 名,以涠洲岛为信地。"海中有涠洲,山中有三池,旧产珠志云:山团围皆海,周七十余里,内有八村,人多田少,皆以采海为生。一名大蓬莱,旧为防海要隘","有蛇洋洲,亦名小蓬莱,特起海中如蛇形,周四十里,与涠洲山相对"②。二岛相为犄角,具有重要的战略地位。

万历初年,珠盗更为严重,粤西的涠洲岛,蛇洋洲洋面成为重灾区,万历十四年政府重申严厉打击之法令,对私自采珠者施以重刑,甚至死罪,"奏准广东盗珠人犯,除将军器下海为首真犯死罪外,但系在于珠池捉获驾驶黑白艚船,专用扒网盗珠,曾经持杖拒捕者,不分人之多寡,珠之轻重,及聚至二十人以上,盗珠至十两以上者,比照盗矿事例,不分初犯再犯,军发云南边卫,分民并舍,余发广西卫,分各充军,若不及数又不拒捕,初犯枷号二个月发落,再犯免其

---

①　图片为 2013 年 8 月笔者作为暨南大学"明代广东海防研究调查组"成员,赴广西北海白龙实地考察拍摄。
②　顾祖禹撰,贺次君、施和金点校:《读史方舆纪要》卷 140《广东五》,中华书局 2005 年版,第 4750 页。

枷号,亦发广西卫,分各充军,如系附海居民,止是用手拾蚌取珠,所得不多者免其枷号,照常发落"①。

万历十七年(1589)以"珠贼为患,增兵戍守(涠洲岛)山之阳"②,万历十八年(1590),朝廷为了加强涠洲岛的防务,设立"钦差镇守广东涠洲游击将军"专扎岛上,③涠洲岛成为有常驻兵的海防军事要地。万历二十八年(1600),珠场移往白龙,盗贼舍弃涠洲岛、蛇洋洲洋面,追逐珠场之利于白龙,白龙海面又成为盗匪出没之处。故广东巡按李时华在《奏陈防池事宜》中,要求将驻扎涠洲岛的军队调往白龙海面进行巡查,将军事重心移至白龙海面,"雷、廉西海珠池错落,地之南岛孤悬,名曰涠州,屹峙中央,内有腴田千余亩,又有港澳可容数百舟,沿海盗珠奸徒皆视涠州为宅窟。先年添设游击,扎守涠州。数年以来,贼稍屏迹。近因内臣李敬于海滨白龙厂地方设立厂舍采珠之际,官私船只云聚蚁集,人众易以生变。今议以开池之日,游击移守白龙厂,封池之后仍回扎守涠州,似得两全之策"④,他的建议得到了万历皇帝的批准。

2. 完善"巡洋会哨制",构建广东近海洋面巡逻网

嘉靖后期建立的三路防区,虽然各有侧重形成体系,但近海洋面在防守上仍呈孤立空隙状,为了增加东西洋面的联系,将三路防守进行串连,明朝军队实行了"巡洋会哨制"。巡洋是各水军按其驻防位置与武备力量划分一定洋面作为其巡逻汛地,即信地,每逢春秋二汛巡逻哨守海上洋面。在春秋二汛期,春期为三月初一至六月。秋期2个月,即十月和十一月,共6个月。为了保证巡洋效果,军队的官兵在巡洋期内足额支取钱粮,其他月份"所得工食每各扣减三分之一"⑤,有些则扣减四分之一不等,在资金上保证巡洋制的实行。会哨是相邻的两支或多支巡洋船队于各自信地交界处约期相会,交换凭

---

① 王圻:《续文献通考》卷27《征榷考·珠池课》,文海出版社1979年版,第1682页。
② 顾祖禹撰,贺次君、施和金点校:《读史方舆纪要》卷140《广东五》,第4750页。
③ 《钦差镇守广东涠洲游击将军黄公去思碑》,北海市地方志办公室编《北海史稿汇纂》第4辑《碑记》,方志出版社2006年版,第566页。
④ 王圻:《续文献通考》卷27《征榷考·珠池课》,文海出版社1979年版,第1684页。
⑤ 应槚等:《苍梧总督军门志》卷5《春秋汛期》,第96—97页。

证,并受一定官员稽查,以确保巡洋制度的执行。

嘉靖后期巡洋信地由六水寨负责,"东洋有柘林、碣石、南头,在西洋有白沙港、乌兔、白鸽门六处,皆立寨。增兵增船,统以将官,无事则会哨巡缉,有警则互相策应,务以击贼外洋为上功,近港次之,如信地不守,见贼不击,俱坐罪重治"①。三路设有总兵官、副总兵官、参将、把总等官员层层负责,形成制度,构成广东近海洋面上的海上巡逻网。

(三)改革卫所制度,设立水寨,构建完整的防倭作战链

1. 改革卫所制度增加战斗力

卫所制度在明初开始实行,据统计"从广东到辽东的沿海防卫设施,根据《筹海图编》所列,沿海(包括长江下游两岸)共有卫54、所99、巡检司353、烽堠997,整个沿海卫所兵力约40万,舰船千艘左右。形成了卫、所、巡检司、墩台烽堠基本完备的防御体系"②。

广东的海防系统构建比江浙等地区稍晚,洪武二十四年(1391)十二月,广东都指挥使花茂,上疏朝廷,"请设沿海依山、广海、碣石、神电等二十四卫、所,筑城浚池",朱元璋准奏。洪武二十六年(1393)至洪武二十八年初,广东(包括今海南省)大规模在沿海设立卫、所,分别是潮州、惠州、揭石、南海、广海、神电、雷州、海南8卫,大成、澄海、蓬州、海门、靖海、海丰、甲子门、捷胜、平海、东莞、大鹏、新会、香山、新宁、海朗、双鱼、宁川、乐民、海康、锦囊、海安、永安、钦州、海口、昌化、崖州、南山、清澜28座千户所,归前军都督府广东都司管辖,又于沿海各县设巡检司53座,形成了广东海防体系的基本框架。卫、所与巡检司建制的设立,在明初征抗倭剿海盗的战争中发挥了重要的作用。

但正统以后,由于海患减少,官员腐败,卫、所出现了荒颓现象,由于"沿海诸卫所官旗,多克减军粮入己,以致军士艰难,或相

---

① 李东阳等撰、申时行等重修:《大明会典》卷131《兵部十四》,第1862页。
② 范中义:《明代海防述略》,《历史研究》1990年第3期。

聚为盗，或兴贩私盐"①。正统三年（1438）逃亡官军达 1633664 人，占在籍官军一半还多，②嘉靖年间，广东的廉州等 7 卫旗军缺额达 69.8%，海安所缺额 76.9%，双鱼所缺额 77.4%③。卫、所几近崩溃，征兵制难以进行，在这种情况下，卫所填充兵力只能实行募兵制。

募兵肇始于正统年间。"正统二年，始募所在军余、民壮愿自效者，陕西得四千二百人。"④嘉靖年间，广东沿海卫所军队中招募之兵占了 60% 以上，募兵制的实施使兵员得到了有效的补充。

明初在广东构建的海防军事体系中，一个重要的机构是巡检司的设置，洪武元年（1368），朱元璋下令，"凡天下要冲去处设立巡检司"⑤。至洪武二十六年，在全国普设巡检司，广东的巡检司也于此时间段内设置完成。"巡检司。巡检、副巡检，俱从九品。主缉捕盗贼，盘诘奸伪。凡在外各府州县关津要害处俱设，俾率徭役弓兵，警备不虞"，职责是"专一盘诘往来奸细，及贩卖私盐、犯人、逃军、逃囚、无引面生之人，须要常加提督"⑥，"扼要道，验关津，必士民之乐业，致商旅之无艰"⑦，设关口，查走私，主防盗，巡检司成为陆上重要关卡。嘉靖年间，为了抗击倭寇，广东将许多巡检司移向了沿海，巡检司设有府址、壕沟与城墙，成为盘查沿海人员进出内陆的重要防线与沿海关隘。

2. 设立水寨，构建完整的海防作战链

明初政府在沿岸、近岛建立了具有预警功能的烽堠、墩台，一旦出现海患，便举火焚烟为号，通知卫、所及巡检司官兵应敌。但至嘉靖中期，卫、所、巡检司基本上设于府址或县城，或乡村重镇，距离海岸有一定的距离，故广东的海防体系缺少了一个连接巡检司与烽堠、墩台快速反应的军事支点。嘉靖后期，广东六水寨设置后，这个

---

① 《明英宗实录》卷126，正统十年二月庚戌条。
② 叶盛：《水东日记》卷22《府卫官旗军人数》，中华书局1980年版，第219页。
③ 范中义：《论明朝军制的演变》，《中国史研究》1998年第2期。
④ 张廷玉等：《明史》卷91《兵三》，第2249页。
⑤ 李东阳等撰，申时行等重修：《大明会典》卷139《兵部二十二》，1980页。
⑥ 嘉靖《广东通志》卷32《兵防二》，《广东历代方志集成》，第812页。
⑦ 陈仁锡：《皇明世法录》卷12《谕各处巡检》，学生书局1976年版，第359页。

问题才得到解决。

两广总督吴桂芳在《请设沿海水寨疏》中经分析得出的海患原因有以下两点：

一是因无机动的"海捕官兵"，致使"倭夷海寇窃发靡常"。"照得广东一省十府，惟南雄、韶州居枕山谷，其惠、潮、广、肇、高、雷、廉、琼八府地方，皆濒临大海，自东徂西，相距数千余里，内通闽境，外接诸番，倭夷海寇窃发靡常，出没非一。然向因牵于山寇，素无海捕官兵。"

二是东西洋面辽阔，"备御向疏，兵防失讲"，没有形成整体协防的海防机制。

吴桂芳对嘉靖前四十年广东捐盗和备倭的情形进行了分析，认为以前海防效果不理想的原因是，广东洋面太大，盗寇来往倏忽，官兵区域作战，没有形协同机制，所以之前的剿杀均是治标之举，未能达到治本的目的。所以吴桂芳提出解决上述这个问题的最好方法是"定水寨"，遍布于粤东、粤西，形成连接东、西洋的机动部队和海防纽带：

> 定水寨。照得广东八府滨海，而省城适居东、西洋之中。其在东洋称最阢塞者，极东曰柘林，与福建玄钟接壤，正广东以东门户；稍西曰碣石，额设卫治存焉；近省曰南头，即额设东莞所治，先年设置备倭都司于此；此三者，广省以东海洋之要区也：西洋之称阢塞者，极西南曰琼州。四面皆海，奸究易于出没，府治之白沙港后所地方可以设寨；极西曰钦廉，接址交南，珠池在焉，惟海康所乌兔地方最为阢塞，其中路遂溪、吴川之间曰白鸽门者，则海艘咽喉之地；此三者，广省以西海洋之要区也。以上六处皆应立寨。

对于六水寨的管理，吴桂芳认为最重要的是水寨必须配置足够的兵员，遴选合适的将领，划分信地，职责分明，配合有序，方能做到"综理周密而海防振举"：

> 南头已经近设参将一员，督兵三千，足称巨镇；柘林近亦请

设守备，兵船之数尚应议增，而已有专官皆可勿论矣。今惟东路之碣石一处，西路之白鸽门、琼州并海康三处，各应设立一寨。碣石、海康，每寨各兵一千二百名，大、小、中船共四十只；白鸽门、琼州，每寨各兵一千八百名，大、小、中船共六十只；与南头、柘林通为六寨。其柘林寨兵船仍合增如琼州、白鸽门之数。董以将官，定与信地。无事会哨巡缉，有警递相追捕，小贼则一寨任之，大贼则分东、分西三寨合用之，再大则通东西六寨共任之。皆以击贼于外洋为上功，近港次之。若贼起，此寨不击而别寨击之，贼所起寨重治；如见贼不击，或致令登岸虏掠者，查照信地以失律论罪，伏乞圣裁。

至于费用的问题，吴桂芳也提出了解决的方法："用兵夫工食，于近议改抽民壮弓兵银内支给，修船造船银两于沿海卫所军三民七船料银内追征。"①

吴桂芳的建议得到嘉靖皇帝同意。嘉靖四十五年（1566）开始，明朝在沿海地区陆续设置了六水寨（柘林、碣石、南头、白鸽门、乌兔、白沙港）。六水寨配备战船，对战船的要求是"每岁春末夏初风汛之期，通行府、卫、所、县捕巡、备倭等官军，出海防御倭寇番舶，动支布政司军饷银，雇募南头等处骁勇兵夫与驾船后生，每船分拨五十名。每艚船四艘，一官统之。三路兵编立船甲长副字号，使船水手教以接潮迎风之法。长短兵器弓弩时常演习，使之出入往来如神。如无字号者，长副鸣锣追逐，俱待秋尽无事而掣"②，形成了巡防海患，联结东西的主要海防力量。

六水寨的设置，完成了广东海防体系构建中欠缺最重要的一环，使广东海防三路有了连接东西洋的纽带，使应对紧急海上事务有了快速的反应机制，因而水寨的设置在广东海防体系中占有重要的战略地位。

---

① 吴桂芳：《请设沿海水寨疏》，载陈子龙选辑《明经世文编》卷342《吴司马奏议》，中华书局1962年版，第3673页。

② 郑若曾撰，李致忠点校：《筹海图编》卷3《沿海卫所战船》，中华书局2007年版，第240页。

（四）沿海地区建立保甲制，杜绝海陆勾结弊端

明朝的海患频发，倭寇侵扰是其中之一，但迫于生计，亦渔亦商亦盗之人也不少，海陆勾结，与倭互市为海患的形成提供了条件，明人郑若曾认为在沿海实行保甲制能有效杜绝这些弊端：

> 为今之计莫若通行各县，令沿海居民各于其乡，编立船甲长副，不拘人数，惟视船之多寡，依十家牌法，循序应当，如船二十只，总统于船甲长内，以十只分统于甲副，仍于船尾外大书某县船、某甲下某人，十字翻刻，墨填为记，其甲长副各置簿一扇备载乡中船数，并某样船只，某项生理，一一直书，每岁具呈于县，以凭查考。如遇劫贼，则被害者能识其船，速投首于甲长副，鸣锣追究，俾远近皆知，无字号者，即系为非，许人人俱得拏送，旧时沿海居民明知贼盗，惧其反攻而不救，今后坐视者罪以通同，则船有统纪而行劫之徒忌畏，况操舟之时可以按簿呼召，给价差用，而不致卖放之弊乎。①

明初构建的保甲制，遍布广东沿海，并且在一些偏僻的乡村广泛建立，如潮州的潘田堡就是其中之一，"潮州主会海阳县北关镇潘田堡"："潘田村在县西北一百三十里（许），在山谷，通潮、揭、漳、饶，乡人编立成甲，每十人择一人为小甲，百人择一人为总甲，千人择一人为千长，遇有盗贼，千长督众防捕。"② 保甲制的实施对防止沿海不法之徒与倭寇和海盗的勾结起到了有效的作用。

（五）灵活实用的武器配置

嘉靖年间，明朝水军在与倭寇、海盗作战中，根据不同的情况，配置灵活实用的武器，所以在战争中处于优势的地位，表现在以下几个方面。

---

① 郑若曾撰，李致忠点校：《筹海图编》卷3《广东事宜》，第247页。
② 应槚等：《苍梧总督军门志》卷9《营堡》，第118页。

1. 在广东沿海配置炮台，在战船上配备了火铳台

明朝政府十分看重火器在军队中的配置，"至明成祖平交趾，得神机枪炮法，特置神机营肄习"，配备火药枪支装备军队。永乐十年（1412）在中国沿海及山顶要地之处皆设有炮台以威慑敌寇。嘉靖年间火器威力大者为"佛朗机铳"，是为世界上最先进之火炮，这种炮于正德末年首先在广东出现，"其国（葡萄牙）舶至广东"，"白沙巡检何儒得其制，以铜为之，长五六尺，大者重千余斤，小者五百十斤，巨腹长颈，腹有修孔，以子铳五枚贮药置腹中，发及百余丈，最利水战，驾以蜈蚣船，所击轧縻碎"。嘉靖八年（1529），"佛郎机炮"，中国人谓之"大将军"，开始全面装备明朝军队。至万历中期，明军又装备了红夷大炮，"（荷兰）大西洋船至，复得巨炮曰红夷，长二丈余，重者至三千斤，能洞裂石城，震数十里"[1]。

这些装备使明军在对敌战争中在兵器配置上处于优势地位，俞大猷在嘉靖二十八年（1549）奉命出征安南，在《议征安南水战事宜》中论及敌我双方优劣时这样说道："彼之船只杂样兵器，不备火药，铅子易竭，而在船之人多。"故要求征用停泊于东莞配有佛郎机铳的大、中、小等船只，"东莞在澳大乌船数百只，各有佛郎机铳，牌镖等器械，合于不调用之船，官借与调用之船，领用事完之日给还。大兵船一只，要用佛郎机铳二十门，中哨船一只，要用十二门，小哨一只，要用八门"。并且要求充足的火药、硝石等弹药配置，"合专委官一员领银专买硝五十担，磺十担，铅四十担，不论大小船，每船俱分给硝三十斤，磺六斤，铅二十斤"。根据大、中、小等船只与作战的特点，特别对安南的近海与内河作战中，小船的作用更大，消耗的弹药更多，故应配备更多的弹药。"盖大船铳虽多而与敌船接战时少，一遇顺风相接，放铳只是一二回，便当取胜。惟小船逆顺之风皆可行往来开阖，惟意所如，每每向前放铳一合即收回，更互再进，故用火药为多也。"[2] 俞大猷认为只要战前准备工作做充分了，战争就

---

[1] 张廷玉等：《明史》卷92《兵四》，第2265页。
[2] 俞大猷：《正气堂集》卷2《议征安南水战事宜》，《四库未收书辑刊》第5辑第20册，据清道光孙云鸿味古书室刻本，第118页。

可轻易取胜,故其对战争的判断是:"计范(子仪)贼见在尖山船只虽多,器械虽齐,能如我师乎,我师一至冲散扑灭不过时刻间耳,彼如弃船登岸而走,就将彼船冲沉,烧掳一尽,后欲入寇,其可得乎"。战争的结果正如俞大猷所预言那样,明军在北部湾海面很快将安南军队打败。

广东设置水寨后,仿福建水寨配置兵力,六水寨根据不同地区,旗桅以不同的颜色进行标示,如"南头水寨,用黄色,黄红绿带",各寨从最大的乌艚福船,到较为小巧灵活的叭喇唬船和哨船进行配备自成系列,按等级进行人员和火力的配备,如乌艚福船,船上人员配备:"捕盗一名,舵工二名,斗手、缭手、掟手各二名,捕盗家丁一名,兵夫七十名,分为七队,配备长短远近等武器"①,有长短火铳,佛朗机铳等热兵器,也有刀、枪、剑、戟、盾牌、绳索等传统冷兵器,要求各寨兵力布防集中于险要之处,不能"逐港逐湾分布"②。

2. 武器质量优良,适用广东本土作战,配置处于世界先进水平

嘉靖年间,广东沿海三路防区均配置有大小不等战船,形成作战梯队和战斗序列,大致情形是:

> 中路东莞县、南头、屯门等澳,大战船八,乌艚船十二。广海卫望峒澳,战船四。东路潮州府柘林澳,战船二,乌艚船十五,哨船二。碣石靖海甲子门等澳,战船十,哨船六。西路高州府石城吴川湾澳,各哨船二。廉州府海面,战船二。琼、雷二府海港,东莞乌艚船各六,新会横江船四。雷州海港,大战船六。③

这些战船中,拥有当时世界上先进的"佛郎机战船",时人称之为"蜈蚣船"。对此船明人茅瑞征作了如下描述:"蜈蚣船底尖面平,不畏风浪,用板捍蔽矢石,长十丈,阔三尺,旁架橹四十余,置铳三十四,约每舟撑驾三百人槽多人众,虽无风可疾走,铳发弹落如雨,

---

① 应槚等:《苍梧总督军门志》卷15《水兵制》,第162页。
② 应槚等:《苍梧总督军门志》卷22《水寨事例》,第236页。
③ 郑若曾撰,李致忠点校:《筹海图编》卷3《沿海卫所战船》,第240—241页。

所向无敌。"① 茅元仪亦云："其形如蜈蚣，其制始于东南夷，以驾佛郎机铳。……底尖面阔，两旁列揖数十，其行如飞，而无倾覆之患，故仿其制造之，则除飓风暴作，狂风怒号外，有无顺逆，皆可行矣。况海中昼夜两潮，顺流鼓势，一日何尝不数百里哉！""其船内两旁各置大铳四五个，在舱内暗放，敌船不敢近，故得横行海上。"② 佛郎机战船是当时世界上先进的战船，这种船和船上配置的佛郎机铳"惟东莞人造之与番制同，余造者往往短而无用"③。因为在正德年间，广东巡检何儒便招降葡萄牙人学习造船之法，"初，广东巡检何儒常招降佛郎机国番人，因得其蜈蚣船铳等法……中国之有佛郎机诸火器，盖自儒始也"④。这种船自正德年间，一直装备于广东水师。因蜈蚣船船体过于狭窄，遇风容易倾覆，嘉靖十三年退出广东水师的编制，⑤ 但广东水师将原来战船进行改造，"置佛郎机其上"，"择民壮军人习水战之法"⑥。经过改良，广东的战船仍为当时最优良者，故嘉靖后期，广东海防军队中配置的武器在国内是最先进和优良的，官兵对船只的驾驭也为最娴熟。

万历中期后，由于后金崛起，倭患较轻，广东海防再次出现了松懈现象，一些地方甚至达到败坏的程度，经略御倭事务的唐顺之说："百年以来，海烽久熄，人情怠玩，因而堕废，国初海岛便近去处，皆设水寨，以据险伺敌，后来将士惮于过海，水寨之名虽在，而皆自海岛移置海岸。"另外，"巡舟战舰，朽蠹而弗修，弓械于槽，缺败而亡用"⑦。战船不存，临战时只好募渔船充数，然而此后，海患渐息，海防体系的弊端暂时被掩盖矣！

---

① 茅端征：《皇明象胥录》卷5《佛郎机》，台湾华文书局1968年版，第271—272页。
② 茅元仪：《武备志》卷117《军资乘》，华世出版社1984年版，第4811—4812页。
③ 严从简：《殊域周咨录》卷9《佛郎机》，《续修四库全书·史部》第735册，第712页。
④ 沈德符：《万历野获编》卷17《火药》，中华书局1997年版，第433页。
⑤ 吴宏歧、周孝雷：《明代广东的海防战船类型、分布与建造基地》，"环南海历史地理与海防建设论坛"会议论文，2013年，未刊稿。
⑥ 《明世宗实录》卷110，嘉靖九年二月丙子条。
⑦ 袁袠：《诘盗议》，《明经世文编》卷271《袁永之集》，中华书局1962年版，第2862页。

总之，明朝的海防体系自明初开始建设，由于倭寇为害广东稍迟，故广东海防体系的建设比江浙闽地区略迟。但随着嘉靖三十六年（1557）倭寇、海盗之患日隆，海防观念深入人心，加上有其他省份抗倭经验可资借鉴，明朝在广东对海防体系的建设速度更快，成效更显著。明政府先是将在福建等地抗倭朝代名将如俞大猷、吴桂芳等调入广东抗倭捐盗，收拾明中期以来的海防颓势，将两广总督府府址由梧州移向肇庆，建立起了以两广总督为海防统帅，重心向海，通筹策划，就近总管两广军务的指挥中心。增设了海道副使为实际最高海防指挥官，广东海防从此有了最高专职海上指挥官，又将巡检司住防地移向沿海，以总兵总管水寨，水寨设立参将负责海上巡逻，形成"巡洋会哨"；各战船由把总负责，沿线海岸实施"保甲制"，杜绝沿海居民与海上反动势力接触；在滩涂、近岛设立烽堠墩台等预警制度，形成了严密一体的海防体系。广东整体海防体系在嘉靖三十六年后至万历中期构建完成，并在抗倭捐盗中发挥了积极的作用，广东海防的构建完成，也宣示着全国海防体系的最终完成。

（文章为参与吴宏歧主持《广东历史海防地理研究·明代卷》项目撰写的论文，未刊稿）

第三篇

明清广东社会

论朱元璋重农政策

朱元璋既是元末农民起义军的领袖，又是明朝的开国君主。无论是作为农民军的领袖，还是作为封建皇帝，其在历史上的功绩与地位均是不可抹杀与忽视的。以往研究朱元璋的文章极多，但对朱元璋重农政策产生的深远影响，似乎注意得不够，本文力图通过对朱元璋重农政策的研究，考察一下其政策对资本主义萌芽产生有何影响。

我国是一个农业国家，我国封建社会的历代皇帝都奉行重农政策。早在原始社会的末期，农业便成了我国一个重要部门。春秋时孔子提出了"道千乘之国，敬事而信，节用而爱人，使民以时"的不违农时、千载不变的政治主张，战国时李悝大力推行"尽地力之教"政策，商鞅更是明确地把农业放在首位，提出"重农抑商，奖励耕织"的政策。西汉文、景二帝实行的"轻徭薄赋，重农抑商"政策，被历代统治者沿袭了下来，到了朱元璋时，重农政策发展到了顶峰。在封建社会，小农的经济地位越得到保护，专制主义中央集权就越得到巩固；反之如果统治者贪图眼前利益，一味压迫与剥削人民，人民无法生存下去，就会起来推翻旧的政权。这一点为历代的农民战争所证实。因而晁错说："民不足而可治者，自古及今，未之尝闻。"[①] 朱元璋对此也深有体会。因而无论是在战争年代；还是登上了皇位，朱元璋都奉行着一套"民本"政策。早在战争年代，朱元璋就采纳了谋士朱升"高筑墙，广积粮，缓称王"的建议，建立和巩固了根据地，稳扎稳打，终于荡平了各地割据势力，建立了明朝。登基后更是体验

---

① 班固撰：《汉书·食货志》卷24，中华书局1974年版。

到人民群众的力量，常自警说："君舟民水，载复不定，敢不畏哉。"① 其妻马皇后更是念念不忘："陛下与妾起布衣，今日陛下为亿兆之主，妾为亿兆母，尊荣至矣，尚何言？惟感天地祖宗无忘布衣而已。"② 朱元璋在长期的征战中"见人民凋弊，土地荒芜，失业者多"③。在这种情况下，统治者要巩固其地位就必须"善政"，而"善政在于养民"④。鉴于此，朱元璋采取了一系列果敢的措施来恢复和发展农业生产。

那么，朱元璋采取了哪些措施，这些措施的效果如何呢？笔者认为主要表现在以下几个方面。

（一）释放奴婢

元末，由于统治者的敲诈与盘剥，许多人民沦为"驱口"。在元末农民战争中，大批的官僚及大地主被消灭，许多"驱口"变为自由的小农。基于这种情况，为了安定民心，发展生产，朱元璋承认了既成的事实，在征战过程中，颁行一种称为"户由"的凭证，承认流民已有的"户籍产权"，不让贵族随意把人民沦为奴隶。刘辰说过："太祖亲征城池，给民户由，俱自花押。"自渡江战争始至平汉之战取得胜利的五六年间，朱元璋亲冒矢石，攻打江苏、安徽、浙江、江西和湖北等地，也签发了不少"户由"，承认农民的合法性。⑤后来颁布诏令，使之固定下来。洪武五年，朱元璋下诏明确规定："天下大定，礼仪风俗不可不正，诸遭乱为人奴隶者复为民。"⑥ 后来朱元璋修订《大明律》，从法律上明文规定："庶民之家，存养奴婢者，杖一百，即放从良。"⑦ 通过一系列措施，基本解决了元末那种贫苦农民被随意买卖的局面，解放了生产力，提高了小农地位，使人民的劳动积极性得以提高，这些措施的实行对发展农业生产是十分重

---

① 谈迁：《国榷》卷4，中华书局1958年版。
② 李国祥主编：《明实录·明太祖实录》卷147，广西师范大学出版社1990年版。
③ 同上。
④ 申时行：《明会典》卷1，中华书局1989年版。
⑤ 刘辰：《国初事迹》，《四库全书存目丛书·史部》第46册，中华书局1974年版。
⑥ 张廷玉等：《明史·太祖》卷2，中华书局1974年版。
⑦ 怀效锋点校：《大明律·户律》卷4，辽沈书社1990年版。

要的。

（二）实行屯田政策

屯田，又分军屯、民屯。军屯是朱元璋的一项保证军队费用，寓兵于农的有力政策。可以说朱元璋在战争中能够获胜，与其实行固定的屯田政策有关。

在战争中，许多支农民起义军由于流动作战，没有巩固的后方及有力的给养，终于败北。战乱中，想从人民那里盘剥得太多已是不可能，为了解决军队的费用，在1356年，朱元璋下令"置营田司"，令将士在应天龙江、江阴等地屯田，然后推行到所控制地区。军屯实行后，朱元璋十分重视惩懒奖勤，军队中展开了大生产活动，其中"康茂才绩"最佳，朱元璋乃"下令褒之"①。军屯成绩斐然，将士基本能自给，难怪日后朱元璋沾沾自喜地说："吾京师养兵百万，不费百姓一粒之米。"②

在军屯的同时，朱元璋也下令民屯，民屯的形式是多种多样的，有组织各地的人民集中在一起以里甲为组织的屯种。像"河北诸州县以社分里甲迁民分屯"③。也有把地少人多的人民迁移到地广人稀之地屯种的，此类例子史不绝书，俯拾皆是。如在洪武二十二年（1389），朱元璋曾"徙江南民田淮南"④。朱元璋曾接受大臣桂彦良等人的建议，"令有司务民开耕，愿应募者资以物力，宽其徭役……及凡犯罪者亦谪之屯田"⑤。总之，朱元璋的屯田形式是灵活多样的，同时对屯田之军民关怀备至，使屯田不流于形式。对军屯遭受灾害时，朱元璋马上赈灾。如洪武十五年，北平遭灾，朱元璋即马上派人"赈北平被灾屯田士卒"⑥。对民屯，政府一方面给予一定的官钞，扶助其发展农业生产，另一方面"编民百户为里，婚姻死丧疾病患难，

---

① 张廷玉等：《明史·食货志》卷77。
② 傅维麟：《明书·戎马志》卷7，广陵古籍刻印社1949年印行。
③ 张廷玉等：《明史·食货志》卷77。
④ 张廷玉等：《明史·太祖》卷3。
⑤ 李国祥主编：《明实录·明太祖实录》卷148。
⑥ 张廷玉等：《明史·太祖》卷3。

里甲富者助财，贫者助力，春耕秋获，通力合作，以教民睦"①。经过政府的提倡与实行种种有效措施，屯田卓有成效，基本上解决了军用民用之粮。

（三）移民垦荒

移民垦荒是作为军屯、民屯政策的一种补充性政策。元末时最大的社会矛盾是土地的兼并及高度集中，当时情况是："王公大人家或占田近于千亩，不耕不稼，谓之草场，专放孳兽。"② 寺院也拥有大量土地，史载大承天护圣寺一次受赐的田地竟达1.6万余顷，甚至连贵族牧场的管理人员也可以恃势强占民田达40余万顷。③ 在农民战争的打击下，到明初许多"江南北巨姓右族不死沟壑则奔窜散处"④，"往年大姓家存者无八九"⑤。战后大量土地荒芜，许多大臣也看到了这点。朱元璋手下大臣桂彦良等向朱元璋提出"太平治要"共12条，其中第二条是"广地利。中原为天下腹心，号膏腴之地，因人力不致久致荒芜，近虽令诸军屯种，垦开未广，莫若于四方地瘠民贫户广农多之处，令有司务民开耕"⑥。明太祖采纳了这一建议，且于洪武元年（1368）定制："各处人民先因兵燹遗下田地，他人开垦成熟者，听为己业，业主于附近荒地拨补，复业人民现在丁少而原来田多者，不许依前占附，止许尽力耕垦为业。"⑦ 明确地规定了垦田农民利益不受侵犯。朱元璋对移居垦荒的农民予以优惠政策。在洪武二十七年朱元璋下令：山东、河南农民在洪武二十六年以后"新垦田地无论多寡，俱不起科"⑧，其目的是使"田不荒芜，民无游食"，增加政府的收入，稳定社会的秩序。

总之，垦田的成就是巨大的，据史书记载，洪武元年新垦田770

---

① 李国祥主编：《明实录·明太祖实录》卷148。
② 杨士奇编：《历代名臣奏议》卷66，学识斋1868年印（线装本）。
③ 张廷玉等：《明史》卷154。
④ 贝琼：《清江集·送王子渊序》卷8，商务印书馆1936年版。
⑤ 李继本：《一山文集·送李顺文》卷1，学识斋1868年（线装本）。
⑥ 李国祥主编：《明实录·明太祖实录》卷148。
⑦ 申时行：《明会典》卷17。
⑧ 李国祥主编：《明实录·明太祖实录》卷243。

余顷，洪武二十六年就增加到 8577623 顷。巨大的垦田成绩为社会提供了丰富的物产。

（四）劝课农桑，兴修水利

朱元璋非常重视农业的生产，设置司农司管农事，也常常遣使到全国各地教民课耕，同时自己也常常在开耕之时亲自下地举行"耕籍田"的仪式，鼓励人民努力耕作，大造重农声势。朱元璋注意到应让农民不违农时地耕作。如洪武十七年，应天府、全川、百川等地的大桥将坏，请求修治，"上恐妨农务"，没有役使百姓，只是"命犯法者输作赎罪"，并且"官给其钞"①。同年，"陕西秦州卫奏修理城隍请渔军民为之。上谕都督府曰：'修治城隍，惜用民力盖其时，宜后之于旷间之月耳，今民将治田之时而欲渔其力，失权宜之道，止令军事修理，毋得役民'。"② 水利是农业的命脉，治水成为历代统治者的一项必做之事，朱元璋统治期间，广西的灵渠、四川的都江堰都得以修复与利用，黄河也得到多次有力的治理，基本上解除了黄河决堤的忧患。据统计，洪武元年（1368）到洪武二十八年（1395），共疏浚河道 4162 处，修筑坡堤岸渠 5048 处及各地的堤堰工程 40987 处。③ 这对农业生产的发展及人民生命与财产的安全都起了十分重要的作用。

（五）实行轻徭薄赋及蠲免赈济的政策

明初，人民财力俱困。朱元璋也看到了这一点，认为当时百姓的财力俱困，"譬如新飞之鸟不可拔其羽，新植之木不可摇其根，要在安养生息"④。鉴于此，朱元璋认为要治理好国家，就必须"养民"，而"养民在于宽赋"⑤。朱元璋在位期间，每逢各地遇旱、涝、风霜及欠收等情况，百姓总能得到蠲免的待遇。对受灾的地区，当地的官

---

① 李国祥主编：《明实录·明太祖实录》卷195、卷159。
② 同上。
③ 朱绍侯主编：《中国古代史》（下册），福建人民出版社2010年版，第202页。
④ 谈迁：《国榷》卷4。
⑤ 申时行：《明会典》卷1。

吏不报或拖延赈济的，朱元璋对他们严惩不贷。有一年，"青州蝗旱，有司不以闻，逮治其官吏，旱伤州县，有司不奏，许民申诉，处以极刑"。洪武二十五年，孝感发生饥荒，朱元璋急令开仓赈济，同时明文下诏规定：从此以后"遇岁饥，先贷后闻"①。据统计，朱元璋在位期间共减免各地租税70多次，赈济20多次，其中两次全国蠲免。朱元璋的扶农蠲免政策，使各灾区人民不致因年荒、岁欠而流离失所，有力地保证了社会的安定及农业生产的发展。

（六）抑制豪强，澄清吏治

朱元璋出身贫苦农民家庭，其早年"托身于皇觉寺之日，已愤然于贪官之吏虐民"②。登上皇位后，更是采取了抑制豪强势力的种种措施，防止官吏的兼并及鱼肉人民。据《明史·食货志》卷七十七记载，朱元璋"尝命户部籍浙江等九布政司，应天十八府州富民万四千三百余户，以次召见，徙共家以实京师"。通过迁徙富豪，使之失去了原先的政治与经济势力，避免了其独霸一方，上抗中央，下害百姓的情况。朱元璋"许民赴京陈诉"③，控告那些为富不仁的官吏、豪强。像当时大官吏郭恒、胡惟庸等皆是广占乡田，多蓄庄奴，违反朱元璋"取诸有节，用之有制"政策之人，不杀之，不足以平民愤。朱元璋的诏令"立法多右贫抑富"④。正是朱元璋雷厉风行的作风，使明初吏治较为清明，为农业生产的恢复和发展，创造了一个安定的社会环境。

（七）节用俭朴的政策

朱元璋即位以后，还保持艰苦朴素的习惯，从没有大兴土木、建宫造馆。他提倡节俭，其宫室皆"朴素不为饰"。若实在有必要修饰的，也是"度量再三，不得已而为之"⑤。皇后死后，群臣主张大办

---

① 张廷玉等：《明史·太祖》卷2。
② 李贽：《续藏书》卷1，中华书局1959年版。
③ 赵翼：《廿二史札记》卷33，中华书局1990年版。
④ 李国祥主编：《明实录·明太祖实录》卷147。
⑤ 谈迁：《国榷》卷5。

丧礼，朱元璋坚决制止。① 朱元璋节用与俭朴，避免了浪费，有利于农业生产的发展。

明太祖实行的一系列扶农、保农的政策，使社会生产很快得到恢复与发展，洪武初年，武昌一带常常"啸魅魅而号鸟"，到朱元璋统治中晚期已是"皆宫室矣"②。济宁一带更是"家有积粟，野无饿殍，养牛、鸡犬散被郊晌，富饶充实如承平之世"③。故而明末徐光启在其《农政全书》中，把当时人民安居乐业的情景概括为"榛莽之地在在禾庶，游散之民人人钱铸"。可以说朱元璋的重农政策在当时是进步的，推动了社会生产力的发展。

朱元璋的重农思想对后来历史的影响很大。笔者认为明中叶资本主义萌芽得以产生，以及后来发展缓慢，都与朱元璋的重农政策有很大的关系。马克思指出：资本主义生产关系的产生，只能是劳动者和他的劳动条件的所有权的分离。④ 按照他的解释，我们可以认为资本主义生产方式产生应具备两个条件：第一，必须要有大量的资本；第二，必须要有大量的可以自由出卖劳动力的雇佣劳动者。据此我们再来分析一下朱元璋重农政策对资本主义萌芽有什么影响。笔者认为主要有以下两个方面。

首先，为资本主义的萌芽打下了丰富的物质基础。农业是工业、手工业及商业的基础，只有农业发展了，生产力提高到了一定程度，才有剩余的农副产品作为商品出售，产生商品，才会出现资本主义生产关系赖以生存的条件，否则在中国根本谈不上资本主义的萌芽。明初经过朱元璋的整顿和治理后，农业生产得到了恢复、巩固和发展。按当时资料统计，历史发展到朱元璋统治时期，封建社会的农业发展到了一个顶峰。史书载：洪武十四年（1381）全国有10654362户，59873305口，比元代最高人口统计数增加了620万人。在封建社会，人口的多寡反映出社会的兴衰。洪武十四年，全国耕地面积比洪武初年增加了一倍，达到3667715顷之多。洪武二十四年（1391），又增

---

① 张廷玉等：《明史·食货志》卷77。
② 贝琼：《清江贝先生文集》卷18。
③ 宋濂：《芝园集》卷7，国家图书馆出版社2015年版。
④ 马克思：《资本论》第1卷，人民出版社1975年版。

至 3874746 顷余。洪武十四年（1381），全国税粮达 26105251 石，超过元代年入粮数量一倍多。洪武二十六年（1393），又增至 32789800 石，约为元代三倍。① 当时社会太平，物产丰富，"宇内富足，赋入盈美，米粟自输京师数百万，外府县仓廪蓄积甚丰，至红腐不可食，岁歉，有司往往发粟赈济，然后以闻"②。朱元璋在位仅 31 年，就把战争创伤医治好了。且社会经济发展大大超过前代，其速度之快，成就之大不能不说是奇迹。农业的发展，人口的增多，使农产品转化为商品成为可能，多余的人口变为雇工也成为可能。这两点对资本主义萌芽的产生无疑是十分重要的。因而朱元璋的重农政策为资本主义萌芽提供了肥沃的土壤。

其次，朱元璋重农政策对资本主义萌芽的反作用。笔者认为朱元璋的重农政策，对商业及手工业的发展也起了抑制作用。中国历代封建统治者，奉行着"天不变，道亦不变，祖宗之法不可变"的原则。因此，在某种程度上，朱元璋的政策，对以后君主制定政策产生了桎梏作用，后任的统治者花了巨大力量才突破其影响。明初，朱元璋严禁使用白银，以实物收税，对商品生产及流通起了巨大阻碍作用。资本主义生产关系产生的一个重要条件是要有自由的劳动力可供出售，而朱元璋的政策却把农民紧紧地束缚于土地上。洪武二十年（1387），朱元璋召集人员，编定鱼鳞图册与以前的黄册一道作为税收和赋役的根据，农民不许离开自己的土地。③ 这就严重地影响了资本主义萌芽的产生。虽然其后任统治者采纳张居正建议，实行了"一条鞭法"，人身关系有所松弛，但毕竟影响了资本主义的萌芽。农业发展了，物产必定丰富起来，如何处理多余的产品，是商品生产与商品流通的关键。朱元璋采取的是专卖制度，对敢于违反专卖制度的人，上至官吏，下至百姓，均予以严厉的制裁，其女婿欧阳伦也因贩卖私茶被处死。对工矿业，明太祖也采取了种种限制措施，洪武十五年（1382）春，广平府吏王允道请开磁州铁冶，被朱元璋拒绝且"杖

---

① 转引自朱绍侯主编《中国古代史》（下册），第 204 页。
② 张廷玉等：《明史》卷 78。
③ 张廷玉等：《明史·食货志》卷 77。

之，流岭南"①。对商人，朱元璋更是百般刁难，指定地点让他们经商，不许自由买卖。诸多的限制政策，为日后资本主义萌芽的产生埋下了重重障碍。

总之，朱元璋的重农政策，一方面使社会经济得到恢复、巩固和发展，符合当时人民的利益，推动了社会的进步。另一方面，从长远来看，为日后资本主义的萌芽与发展提供了丰富的物质基础，但同时也埋下了种种隐患，阻碍了社会的继续发展。

(原载《广西师范大学学报》1991年增刊)

---

① 张廷玉等：《明史·太祖》卷3。

清代名臣陈宏谋

陈宏谋（1696—1771）是清代广西籍官员中官位最高、任官时间最久，任官历经省份最多，在民间影响甚大的一位清官"宰相"。但过去对他进行研究的研究者甚少，在反腐倡廉的今天，评价一下历史上的这位清官"宰相"（内阁大学士），对现实是颇有意义的。

《清史稿》对陈宏谋有一番评语："乾隆年间论疆吏之贤者，尹继善与陈宏谋其最也。尹继善宽和敏达，临事恒若有余；宏谋焦心劳思，不遑夙夜，而民感之则同。宏谋学尤醇，所至惓惓民生风俗，古所谓大儒之效也。"① 这番评价是公允的。陈宏谋的官风是当时励精图治官风的缩影。

陈宏谋生于康熙时期，当时正是中国统一的多民族的封建国家取得进一步发展和巩固的时期。康熙皇帝顺应国家要求统一的历史潮流，平定了以吴三桂为首的三藩之乱，统一了台湾。亲自挥军在两次雅克萨之战中大败沙俄侵略军，捍卫了黑龙江流域中国的神圣领土，和俄国在平等的基础上签订了划分中俄东段边界的尼布楚条约，在对准噶尔丹叛乱势力的斗争中又取得了决定性胜利。康熙在军事、政治上的文韬武略，在治政安民上的孜孜求治，在学术上的学而不厌，对陈宏谋产生了极大的影响。康熙在位时，陈宏谋奠定了其一生思想和事业的基础。康熙去世的次年（雍正元年，即1723年），陈宏谋中了进士，后出任翰林院检讨、吏部郎中、浙江道御史、扬州知府等官职。雍正即位后，以治政严厉、厉行改革著称，对官员的任用、考察、荐拨等特别严格，重要官员的任用必须由皇帝亲自接见，与之谈

---

① 赵尔巽：《清史稿·列传》卷94《陈宏谋》，中华书局1976年版。

话，征询政见，然后由皇帝用朱笔亲自把对此人的印象和评语写在引见单上，作为以后任用的参考。这是雍正对用人制度的一项重要改革。陈宏谋在任知府后即因官声卓著而被大臣们推荐给雍正。雍正引见陈宏谋后，在引见单上用朱笔写下了一番话："点主考回来以御史衔用知府的。实心任事。……将来可大望成人者。上中。马尔赛破格说，好的。训谕听受亦甚领略。好的。"① 雍正连用两个"好的"等话语来评价已任过知府的陈宏谋，这是极为难得的。雍正对官员的要求是：忠于皇帝，不结私党；勤政务实，勇敢任事；忠于职守，无欺无隐。雍正时期清代官场风气大为整肃，与雍正用人的严格和精明是分不开的。得到雍正赏识和重用的陈宏谋以后的治政实绩，证明了雍正对他的评价是正确的。乾隆登位后，励精图治，在治政用人上既重视实绩又注意宽仁，这进一步巩固了皇帝的统治基础，使皇帝的统治得到了各族上层更为普遍而广泛的支持，清代的国势也发展到极盛。陈宏谋继续得到乾隆的宠信和重用，在乾隆时期为官36年，从地方封疆大吏一直到东阁大学士、吏部尚书、工部尚书。陈宏谋的官风政绩，即是康、雍、乾三帝统治思想的体现和代表。试举下例。

一是，勤于政事。康、雍、乾三帝以勤政著名。天下大事，事无巨细，均由皇帝独断。皇帝五更上朝，晚上秉烛批阅奏章，半夜方息。著名史学家孟森先生曾说，中国皇帝中之勤政者，无过于康、雍、乾者；而康、雍、乾三帝中，又以雍正的勤政最著名。他在位十三年中，不嗜烟酒，不好色乐，未离开过京师，日夜勤政、孜孜不倦。陈宏谋之勤政，在雍乾时的大吏中是最突出的。史家称他"劳心焦思，不遑夙夜"。他历任十二省二十一职，每任官职均不久长，但都作出了显著政绩，原因在于他的勤政。他在所到之处，了解民生风俗、地方利弊，革旧布新，发展生产，解除民困。他使人画诸州县河道，绘图景于室，反复审视，研究治理计划，重视调查实察。因而处处受到人民群众的爱戴。

二是，治政务实。治政务实，是康、雍、乾三帝推行的又一优良

---

① 中国第一历史档案馆编：《雍正朝朱笔引见单》，《清代档案史料丛编》第9辑，中华书局1983年版，第103—104页。

政风。康、雍、乾三帝尤其是康熙，反对吹捧歌颂、讲求排场、弄虚作假的浮夸不实之风，而提倡办实事、干实政、讲究实效。康熙一生曾无数次拒绝了大臣官员们给他上尊号的建议。乾隆时，有一次江苏发生蝗灾，官员们不组织群众扑捕反而求神祭天，遭到乾隆的怒斥。陈宏谋堪为雍乾时治政务实的榜样，据《陈宏谋家书》所载，陈宏谋一再反对做寿礼的铺张排场，主张将钱财用于民生有益的地方，如乾隆二十九年（1764）七月二十日的家书中，他嘱咐家属："老人大庆已到……闻至期有演戏之举，如此上寿，远近难得郑重热闹，亦所宜然，但家乡非城市可比，贫乏艰难，一有唱戏之举，远近村坊不免受累，费财劳众，又非祝寿之本意。"乾隆三十年（1765）是陈宏谋七十寿辰，他"原拟既不演戏……所以省烦扰，节耗费耳，此吾素志也"①。后来由于手下人员违背他的本意大操大办，虚耗浪费，他大为生气，在家书中写道："竟至戏筵六日，诸物甚贵，费至一千四五百两……若以此银仿照大太爷前岁将所费作为修理桥路，岂不经久有益耶？悔之晚矣。"②家书是他写给幼辈亲人看的私人书信，不是正式公开的文章，所述内容也均为随手写成的与自己家庭有关的生活琐事，并非系统的理论著作。然而正因为家书有这一特点，却能更真实、更原始地反映陈宏谋的思想和言行。陈宏谋反对虚夸不实，讲求实效的思想，可以略见一斑。

　　三是，调查实察。调查实察，是为君为官者了解下情，掌握实况，搞好各项工作的重要方法。封建皇帝能做到者不多，而康熙皇帝却做得很突出。为抗击沙俄侵略，他多次到黑龙江前线视察军情；为治理黄河，他六巡江淮，多次不顾危险视察水情，亲自用水平仪测量水位高低；他亲自调查淮河一带地形，否决了地方官员坐食官衙，不察实情而提出的兴建溜淮套工程的错误建议，得到人民的拥护。陈宏谋为官继承和发扬了康熙、乾隆注意实地调查的优良政风。发展水利、兴利除弊，是陈宏谋为官政绩的重要部分。在天津，他屡次乘

---

　　① 见《陈宏谋家书》乾隆三十年（1765）九月九日。《陈宏谋家书》现藏于广西桂林图书馆。
　　② 见《陈宏谋家书》乾隆三十年（1765）十一月一日。

小舟察访水利，了解实情，决定采用放淤法治水，使沧景诸州悉成沃田。在江苏，他经过调查察访，为保障全国经济重心苏州、松江等府的安全，浚白茆口以泄太湖水。在崇明，增筑海塘以御海潮。围湖造田是贪小利而留大患之事，陈宏谋在湖南时，经过详细调查考察后，严禁人民对洞庭湖围湖造田，使"水不为患而岁大熟"。陈宏谋的每一政绩，都是在他深入调查，正确掌握情况的基础上作出正确决定的结果。

四是，无欺无隐。为官者能否把地方实况真实地向上级和皇帝奏报，使上级和皇帝能了解地方实情，这是封建社会中清官和贪吏的一条根本界线。我国民间影响很大的清官包拯、海瑞等人都以直言敢谏著名，而为民所爱戴。康、雍、乾三帝也提倡直言无私、无欺无隐的作风。康熙皇帝曾处死了贪赃枉法、结党营私的满族贵族、江苏总督噶礼，而表彰了虽然治政中小有差失，但刚正不阿、敢于揭发噶礼劣迹的清官——江苏巡抚张伯行。雍正更是要求官员要直言敢谏、无欺无隐，以此作为考察官员的重要标准。陈宏谋深得雍正宠信，他可以说是直言无私、无欺无隐的典型。雍正晚年，身为云南布政司的陈宏谋了解到广西巡抚金鉷虚报垦荒亩数事，即上奏雍正说："止就各州县求有余熟田，量给工本，即作新垦。田不增而赋日重，民甚病之，请呈前例。"① 雍正命云南广西总督尹继善察实，尹继善请将虚垦地亩冒领工本查实后追缴。乾隆元年，郭议由两广总督鄂弥达会同金鉷再次详细勘实，陈宏谋上奏乾隆说，金鉷欺公累民，开捐报垦荒地二十余万亩，而实未曾垦成一亩，请求尽数豁除广西人民的租税。由于乾隆未察详情，听信了已迁刑部侍郎的金鉷等人的谎言，怀疑陈宏谋作为广西人屡陈广西事，会引起广西官绅毁谤朝政，下旨将陈宏谋降职。但不久后鄂弥达等查清了报垦田亩不实的真相，于是乾隆将金鉷等降黜，更加信任陈宏谋。陈宏谋不顾己身安危，敢于为民请命，使广西人民十分感戴，至今广西瑶族等少数民族人民还把陈宏谋作为他们景仰的神来崇拜。

五是，廉洁俭朴。康雍乾时期皇帝提倡廉洁俭朴的风尚，尤以康

---

① 赵尔巽：《清史稿·列传》卷94《陈宏谋》。

熙为甚。康熙曾因干旱，要求节省宫廷开支，命大学士等详加查察，提出节俭办法。大学士等查察后上奏说："臣等察前明宫内，每年用金花银共九十六万九千四百余两，今悉已充饷；又察前明兴禄寺，每年送内所用各项钱粮二十四万余两，今每年止用三万余两；每年木柴二千六百八十六万余觔，今止用六、七百万余觔；每年用红螺等炭共一千二百八万余觔，今止用百万余觔；各宫林帐、舆轿、花毯等项每年共用银二万八千二百余两，今俱不用；又察前明宫殿楼亭门数，共七百八十六座，今以本朝宫殿数目较之，不及前明十分之一；至前明各宫殿九层基址，墙垣俱用临清砖，木料俱用楠木，今禁宫中修造房屋，出于断不得已，非但基址未尝用临清砖，凡一切墙垣，俱用寻常砖料，所用木植，亦惟松木而已。"① "唐太宗乃有唐令主，观其一次发遣宫人已及三千，则其余更有数千人可知。今除慈宁宫、宁寿宫外，乾清宫妃嫔以下，使令老妪、洒扫宫女以上，合计止一百三十四人。"② 康熙不仅是对中国历史作出四个伟大贡献的中国古代最杰出的君主，③ 也至少是封建社会后期最节俭的君主之一，这已为中外史家所公认。在康熙时代成长、深受康熙影响的陈宏谋，其为官后之节俭，亦堪为当时官员之模范。据陈宏谋家书载，乾隆十九年（1754）七月十五日，他写信给家人说："老人寿日，家中自必照行，无物寄回，止有面数束耳。"身为地方督抚重臣的他，在家中老人做寿时仅仅只寄回面条数束作寿礼，这显示了陈宏谋的节俭。清代官俸之低，在封建社会历史上是少见的。一些贪官往往鱼肉人民，贪图享受；而清官则遵守法制，以俭养廉、清苦自励。在乾隆二十九年（1764）三月二十八日的家书中，他谈了自己到京任吏部尚书和协办大学士后的生活："太宰每年领银约一千二三百两，今停捐之后，领银减少，每年不及千两，入不敷出，又无来路，不得不事事省减，以俭养廉，今日之谓也。决不肯到处靠穷，向旧属借索，有损晚年志操。"同年五月十六日的家书中又写道："此间官况如常，身体尚好，食口六十，

---

① 台湾银行经济研究室编：《清圣祖实录》卷144，台湾文献馆1963年印行。
② 同上。
③ 《毛主席读康熙》，《报刊文摘》1994年4月4日。

用度艰难,已有债务不少矣。"任各省督抚几十年,又入居"相"位的陈宏谋,虽然以俭养廉,清苦自励,然而生活仍入不敷出,难以度日,以至不得不违反初衷,借债度日。这是人们难以想象的。然而他在自己的家书中却确实记载了这件事。

六是,关心民疾。我国古代为数不多的清官明君,之所以能在人民中传颂不息,是因为他们能关心民生疾苦,得到人民的拥戴。在七十年代以前,如果有人说皇帝和清官爱民,似乎就存在阶级立场问题。这种看法是不对的。这是因为:第一,明君、清官之爱民,指的是他们在政治上有远见卓识,能认识到只有关心民生,使民富民安,才能达到国富国强。第二,封建社会之所谓民,并不都指劳动人民;"民"与"官"是相对的,所谓民,即指士、农、工、商四民,即不当官不在位之各阶层人民,四民也包括不当官的地主、豪绅、富商在内。中国封建社会后期宗法制度下的族长亦均由不当官中之地主、豪绅担任。① 第三,恩格斯在《德国农民战争》一书中,多次提到中世纪德国农民拥护好皇帝的情况。清代康、雍、乾三帝由于实行了无数次捐免赋税、减轻剥削等政策,得到当时中国老百姓的拥戴,史载有一次康熙南巡乘舟进入山东境内,由于遭荒而被康熙捐免了赋税的山东人民数以十万计跪在运河两岸迎接康熙的情景,这些场面绝非官员能制造出来的。这类事例很多。陈宏谋正是雍乾时期关心民疾,得到人民爱戴的著名清官。他所到之处,均以解决民生福利、发展生产为己任。除上述已举之史实外,如他在陕西任职期间,因西北地区农产量低,人民生活贫穷,于是引导民众因地制宜,广种杂粮,推广植树,既解决口粮问题,又实行了水土保持。又招募江浙善于育蚕者教民种桑养蚕,凿水井二万八千余口以解决用水灌溉问题,解决了人民生产和生活中的很多问题。在云南任布政司时,他鼓励人民增开铜矿,增加铜厂工本,让人民得鬻余铜,既增加了人民的收入,又增加了铜产量,从而停购了外国铜产。还努力为少数民族兴学,建立义学七百余所,使苗民得以就学,此后边远地区人民和苗民多能读书,有的也取了科举。江西省发生饥荒,他招民工修圩堤闸坎,以帮工代

---

① 参阅钱宗范《中国古代"藏富于民"思想探析》,《社会科学家》1991 年第 5 期。

赈，既修了农田水利又解决了民困。在福建为官，他因当地歉收米贵，粮食多由台湾运入，商船载米原规定有定额，便上奏乾隆请除其禁，以利于民。福建民众多外出经商，原规定年久即不准回籍，陈宏谋上奏，如察实为良民或本人已死而妻妾子女愿回故里者，不论年例，应允许其回籍，亦得允准，使离乡多年的同胞得以回国。……陈宏谋为地方重吏三十余年，所到之处，均以关心民生、解决民困为己任。

七是，学而不厌。康熙皇帝的勤学不倦得到了中外史家的赞扬。"仕而优则学，学而优则仕"①，这本来是孔子倡导的优良传统。这是一条任人唯贤、任人唯才的路线，也是为官后能保持公正廉洁的重要方法。陈宏谋既是清官、"宰相"，又是学者文人。他毕生好学不倦，并将学问和为政结合起来。在乾隆十九年（1754）六月十七日的家书中，他对在福建的亲属说："少年中一举人，自己看得如许希罕，似乎人人皆当奉承者，即此足证识见享受，尔当以此为戒也。""到家以后行止坐卧总不离书本方好，纵有往来酬应，稍可抽身，即亲书籍，丢荒半日，必要补足，才可谓之好学。吾向年觉得外务皆可缓可缺，而每日读书工夫不可缓亦不肯缺者，非不近人情也，心乎好之，乐此不疲耳。必为此，方有进步。"他"学而优则仕""仕而优则学"，刻苦学习使他成就了功名，刻苦学习使他丰富了治政的经验，刻苦学习使他官位愈高而官声愈著，成为清代中期著名的清官和"宰相"，成为著名的经世致用、创导实学的大学者。

列宁指出：判断历史的功绩，不是根据历史活动家没有提供现代所要求的东西，而是根据他们比他们的前辈提供了新的东西。康乾盛世就是在17、18世纪的历史条件下，对中国历史发展起过重大积极作用的封建盛世。康乾盛世的奠基者康熙皇帝以其卓越的文韬武略，顺应历史前进的潮流，为中国历史发展作出了四个伟大的贡献。他的后继者雍正和乾隆皇帝亦以杰出的政绩发展了康熙的事业，使康熙盛世走向极盛。在康熙年间出生成长，在雍正年间任官并甚得雍正的赞

---

① 《论语·子张》，转引自钱宗范《"学而优则仕"在历史上的进步意义》，《学术论坛》1982年第1期。

赏，在乾隆年间任官36年，最后入居"相"位的陈宏谋，他的毕生事业和政绩，正是康、雍、乾治政思想的体现，是康乾盛世优良官风的代表。同时他一生的活动，也开拓和发展了康乾盛世。对此，陈宏谋有不可磨灭的功劳和重要的历史地位。批判继承历史文化遗产，总结历史经验，我们一定能够建设起超越过去时代的社会主义的太平盛世。这就是我们今天研究康乾盛世和开拓康乾盛世的功臣之一陈宏谋的目的。

（原载《广西社会科学》1998年第1期）

葡人入居澳门策略研究

葡人入居澳门问题的研究,已经是学术界一个熟耕的领域,成绩斐然,但学者的研究集中于对葡人入澳的历史原因作分析,未见研究者对葡人入澳策略作专文之论述,本文拟对这个问题作些粗浅的探索,以就教于各位同人,兹述如下。

一 问题的提出

研究澳门历史的学者对葡人入居的历史原因作了较为透彻的分析,取得了丰硕的学术成果,概括起来大致有如下几种观点,一是16世纪欧洲资本主义向东方扩张所致。二是明朝以皇帝为首的中央政府的腐败使葡萄牙有可乘之机。三是广东地方官员的腐败和袒护,瞒骗中央造成的既成事实所致。四是葡人助中国军队剿灭海盗,居功入澳。这些观点,澳门史研究学者黄启臣[1]、邓开颂[2]等均在其著作中作了分析,近年来也陆续有学者对这些问题进行了再探讨,并有相关的文章发表,在此不一一而列。

近日拜读李庆新先生的新作《明代海外贸易制度》[3],心有所感,李先生对葡人入居澳门的"汪柏受贿"事件影响作了较为谨慎的结论,将之界定为葡人入澳中具有"定局性"的事件,笔者的理解是李先生将"汪柏受贿"看作葡人入澳事件中具有"引信"意义的一

---

[1] 黄启臣:《澳门通史》,广州教育出版社1999年版。
[2] 参见邓开颂等编著《澳门历史新说》,花山文艺出版社2000年版;邓开颂《粤澳关系史》,中国书店1999年版。
[3] 李庆新:《明代海外贸易制度》,社会科学文献出版社2007年版。

个重要环节,而不同于以往,有些学者将之定为主要原因之一,或是可忽略的表面现象。在书中李庆新先生也认为葡人参与剿灭广东海盗,是葡人入居澳门原因之一,其观点的提出以客观事实为依据,相对于以往对葡萄牙入侵嘴脸的揭示,更显可信,同时也促使笔者从另一个角度对葡人入澳事件进行审视。

我们知道,16世纪初期至19世纪中期的鸦片战争前,随着西方资本主义往东方的扩张,除葡萄牙外,相继来到中国的西方资本主义国家有西班牙、荷兰、英国、法国、美国等,但成功入居中国的只有葡、荷二国。荷兰在台湾的盘踞以武力占领为前提,并且在清初被郑成功驱逐,对中国大陆影响有限。

葡萄牙入居澳门,并不靠武力,而是运用策略和技巧,利用中国不同利益集团之间的矛盾,得以成功入住,并且一直居留到20世纪90年代末。

所以对这段历史,我们如果想要正确地回答葡人如何入得来,留得住,发展得开的问题,仅简单地从资本主义的侵略与扩张、明政府的腐败与昏庸入手并不能得到满意的答案,故本文希望从葡人来华的目的入手,分析葡人运用了哪些策略取得澳门的入居权,以期能够更加正确地理解这段时期澳门的历史。

二 葡萄牙人入居澳门的策略

(一)葡人来华目的的学术争论

我们知道,葡萄牙是最早向东方进行海外扩张的西方资本主义国家之一,在西方列强中第一个来到中国,至于其来中国的目的,总的来说是搜寻黄金和当时的时尚物品——香料,以便最大限度地追求经济利益。这种观点为所有的学术研究者所认同,但具体到葡国以什么样的手段进入中国却有争论。一部分学者认为,葡人进入中国的目的是以"殖民掠夺"和侵略扩张为主的,故以占领中国的领土为目的。这部分学者的观点,盛行于20世纪八九十年代,并且以老一辈学者为主。这种观点,在近年仍然受到一些年轻学者的认可,钱鑫芳在其论文中就这样写道:"葡萄牙殖民者的舰队在皮莱资的带领下于1517

年（明正德十二年）来到中国，要求互市并驶入虎门、闯到广州城下，从一开始就暴露了它的侵略本性，在1553年终于以到岸上曝晒水浸货物为借口入居澳门。"① 另一部分学者则认为葡人来中国的目的是希望在中国建立一个商站，成为在东方搜取利润的一个重要中转点，即许多学者认为的"叩关求市"说，张维华先生就执此说，其认为"有明一代，鉴于倭祸最烈，海禁最严，外商入市，最所不喜。葡人东来中国，乃欲发展其在东方之贸易，其时尚无侵占中国之野心，且葡萄牙在当时亦未具备此种力量"②。又说："盖番人本求市易，初无不轨谋，中朝疑之达甚，迄不许其朝贡，又无力以制之，故议者纷然。然终明之世，此番固未尝为变也。"③

对于上述两种观点，笔者较为赞成后一种意见，其实这已经是一个已经被很多学者所论证过了的观点，近年来再次引发对这一问题的争论，最后的结果也就是再次被证明而已。

（二）葡人对中国的了解

但是，笔者认为，葡人来华的争论焦点不应是其目的，我们更应关注的是葡人入澳过程中策略的变化情形。

阅读文献，我们会发现，16世纪初，西方资本主义国家对遥远东方国家的理解是模糊的，当时的葡国国王也是如此。当达·伽马的船队将从遥远的东方带回来的香料、丝绸、象牙及精美的中国瓷器陈列在国王唐·曼努埃尔面前时，这位葡萄牙国王立即表示出对中国的向往和好奇，并表示十分想了解中国的情况。当1508年4月，洛佩斯船队奉命驶往印度时，这位国王便向他下达了这样的指令：

> 你必须探明有关秦人的情况，他们来自何方？路途有多远？他们何时到满剌加或他们进行贸易的其他地方？带来些什么货物？他们的船每年来多少艘？他们的船只的形式和大小如何？他

---

① 钱鑫芳：《澳门被占原因之考察》，《湖洲师院学报》1999年第5期。
② 张维华：《明史欧洲四国传注释》，上海古籍出版社1980年版，第55页。
③ 张廷玉等：《明史》卷325《佛郎机传》，中华书局1974年版。

们是否在来的当年就回国？他们在满剌加或其他任何国家是否有代理商或商站？他们是富商吗？他们是懦弱的还是强悍的？他们有无武器或火炮？他们穿着什么样的衣服？他们的身体是否高大？还有其他一切有关他们的情况。他们是基督徒还是异教徒？他们的国家大吗？国内是否不止一个国王？是否有不遵奉他们的法律和信仰的摩尔人或其他任何民族和他们一道居住？还有，倘若他们不是基督徒，那么他们信奉的是什么？崇拜的是什么？他们遵守的是什么样的风俗习惯？他们的国土扩展到什么地方？与哪些国家为邻？①

从上述材料我们可以看出，葡萄牙国王对中国是缺乏了解的。由于多种原因，洛佩斯并没有完成国王交给的任务，但葡萄牙却从此开始了入居中国之旅。

葡萄牙在16世纪初，在踏上中国之前，向东扩张之路非常顺畅，1510年11月葡萄牙人占领了印度果阿，建立了葡萄牙在东方的殖民地总部，之后于1511年7月，迅速占领了马六甲，建立起了远征东方重要的桥头堡。此时，葡人向往中国之心愈烈，也加紧了对中国的情况收集，1512年皮莱斯（Tome Paras）受葡国国王之托，多方收集中国的情况，并将其所知向葡王报告，报告中宣称，广州是中国一个富庶的城市，但"中国人非常懦弱"，只要"10只船，就能从海岸攻占中国"②。

此时中葡两国政府虽然没有正式接触，但葡萄牙商人在与中国人的交往中已经赚取了丰厚的利润。意大利籍的葡萄牙航海家安德瑞亚·柯撒里（Andrea Corsali）在1515年1月给麦地奇公爵（Duke Giulianode Medici）的信中就反映了这一点："去年间，我们有几位葡萄牙人成功地航海至中国，虽然未被允许登岸，但他们以极高价售尽了

---

① 转引自张天泽《中葡早期通商史》，姚楠等译，香港中华书局1988年版，第36页。
② ［葡］多默·皮莱斯：《东方志——从红海到中国》，何高济译，江苏教育出版社2005年版，第96—101页。

货物。"①

皮莱斯的述说与葡国商人所攫取到的巨大利润,给葡国国王的印象是:中国是一个由懦弱民族统治的、富庶的、只需几艘战船就可以轻易打败并进而统治的国家。

葡人对中国了解的程度,直接导致了其来华后的策略,葡人一开始建立在错误信息基础上所制定的对华政策,就是企图以正常的外交手段兼以武力讹诈来实现其在中国建立商站的目的。但随着来华在广东与明政府交战中的惨败,他们对中国有了进一步的了解,迫使其对来华初期所制订的策略进行重新审视,从而不断地修正其在华政策,这就是我们在回顾葡人入澳这段历史时所看到的葡人在华不同阶段时期的行为迥异的原因所在。

(三)葡人入澳策略的变化

1. 葡人入澳前的策略

(1) 葡人在京城的行为

承上所述,葡国国王唐·曼努埃尔在听取皮莱斯汇报后,决定在1517年(正德十二年)6月,派皮莱斯作为特使搭乘商人拉斐尔·佩雷斯特雷洛(Rafael Perestrello)商船前往广东,并明确告诉皮莱斯入粤的目的是"从那里接触中国的权力中心,建立与葡萄牙人之间的一个和平、互利关系的基础"②,为葡人在广东建立商站打下了良好的基础。

1517年8月葡人到达广东的屯门,在海面上与广东的水兵相遇,他们以进贡名义,被获准进入广州。《广东通志》对于这件事是这样记载的:"正德十二年,佛朗机人驾大船突至澳口,铳声如雷,以进贡请封为名。"③葡人在广东受到了两广总督陈金、广东布政使吴廷举等地方官员的接见,并按规定接受中国的抽分,允许与中国行贸易

---

① 转引自张炎宪主编《中国海洋发展史论文集》第2集,台北三民主义研究所1986年版,第78页。
② [葡] 洛瑞罗:《托梅·皮雷斯〈东方概要〉中的东南亚》,蔚玲译,澳门《文化杂志》2003年第49期。
③ 黄佐:《广东通志》卷66《外志》,大东图书公司1977年版。

往来。次年，葡人被获准进北京，进入北京城后，葡人尚能按照中国的规矩和程序进行与中国政府交往，其合乎邦交规范的举止，得到明朝皇帝武宗的认可，从《明史》记载武宗皇帝饶有兴趣地学葡语"以为戏"①的情形来看，中葡关系还是不错的，至于有学者以火者亚三在京的胡作非为来否定这个时期的中外关系，似为不妥。

（2）葡人在广东的行为

中葡关系的恶化，是在武宗故去之后，世宗即位之初，造成两国关系恶化的缘由是葡人在广东地方的为非作歹。

一方面，葡国特使皮莱斯按葡萄牙国王的交代来到中国，正在京城与明政府展开外交性的接触，希望通过外交渠道建立与明政府正常的官方来往；另一方面，葡国国王又派西芒·德·安德拉德率领一支舰队于1519年4月来到广东屯门，随之而来的是葡国商人，他们满载着胡椒和檀香等物产来到中国贸易。这一部分葡国军人和商人，认为中国是一个弱国，是可以依靠武力来征服的国家，葡国舰队司令西芒就是这样一个代表。当时的英军海军司令魏尔斯莱（Marquis Wellesley）对西芒在屯门的行为作了这样的记述："这位司令官对待中国人的态度与葡萄牙人在过去一些时候对待亚洲各民族的态度完全一样。他未经获准就在屯门岛上建起碉堡，从那里出发，抓住一切机会对进出中国海港（即珠江口）的所有船只进行洗劫，或榨钱财，他把海边年轻女子带走，掳掠中国人为奴。……而在他统率下的水手和士兵则照他的榜样行事。"②

葡人在屯门的恶行当然引起了中国人的不满与反抗，正德十六年武宗崩，世宗即位，鉴于葡人在广东的恶行和在京部分葡国使者的张狂，引起了中国人的不满，部分官员乘机上表，请求驱逐葡人，世宗顺应国人要求，下令将在北京的葡国特使皮莱斯投入监狱，并将作恶之火者亚三处决。随后，广东地方官员，也根据政府的命令，对入境之葡人进行驱逐，由此引发了葡人与明朝政府的第一次大规模战争——屯门之战。

---

① 学识斋编：《明武宗实录》卷197，正德十六年三月（1868），线装本。
② 转引自张天泽《中葡早期通商史》，姚楠等译，香港中华书局1988年版，第18页。

这次海战中国文献记载甚多，其中明万历五年评事陈文辅在《都宪汪公遗爱祠记》中作了这样的记载：

> 近于正德改元，忽有不隶贡数恶夷，号为佛郎机者，与诸狡猾凑杂屯门、葵涌等处海澳，设立营寨，大造火铳为攻战具，占据海岛，杀人抢船，势甚猖獗。虎视海隅，志在吞并，图形立石。管辖诸番。脍炙生人，以充常食。民甚苦之，众口嗷嗷，俱欲避地以图存活。弃其坟墓室庐，又极凄婉。事闻于公（汪铉），赫然震怒，命将出师，亲临敌阵，冒犯矢石，劬劳万状；至于运筹帷幄，决胜千里，召募海舟，指授方略，皆有成算。诸番舶大而难动，欲举必赖风帆。时南风急甚，公命刷贼敝舟，多载枯柴燥荻，灌以脂膏，因风纵火，舶及火舟，通被焚溺。命众鼓噪而登，遂大胜之，无孑遗。①

这则史料说的就是在1521年发生的屯门之战，广东海道副使汪铉以50艘战舰与葡国将近10艘战舰在屯门海面上进行的一次海战，海战的结果是明朝水师以火攻取得全胜。几乎与此同时，1522年7月，在广东香山县的西草湾，中葡两国水军又再次发生激战，又以葡国水军的失败而告终。两次海战的结果，广东水师将葡国水军尽数驱逐出广东水域，并禁止葡人再次入粤，葡人在粤的贸易至此全部中断。

如上所述，葡萄牙人这个时期在华行为有两面性：一方面以合乎规范的外交行为与中国政府交往，另一方面又以武力进行侵扰，这反映了葡萄牙政府对中国模糊认识所导致的战争与"叩关求市"的试探性政策倾向。

2. 西草湾之战后葡人入澳策略的改变

西草湾之战迫使葡萄牙重新审视中国的实力，1553年，直接与汪柏打交道的葡人苏萨在战后，多次"命令在中国海上的葡人不要登

---

① 嘉庆《新安县志》卷23《艺文二》。

陆，并且不要做任何与中国人对抗的事情"①，这说明葡萄牙人已经明白用武力，以葡国当时的实力是不可能征服中国的，这一点也为后来的葡人所认同。1635年，葡萄牙人安东尼奥·博卡罗在《要塞图册》里所说的一番话，就反映了相同的观点，甚至认为惹怒了中国，会威胁到其在国外的基地：

> 我们与中国国王之间和平与否依他的愿望而定，因为中国离印度太远，它的实力要比葡萄牙人在那里能纠集起来的人强大得多。所以，不论对他们多么恼火，我们从来不曾也没有想过打破这种和平。由于只要阻止食品进入，他们便能扼杀本市，因为没有其他地方也没有办法运来食品。②

所以，西草湾之战成为葡萄牙人入居中国策略的转折点，从此以后葡人在中国的行为变得"规矩"而"恭顺"了，概述地讲，主要有以下几个方面的改变。

（1）等待时机进入澳门

西草湾之战后，葡萄牙人虽然北上往闽、浙沿海寻求发展，但很快便发现广东才是最适合他们发展之地。在葡人被允许登上澳门之前，他们于嘉靖二十年至嘉靖三十九年间，在广州附近的游鱼洲、上川岛、浪白澳等岛屿上建立了许多走私基地，以走私为主，变换着各种方式与中国人进行商业活动。他们在停止对广东沿海进行大规模骚扰的同时，寻找着再次登上广东的机会。

（2）寻求广东地方政府的支持

明代中后期由于倭患严重，实行了禁海政策，后果之一是导致了广东地方财政的急剧减少，所以广东地方官员对海禁一事并未全力执行，顾炎武的《天下郡国利病书》中，专门提到广东巡抚都御史林富在嘉靖八年上疏谈到与外商进行互市有四利：

---

① 费成康：《澳门四百年》，上海人民出版社1988年版，第18页。
② 澳门《文化杂志》编：《十六和十七世纪伊比利亚文学视野里的中国景观》，大象出版社2003年版，第226页。

旧规，番舶朝贡之外，抽解俱有则例，足供御用，此其利之大者一也。除抽解外即充军饷，今两广用兵连年，库藏日耗，借此可以充羡而备不虞，此其利之大者二也。广西一省，全仰给于广东，今小有征发，即措办不前，虽折俸椒木，久已缺乏，科扰于民，计所不免。查得旧番舶通时，公利饶给，在库番货，旬月可得银两数万，此其利之者三也。贸易旧例，有司择其良者，如价给之，其次资民买卖，故小民一钱之货，即得握椒，辗转交易，可以自肥。广东旧称富庶，良以此耳，此其利之大者四也。①

据郭尚宾1613年记载，当时广东承担十八万（后改为十六万）上缴税金的任务，其中两万即征自澳门蕃货。② 据梁方仲先生考证，其实广东政府官员从葡萄牙人处每年所得，不论是税金或是其他额外好处，远远不止此数。③ 可见，广东地方官员隐瞒着政府，背地里与葡萄牙人有着千丝万缕的联系。正如意大利传教士利玛窦在《利玛窦中国札记》一书中所写的那样：

他们（广东人）从未完全禁止贸易。事实上他们允许增加贸易，但不能太快，而且始终附有这样的条件：即贸易时期结束后，葡萄牙人就要带着他们全部的财物立即返回印度。这种交往持续了好几年，直到中国人的疑惧逐渐消失，于是他们把邻近岛屿的一块地方划给来访的商人作为一个贸易点。那里有一尊叫做阿妈（Ama）的偶像。今天还可以看到它，而这个地方就叫做澳门，在阿妈湾内。④

葡人的入澳，有着一个被学者广泛谈及的事件，那就是"汪柏受贿事件"。对于这件事，中葡两国的文献均有记载，但所述的角度和观点是完全不同的，中国文献的记述如下：

---

① 严从简：《殊域周咨录》卷9《佛郎机》，中华书局1993年校本。
② 郭尚宾：《郭给谏疏稿》卷1，丛书集成初编本，中华书局1985年版。
③ 梁方仲：《明代国际贸易与银的输出入》，《中国社会经济史集刊》第6卷第2期。
④ ［意］利玛窦等：《利玛窦中国札记》，何高济等译，中华书局1983年版，第149页。

> 嘉靖三十二年，舶夷趋濠镜者，托言舟触风涛缝裂，水湿贡物，愿暂借地晾晒。海道副使汪柏行徇贿许之，时仅篷累数十间，后工商牟奸利者，始渐运砖瓦木石为屋，若聚落然。自是诸澳俱废，濠镜独为舶薮矣。①

此文献明确说明，葡人因汪柏受贿而骗得入居，并没有承认葡人入澳的合法性，此后许多中方文献在叙述此事时，基本也作同样的陈述或同样观点的叙说。

葡人的文献却是这样说的：

> 关于做生意的情况及中国之行，我仅简述如下。因为我此行花费了三年时间，在那里做过许多生意，但获益较少。我发现，所有港口都设有密集的岗哨，并配备了武器，以不让我们经商。这一切，我很快就从一位反叛的中国人以及被关押的葡萄牙人那里获悉了。我深知，这些葡萄牙人必须同我一起奋斗。我根本无法经商，因为有皇帝的命令。他得知我在悄悄地做生意，便下令禁止黑心肠的佛朗机人即葡萄牙人像其他商人那样入境和缴纳税课。他们把葡萄牙人视为强盗和不服从他们皇帝的捣乱分子。
>
> 由于我发现及得知那个地方有这种情况，便立即在船上尽可能地采取最好忍气吞声防护措施，并要求同我在一起的葡萄牙人不要上岸攻击，也不要无理取闹。葡人已受到先前丑闻的困扰，并因此而出现生活必需品和食品短缺，因岸上不再给我们提供食物。按照上帝的旨意，大家派我去订立和平协议，并按惯例确定关税，我接受了这一任务。
>
> 和平协议关税是由广州城及广州地区的海道下令订立的。他是国家的高级官吏，相当于海军司令，负责海防并兼理市舶一切事宜。必要时，往往受任大权，亲自出马。由于我没带特许状，

---

① 郭棐：《广东通志》卷69《外志·澳门》，万历三十年刊本，日本早稻田大学图书馆藏。

同他达成的这一和平协议,既没有见诸文字,也没有写成公文,但我们按惯例交纳百分之二十的关税,就像得到中国特许经常在海上往来的暹罗人一样。关于百分之二十的关税,我不同意超过百分之十。他答道他不能降低,因为这是皇帝的税课,他将禀报皇上,来年方可答复。皇帝不能来,往皇帝处需三四个月路程。并说,我们当时可对带去的货物的一半支付不超过百分之二十的税,这样等于我所说的百分之十。他还请我好好款待上船检查的官员,别看他们未佩带皇帝授予的徽章和军衔,但他们相当于法官;并提醒我说,说是因为最初的葡萄牙人对一名中国官员失礼,皇帝才不允许他们进入中国。所以我的运气太好了,万万不可失去。就这样,我订立了和平协议,确定了在中国做生意的事情,大家都能平平安安地做买卖和赢利。许多葡萄牙人往广州城或其他地方,并在那里休息数日,自由地经商,再无人受辱。①

葡人的文献没有提汪柏受贿事件,而是认为葡人入澳是广东地方政府与葡方签订的允许葡人合法入居澳门的"和平协议"。

对于这件事的来龙去脉,史学界目前已有定论,认为"汪柏受贿"只是葡人入居澳门的表象,背后乃是广东地方政府集体默许的结果,是广东地方政府的利益驱使所致。对于这件事尽管在细节方面,学者有不同的理解,但从这件事中,我们可以看出,葡人入澳背后肯定得到了广东地方政府的支持。

(3) 帮助剿灭广东海盗,取得军方实力派的支持

初期,允许葡人入住澳门是广东地方政府之事,此事很快为明政府所知,对是否允许葡人留居澳门,在朝廷引起争论。1564年浙江巡按使庞尚鹏上《陈末议以保海隅万世治安疏》,②要求政府将葡人驱逐出澳门,随后两广提督吴桂芳③、广东番禺举人卢廷龙、南海郭尚宾均上书表达了赞成将葡人逐走的观点。在这种情况下,如果得到

---

① [美]罗伯特、尤塞利斯:《澳门的起源》,周阜兰、张来源译,澳门海事博物馆1997年版,第43页。
② 庞尚鹏:《百可亭摘稿》,万历二十七年庞英山刻本第1卷,伏生草堂刻印本。
③ 陈子龙等辑:《明经世文编》卷342《吴司马奏议》,崇祯十一年刊本。

明朝政府军方的支持，对葡人在澳门居住权的巩固极具意义。一个偶然的机会，使他们的梦想得以成真，那就是由于一次兵变，葡人得以亲近并得到了当时威信极高的水军将领俞大猷的支持。

我们知道，明嘉靖年间，为害最烈者即日本浪人与中国海盗纠结在一起形成的倭寇，抗击倭寇成为这个时期首要任务。而在抗倭中有两位威信很高的将领，一位是俞大猷，另一位是戚继光。隆庆二年（1568），俞大猷由广西总兵调往广东任总兵，这一年秋天，潮洲府柘林水兵发生兵变。葡萄牙人佩雷拉派人到广州，向守城的明军将领俞大猷提出愿意派兵平叛，俞大猷认为"用商夷以制叛兵"是一个不错的选择，同意了葡萄人的意见，并对葡人许下了"功成重赏"并许下"免抽分一年"的承诺。随后，佩雷拉和舰长德梅洛兵分二路率葡兵三百，以突袭的方式，平息了这次叛乱。葡人的这次行动，得到了俞大猷的赞赏，并得到了"免抽分一年"的优惠。①

虽然后来由于葡人入居澳门引起了部分官员反对，俞大猷也在《正气堂集》里表示愿意出兵驱逐葡人，②但在葡人入居澳门的初期得到俞大猷的支持，对葡萄牙人在澳门居住权的巩固是具有重要意义的。

由于葡萄牙政府在入澳问题上利用了明中央政府与地方政府的矛盾，运用灵活的策略，因而得以成功地进入中国，留居澳门，并使澳门成为葡萄牙人在中国一个重要的商站及其在东方一个极具战略意义的贸易中转点。

（原载《澳门历史研究》2009年第8期）

---

① 陈伍德：《谢山存稿》卷1《条陈东粤疏》，嘉庆十八年刻本。
② 俞大猷：《正气堂集》卷15《论商夷不得恣功恣横疏》，道光二十四年重刊本。

从《岭南摭怪》看 15 世纪越南的民间传说

关于越南的民间传说问题，史学界关注的比较多，综合近年来取得的研究成果，其特点大致如下。一是作微观研究较多，学者们大多就越南传说中的个案进行微观解构，如农学冠先生的《神龟信仰：中越民间文化中的一个母题》①、滕成达先生的《中国壮族与越南岱、侬族民间诸神信仰比较》②、吴盛枝先生的《中越槟榔食俗文化的产生与流变》③、祁广谋先生的《越南民间传说〈媚珠—仲始〉解读——兼论越族先民的审美崇尚和生态观念》④。二是就越南民间传说的故事本身作知识性普及性介绍居多，具有学术性的研究文章较少。这部分的研究成果主要以研究者在其专著中对民间传说故事加以介绍的形式进行体现，如过伟主编的《越南传说故事与民俗风情》⑤、罗长山先生的《越南传统文化与民间文学》⑥ 等书中均涉及越南民间传说故事。对于越南民间传说问题，虽有学者以此入手对相关的民间信仰等问题作了关联研究，如刘志强先生在《越南的民间信

---

① 农学冠：《神龟信仰：中越民间文化中的一个母题》，《广西民族学院学报》2005 年第 5 期。
② 滕成达：《中国壮族与越南岱、侬族民间诸神信仰比较》，《东南亚纵横》2002 年第 2 期。
③ 吴盛枝《中越槟榔食俗文化的产生与流变》，《广西民族学院学报》2006 年第 6 期。
④ 祁广谋：《越南民间传说〈媚珠—仲始〉解读——兼论越族先民的审美崇尚和生态观念》，《东南亚纵横》2005 年第 5 期。
⑤ 过伟主：《越南传说故事与民俗风情》，广西人民出版社 1988 年版。
⑥ 罗长山：《越南传统文化与民间文学》，云南人民出版社 2004 年版。

仰》一文中，以越南的民间传说为切入点，认为透过越南的民间传说可以将越南的民间信仰概括为三个方面，即繁殖信仰、对大自然的信仰和对人的信仰。① 刘先生的论述，并没有错，但笔者认为这种观点比较宽泛，没有很好地梳理清楚越南民间传说对 15 世纪越南民间信仰的影响。

回顾近年研究越南民间传说的学术史，笔者认为，目前史学界对越南民间传说的研究，成果虽然较丰，但也存在着继续深入研究的必要，许多问题没有解决好，如具有越南特色的民间传说神话体系是在什么时候构建完成，有何特点等诸问题，尚存在着进一步研究与探讨的必要。当然，要解决这些问题，笔者自知力有不逮，虽则如此，本文仍就这些问题，勉力作抛砖之作，以就教于方家学者。

一 《岭南摭怪》对 15 世纪越南民间传说体系的影响

关于《岭南摭怪》一书版本问题，史学界虽有不同说法，但持戴可来先生说为多数。据戴可来、杨保筠先生考证，此书于 1492 年由武琼先编成，次年由乔富再修补成书，并作跋，以汉文的形式流传于世，内中收录了经此二人加工过的 23 篇神话故事，后世虽有增加，但乃以之为基本的故事体系。本文所依据的《岭南摭怪》一书，乃戴可来、杨保筠先生校注，中州古籍出版社 1991 年之版本。

成书于 15 世纪的《岭南摭怪》，对越南民间传说的形成与发展有一定的影响，主要体现在以下几个方面。

（一）对构建越南民族特色的民间传说体系起促进作用

越南从秦开始正式作为中国的一个行政区域——交趾郡，而接受中国封建中央政府的直接领导，长达一千多年的时间。公元 968 年越南丁朝建立了"大瞿国"，但越南被北宋政府认为是一个独立的国

---

① 刘志强 《越南的民间信仰》，《东南亚纵横》2005 年第 6 期。

家,应为公元975年,北宋视其为"列藩"的开始。越南史学家在书写这段历史时是这样记载的:"(越南)自丁先皇太平六年(975年)以后,著为正统,以明君臣之分,我越正统之君,实自此始。"① 然而,中国封建政府对越南的独立,态度仍然是有反复的,10世纪至12世纪,中国封建政府行文于越南仍称之为"安南道",并没有把越南作为一个独立的国家对待。至1174年(宋孝宗淳熙元年),宋孝宗赐越南为"安南国",越南才正式摆脱中国封建政府的管辖,成为真正意义上的独立国家。

从越南的独立史中,我们可以看到,10世纪前,越南深受汉文化的影响,甚至在越南独立后的很长一段时间内,儒学仍然牢牢占据着越南意识形态领域的主导地位,这一点我们可以从越南历史文献的记载中得到印证。

三国时,越南基本形成了以汉文化为主体的伦理体系。这一点可以越南史籍论及吴国的士燮对其文化的影响时看得出来:"我国通诗书,习礼乐,为文献之邦,自士王始。其功德岂特施于当时,而有远及于后代。"②

李成宗天成元年,曾训斥臣下:"为子不孝,为臣不忠,神明殛"。陈太宗教导儿子:"元丰元年春二月,赐皇子铭,帝亲写铭文赐诸皇子,教以忠孝和逊温良恭俭。"③

1428年建立的黎朝,仍以儒学治国,所构建的道德风尚以儒家为纲。至黎后期,越南已然是一个"其三纲五常及正心修身齐家治国之术,礼乐文章,一皆稍备","风俗文章,字样书写,衣裳制度并科举学校,官制朝仪礼乐教化,翕然可观"④ 的儒家社会。

10世纪之前,汉字一直是"越南的文化宝库"⑤,汉字通行越南

---

① [越]黎嵩:《越鉴通考总论》,转引自郭振铎、张笑梅主编《越南通史》,中国人民大学出版社2001年版,第252页。
② [越]吴士连编纂,孙晓点校:《大越史记全书·外纪》卷3,西南师范大学出版社2015年版。
③ [越]吴士连编纂,孙晓点校:《大越史记全书·本纪》卷2。
④ 严从简:《殊域周咨录》,中华书局1993年版,第237页。
⑤ [越]陶维英:《越南古代史》,刘统文、子钺译,商务印书馆1970年版,第141页。

全境，然而，随着越南在 12 世纪真正意义上的独立，越南政府着手构建具有本民族特色的文化与道德伦理体系。13 世纪以后，在政府的提倡下，越南开始创造并推广其本民族的文字——字喃。越南文学开始使用其本民族语言文字进行文学的创作。然而，在文学方面，10 世纪之前，真正属于越南本土文学的作品是没有的，但有许多民间流传的口语文学作品。10 世纪至 13 世纪是越南的动荡时期，越南王朝交替频繁，越南的文学范畴基本以汉学为主。如成书于 12 世纪，杜善所著的《外史记》，此书被中越学者看作最早收集越南民间文学的文献，书中主要记载了越南民族的起源与发展情形，显示出越南民族的族源与中国岭南许多民族有着如出一辙的承载关系。成书于 1329 年，李济川的《越甸幽灵记》收录了 27 篇民间口头故事，记载了越南的大部分民间传说，很多被《岭南摭怪》收录，如《伞圆山故事》《二征夫人》《赵光复》《李常杰》等，此书基本没有脱离唐宋志怪小说构建的体系。

从这些记载越南民间故事和传说的文献来看，有着明显照搬中国民间故事的特点，其中所载的民间故事比较分散，基本上是口头文化的原始记录，没有太多的文学加工的痕迹，可以归属于汉文学的范畴。因而笔者认为越南在 15 世纪前并没有形成具有自己民族特色的民间传说体系，我们仍可以将这个时期的越南民间传说归属为汉文化的民间传说体系。

进入 15 世纪以后，越南进入后黎时代，这个时代是越南相对稳定的时期。这个时期，一方面，越南政府不仅仿照中国政府的治国方略，而且也仿效中国封建政府构建了以儒学为中心的社会伦理体系；另一方面，这个时期也是越南民族主义膨胀的时代，政治上彻底摆脱了明朝的统治，进入了越南史上的"大越"时期，政治稳定，自 1428—1527 年间，进入了越南封建社会的昌盛阶段。出于政治上的目的，越南政府力图通过文学的手段，构建了一个虽与中国有关联，但也具有浓郁越南特色的文化历史体系。对民间传说加以整理并有目的地传播是最好的手段。成书于这个时期的《岭南摭怪》正好迎合了统治者的需要，并被统治者加以改造与利用，成为塑造越南族源与发展的文学原始性范本，所以，《岭南摭怪》对越南构建其本民族特色的民间传说体系起到了直接的促进作用。

(二) 对越南民间传说的民族化与系统化起推动作用

如上所述,15世纪前,在越南民间流传的传说与神话故事,分存于越南的各种文献或口头文学中,李济川的《越甸幽灵记》虽对越南的民间传说作了系统的记载与梳理,但仍属中国式的传说,无法系统地凸显越南的民族特色。

《岭南摭怪》经武琼、乔富整理后,将越南传说民族化,系统地以23篇神话故事,构建了越南的族源史,彰显了越南的民间风情,让我们看到了一个源于中国而又区别于中国的独立国家的发展概貌。根据其内容构成,戴可来先生将之分为有关民族起源和国家的、有关历史人物或反抗中国封建王朝的、有关民族文化古迹的、有关妖异神怪以及祠庙神迹的、有关物产来历故事的、有关民族古代风俗习惯的、有关僧道法术的故事等七个方面,故事涵括的时间范围从公元前的"雄王之世"至越南封建时代的李、陈朝时代,上下将近四千年的历史。[①] 比较系统地以神话的形式记载了越南的历史,通过这些神话与传说故事,较为全面地反映了至15世纪前越南这一国家的形成与发展的轨迹。可见,《岭南摭怪》的流传,对形成具有越南民族特色的民间传说故事体系起到了重要的促进作用。

二 从《岭南摭怪》看15世纪越南民间传说的特点

考察《岭南摭怪》所载民间故事和传说,笔者认为这个时期越南民间传说具有以下的特点。

(一) 源于中国而又具越南本土化特点

《岭南摭怪》所述之故事,基本上是将中国的民间故事进行加工

[①] 戴可来、杨保筠校注:《岭南摭怪》,第264页。

与整合的结果，因而故事中所反映出来的传说特征，具有源于中国又兼有越南本民族特色的特点，试以《金龟传》一例作简略的分析。

《金龟传》的故事情节大致如此：越南安阳王在越裳筑城时，屡筑不就，后在金龟的帮助下，斩杀从中干扰的妖怪白鸡精，建成了"广千丈余，盘旋如螺状"的"思龙城"。随后金龟又脱下其爪，做成御贼的"灵光金龟神机弩"，并以此弩击退随后入侵的南越王赵佗的军队。赵佗不得已，行"和亲"之计，以儿子仲始迎娶安阳王女儿媚珠，取得安阳王的信任，骗取弩机，并击败安阳王，媚珠含冤被杀，仲始随之殉情。①

很明显，这是一个对中国古代神话故事的组合与改造的结果。

关于金龟助守将筑城的故事，晋干宝在《搜神记》卷十三《龟化城》中有这样的记载："秦惠王二十七年，使张仪筑成都城，屡颓。忽有大龟浮于江，至东子城东南隅而毙。仪以问巫。巫曰：'依龟筑之'"②。这是我们看到的最早的关于神龟教守将筑城抗敌的故事，相同的故事，宋代苏轼的《物类相感志》《太平御览》卷十七均作了记载。

赵佗以"和亲"之计骗取安阳王弩机的故事，在中国古文献《水经注》卷三十七中作了如此记载："……蜀王子因称安阳王，后南越尉佗举众攻安阳王，安阳王有神人，名臬通，下辅佐安阳王，治神弩一张，一发杀三百人。南越王知不可战，却军经武宁县。越遣太子名始，降安阳王，称臣事之。……安阳王有女名曰眉珠，见始端正，珠与始交通。始问珠，令取父弩视之，始见弩便盗以锯，截为讫，便逃归报越王。越南进兵攻之，安阳王发弩，弩折遂败，安阳王下船迳出于海。"③

这是中国文献中记载的两个不相及的民间传说，从故事的内容来看比较简陋，不太吸引人。前一个故事，只作怪异记载，后一个故事，只记载战争没有金龟的出现，也没有仲始与媚珠的感人故事。

---

① 戴可来、杨保筠校注：《岭南摭怪》，第29页。
② 晋干宝撰，贾二强校点：《搜神记》卷13《龟化城》，辽宁教育出版社1997年版。
③ 郦道元：《水经注》卷37，中华书局1991年版。

《金龟传》将中国的这两个故事合并,加以改造,在怪异中记载战争的残酷,在战争中穿插仲始与媚珠凄美的爱情故事,因而使《金龟传》故事情节曲折,引人入胜。在中国的古文献中,我们没有看到相同的故事情节,故而这个故事具有很强的越南特色。

从这个故事中,一方面我们可以看出中越两国对这个故事叙述的三点共通之处。一是神龟的崇拜。对于中越两国人民对神龟共有的崇拜习俗,农学冠先生在《神龟信仰——中越民间文化中的一个母题》一文中,作了较为深入的论述,请参阅之,本文不作重复之论。

二是故事中多处提及鬼怪,这反映出越南民间传说中与中国同出一辙的尚鬼文化。关于中国的"精怪"观念,有学者认为:在中国,人们往往认为自然界的一切老物皆可为"精",如树精,鱼精等;"怪",在中国,人们认为自然界伤及人而无从解释的事物为"怪",并赋之以形体。[①] 这种精怪在唐宋以前,往往被人们认为是令人恐惧的,并且会加害于人。唐以后则根据文学的需要加以变化,出现了许多善良的精怪,如唐人王建在《神树祠》一诗中描写的海棠树怪,就是一个会呼风唤雨保佑人们安康的神灵:"我家家西老棠树,须晴即晴雨即雨。四时八节上杯盘,愿神莫离神处所。男不着丁女在舍,官事上下无言语。老身长健树婆娑,万岁千年作神主。"[②]《金龟传》中所记妖怪与上述唐宋志怪小说中所记载的妖怪的特点几乎是一致的,这反映出越南与中国具有相同的尚鬼意识。

三是故事具有越南文化的特性,如对女神的尊崇与敬畏。故事中讲述了作为男性的仲始为媚珠殉情,媚珠被奉为世人敬仰的神灵,在同时代的明朝是不太可能出现男性为女性殉情的。以尊崇女性为题材的民间传说具有越南本民族的社会意识观与民族性。

(二)带有极强政治性色彩的民间故事体系

"民间传说"顾名思义就是来自于民间,本应具有非官方色彩的特点。《岭南摭怪》记载的虽为神话故事,但许多故事的意识形态却

[①] 尹飞舟:《中国古代鬼文化大观》,百花文艺出版社1999年版,第11页。
[②] 彭定求、沈三曾等编校:《全唐诗》卷289,第3382页。

与官方提倡的文化理念有着相当的一致性。如《鸿庞氏传》以神话的形式，诉说了越南虽然是一个衍生于中国炎帝的民族，但绝对不是"龙子龙孙"式的民族，而是演变为一个以"龙子仙孙"为傲的民族，这一点正是越南封建政府所强调的。《董天王传》《李翁仲传》《二征夫人传》记载了越南民族发展史上的本民族英雄的传奇性故事。《蒸饼传》《何乌雷传》则告诫人们尽孝道侍奉长辈的道理。《槟榔传》向人们传递的是"兄弟友顺，夫妻节义"的社会伦理道德观。因而《岭南摭怪》为我们全方位地展示了15世纪时越南人的民族观、历史观、社会伦理道德观，从中我们可以看出《岭南摭怪》所记载的故事带有极强的政治性色彩。

（三）浓郁的中国岭南民间信仰习俗的色彩

在《岭南摭怪》述及的故事中，所涉及的一些用于民俗生活中的物品，其使用的方式等与中国岭南的民间有着相当的一致性，反映出越南民间传说中极浓的中国岭南风情，试以槟榔的使用加以说明。

在中国，岭南民众十分喜爱槟榔，所谓"甘蔗、蕉子，童叟俱嗜；蒌叶、槟榔，无时释口"①。越南人对槟榔也十分喜爱，其食用槟榔的方法与广东、海南、台湾民众食用方式几乎是一样的，均用蒌叶包裹切成薄片的槟榔，一同放进口中咀嚼，使之产生令人兴奋的液汁，并以染红嘴唇、染黑牙齿为美。

槟榔无论在中国南方还是在越南，已经超越了纯食品的意义，成为两地人民的民俗用品。在《岭南摭怪》的《槟榔传》里，越南人讲述了这样一个关于槟榔的故事：在雄王时代，高家有二男，"长曰槟，次曰榔"，长得非常相似，共同向道士刘玄学法术，并同时爱上了老师的女儿刘璉。弟弟将爱人让给了哥哥，婚后的哥哥却冷落了弟弟。弟弟"榔"不告而别独自离开，在回家的路上，因迷路而"恸哭而死"，并"化为一石"。随后兄寻弟，"寻到其处，亦投身死于树边。成一块石，盘于树根。妻寻夫至此，又投身抱石而死，化为一

---

① 丁世良、赵放主编：《中国地方志民俗资料汇编·中南卷（上）》，北京图书馆出版社1991年版，第770页。

藤,旋绕树、石上"。因为这则故事是告诉人们,做人要遵循"兄弟友顺,夫妻节义"的社会伦理守则,所以槟榔就成了越南人婚嫁习俗中必备的礼品。在越南婚礼习俗的八个环节中有六个用到槟榔。

在岭南,广东人的"六礼"中,槟榔也用于表达爱心,是婚嫁习俗中必选的礼品。"大聘"礼时,男家给女家下聘的物品有:饼、糖果、鱼、鸭蛋、海味、槟榔、烟酒等。① 在广东的一些地区,"婚后数日"必须举行"担槟榔"的礼节,即"女亲戚家,每家须馈槟榔一担(一担四盒至十二盒),内载果饼之属,另一钻盒,盛糖果、烟、槟榔等物。送男家及他的亲戚;名曰担槟榔"②。

通过考察槟榔作为民俗用品的使用,我们可以看到越南的民间传说与中国岭南文化有着许多相似性。

综上所述,越南民间传说体系的构建,与越南的民族独立及民族主义的发展同步进行,流行于15世纪的《岭南摭怪》,标志着独立的越南民间传说体系的最终完成。这种民间传说体系源于中国,颇具中国岭南风情,但也明显具有越南本民族的特色。

(未刊稿)

---

① 袁洪铭:《东莞婚嫁礼俗之记述》,《东莞文史》编辑部编《东莞文史——风俗专辑》,第46—48页。

② 容缓:《东莞遗俗上所用的槟榔》,《东莞文史》编辑部编《东莞文史——风俗专辑》,第351页。

17世纪民间天道观研究

——基于《广东新语》的讨论

"天道观"指人们对于世界本原的观点,广义包括人们围绕着"天"展开对天人关系、自然现象的系列解读而形成的观点。

中国古代的天道观最早是一个哲学命题,殷周之际的《易经》将八种自然现象:天、地、雷、风、水、火、山、泽,分别设计成乾、坤、震、巽、坎、离、艮、兑八种方位,以金木水火土五行相生相克理论进行解读,说明宇宙的生成及万物间的联系和变易,形成了系统化的阴阳八卦。五行相生相克天道观对后世造成了巨大的影响。

在论述17世纪中国民间天道观之前,先让我们看一下同时代欧洲社会的天道观。文艺复兴前欧洲封建社会的天道观长期被宗教神学所垄断,而封建宗教的天道观赖以创立的理论是托勒密创立于公元2世纪的"地心说",这种封建桎梏下的天道观直到14世纪欧洲文艺复兴开始才受到冲击。

15世纪的波兰天文学家哥白尼在《天体运行论》一书中,用科学方法描述了地球的运动和宇宙的构造情形,推翻了影响欧洲一千多年的"地心说",发展成较为科学的"日心说",也从根本上动摇了欧洲唯心主义宇宙观的理论基础。1600年2月17日,经过八年监禁后的意大利哲学家布鲁诺由于支持哥白尼的理论而在罗马百花广场惨遭火刑,但欧洲的科学家并没有因此而停止前进的脚步。1609年,伽利略创制了天文望远镜并用来观测天体,找到了确凿支持哥白尼学说的证据,欧洲人的天文观得以挣脱长期占统治地位的神学的桎梏。至17世纪中叶,牛顿以数量推理和实证科学为依据,取得了一系列科学成就,从此西方天文学进入了现代科学体系的发展轨道,并由此产生了较为科学的天道观，知道天体运行的一般规律，还对风雨雷电等自然现象有了较为正确的认识。科学的发展促进了民间科学的天道在欧洲先进国家得以普及，17世纪到中国的传教士所带来的关于天道的科学理论就说明了这一点。

相对于欧洲天文学的快速发展带来的西方天道观的改变，中国人的天道观又是如何的呢？我们可以通过对《广东新语》的解读寻得答案。

屈大均，广东番禺人，生于明崇祯三年，卒于康熙三十五年（1630—1696），其活动的时间段基本上是17世纪。屈大均是明朝晚年的诸生，即明末清初知识分子的代表，屈大均的一生并没有对历法作专门的研究，所以对天体的运行并没有专门的知识，故而笔者认为屈大均所著《广东新语》所反映出来的天道观代表着民间的认知。

《广东新语》是屈大均"考方舆，披志乘，验之以身经，征之以目睹"[①]亲身经历，于康熙二十六年（1687年）写成的一本笔记体裁之作，[②]以语为纲，共为天、地、山、水、石、神、人、女、事、学、文、诗、艺、货、器、宫、舟、坟、禽、兽、鳞、介、虫、木、香、草、怪27语，一语一卷，共27卷，卷下设目，总计869目，主要记述了屈大均生活的17世纪及以前广东的天地山川、风土人情、物产名胜、神话传说等内容，其中涉及天道观内容集中在卷一至卷六的天、地、山、水、石、神等六语里，本文以这六卷作为重点对屈大均的天道观进行分析。

一　从《广东新语》看屈大均的天道观

(一) 世界本原观

关于天地的构成问题，屈氏在书中没有作专门的论述，但透过其对广东地理山川的记载及针对地理山川的形成而引发的解释，我们可

---

① 屈大均：《广东新语·潘序》，中华书局1985年版。
② 关于《广东新语》一书的成书年代，学术界有争论，汪宗衍、赵立人、南炳文等人均有不同说法，笔者采用吴建新先生康熙二十六年之说，详见吴建新《〈广东新语〉成书年期再探》一文，《广东社会科学》1989年第3期。

以对屈大均的世界本原观点进行客观的分析。

屈大均的世界本原论主要体现在其对地球的认识上,《广东新语》一书中多处反映了其"地圆天方"观。

在17世纪的欧洲,地球作为一个球体这一基本知识已经为一般欧洲知识分子所掌握,但屈大均在《广东新语》中仍然用"地圆天方"的传统理论去解释自然现象,书中多次提到粤地是地之尽头,即是其持"地方论"的明证。如其在《广东新语·地语》中认为"地至广南而尽,尽者,尽之于海也",海南岛只不过是"广南之余地在海中者也"①,就是这种观点的反映。又比如,屈大均在论及广东的飓风时,对广东民谚"南风尾,北风头"作了这样的解释,认为广东"盖地势北高而南下,南风从下而起,故为尾。又南风愈吹愈大,其大在尾。北风初起即大,其大在头故也"。屈大均认为冬天广东刮南风,大风在后头,而南为广东地势之尾,故其大在尾。而刮北风则相反,情形是"北风初起即大",因为北方是广东地势之头,故"其大在头故也"②。对大地的构成作头尾的论述形象地反映了屈氏"地圆天方"的观点。

(二) 自然现象观

屈氏书中所论,对许多自然现象有正确的记述,但仅止于"经验主义",没有正确的科学理论作指导,所以其解释最终流于唯心主义。

"飓风"是广东常见的自现现象,对此屈大均作了记载:

> 南海岁有旧风,亦曰风旧,盖飓风也。其起也,自东北者必自北而西,自西北者必自北而东,而俱至南乃息,谓之落西,亦曰荡西,又曰回南,凡二昼夜乃息,亦曰风痴。若不落西,不回南,则逾月复作,作必对时,日作次日止,夜作次夜止。谚曰:"朝北暮南子夜东。"又曰:"朝三暮七,昼不过一。"盖其暴者不久,或数时,或一日夜。其柔者久,或二三夜。有一岁再三作

---

① 屈大均:《广东新语》卷2《地语·地》,第29页。
② 屈大均:《广东新语》卷1《天语·风》,第10页。

者，有三四岁不作者。①

屈氏的这段记载总结了飓风活动的几个规律，这些规律已经被实践验证是正确的。第一，认为飓风的运行是不定向的，走的是"朝北暮南子夜东"的轨迹；但飓风的吹刮又是有规律的，无论是起于"东北者"或"西北者"最终会以刮南风而结束，否则风仍未刮完，一月后必将再有飓风。第二，"飓风"再发也有规律可循，那就是"日作次日止，夜作次夜止"。第三，关于"飓风"持续的时间，屈大均作了总结，认为猛烈的飓风"其暴者不久，或数时，或一日夜"，相反较和缓的飓风"其柔者久，或二三夜"。

屈大均这些描述尽管是切合实际的，但他在书中并没有作科学的解释。如前所述，屈氏将"南风尾，北风头"现象归于"（地）势北高而南下"，将后者用民谚进行述说，这都不是科学的解释法。

对于一些自然现象，屈大均的解释虽然有科学的成分，但囿于知识结构所限没有作进一步科学述说，反而走向了唯心主义。比如屈大均对广东地区海潮的形成及其特点进行了正确的叙述，认为广东的潮汐"日一潮而一汐，或日两潮而两汐"皆为正常。但像番禺的潮水看似不正常，但实际也非常常见："朝潮未落，暮潮乘之，驾以终风，前后相薄，海水为之沸溢，是曰沓潮。一岁有之，或再岁有之，此则潮之变，水之不能其节者也。若以岁之十月，自朔至于十有二日候潮，朔日潮盛，则明年正月必有大水。二日则应二月，日直其月，至于十有二日皆然。"对于这种现象，屈大均指出潮汐的产生及变化与月亮有关，月亮的圆缺和升降对潮汐产生很大的影响，其认为"月生明则潮初上，月中则潮平，月转则潮渐退，月没则潮乾。月与日会，则潮随月而会，月与日对，则潮随月而对"。但当屈大均再次对月亮与潮水关系作进一步解释时又流于诸子的混元一气论和阴阳八卦论，未能对二者之间的关系作出合乎科学的解释，以至最后的解释没有取得质的突破，其认为："月者水之精，潮者月之气，精之所至，气亦至焉，此则水之常节也。盖水与月同一坎体，故以月为节者，在在有

---

① 屈大均：《广东新语》卷1《天语·旧风》第11页。

常,而以日为节者,在在有变也。余靖云:月之所临,则水往从之。故月临卯酉,则水涨乎东西。月临子午,则潮平乎南北,彼竭此盈,皆系于月不系于日是也。"①

又比如对于涨潮的原因,屈大均还是将之归为"气"所为,最后不免流于唯心主义:

> 涨者虚吸先天之气以为升降,气升则长,长则潮下虚,下虚十丈。则潮上赢十丈,气降则消,消则潮下实,下实一尺,则潮上缩一尺,皆气之所为,故曰涨。凡水能实而不能虚,惟涨海虚时多而实时少,气之最盛故涨,若夫飓风发而咸流逆起,大伤禾稼,则气郁抑而不得其平,亦涨之说也。涨海故多飓风,故其潮信无定。雷州调黎之东,一日两潮而两汐,西则一。调黎之潮,东消而西长,那黄则西消而东长,其风不定,其潮汐因之,风者气之所鼓者也。平常则旧潮未去,新潮复来,常羡溢而不平,故曰涨海也。②

(三) 天人关系观

屈大均在《广东新语》中,在记述自然现象和山川名胜时,体现出来的是一种天人感应唯心主义的思想,卷一《天语·星》便是这种思想的明显体现,笔者选择了能代表屈氏观点的记载进行罗列,如下表所示。

表1　　　《广东新语·天语·星》中天人感应事件概况③

时间	异象	对应事件
秦二世二年	五星会东井,倍于南斗	秦失王气,则越得霸气,故尉佗应之而兴也

---

① 屈大均:《广东新语》卷4《水语·潮》,第133页。
② 屈大均:《广东新语》卷4《水语·涨海》,第129—130页。
③ 屈大均:《广东新语》,卷1《天语·星》,第5—7页。

续表

时间	异象	对应事件
梁大同五年冬	彗出南斗，东南指，长一丈余	李贲称帝交州
隋大业十二年秋九月	有二枉矢出北斗魁，委曲蛇形见于南斗	豫章刘士弘自称楚帝，地及番禺
宋皇元年秋九月乙巳	太白犯南斗	广源蛮侬智高反
祥兴元年秋八月乙巳	星陨于海如雨	师溃崖山，丞相陆秀夫抱帝赴海死
永乐十三年夏	有星孛于南斗	南海盗黄萧养起，僭称东阳王，攻犯广州

屈大均认为"南斗固越之司命也"，是广东的主星，主星受到侵犯或出现异象，必有不祥之事发生。如上表所显示，屈大均不惜用大量的篇章与事件说明他的这个观点。

我们再看《天语·星聚》，屈大均在论及明代广东文化兴盛时，认为斗牛与中星是广东文化之星，"斗牛与中星明，则其地儒道大兴"，斗牛星旺则广东文化必兴。为了说明"天象诚不虚垂示也"的观点，屈大均在书中罗列了许多星聚的现象，比如：洪武、永乐间，"五星两聚牛斗"，结果是"白沙先生出"。成化丙戌年间，"中星明于越之分野"，对应的是"甘泉以是岁生"，"自此粤士大夫多以理学兴起，肩摩砺接，彬彬乎有邹鲁之风"①。

关于世界的本原问题，在民间主要反映在对天地构成的看法上。有学者认为屈氏的宇宙观由以"心"学为主，转向"朴素的唯物主义宇宙观"②，笔者认为如此评价有拔高嫌疑。如上所述，笔者认为从《广东新语》所反映的屈氏天道观来看，其仍然没有超过《易经》与先秦诸子的理论，体现出来的仍然是"地圆天方"的思想，对自然现象的看法仍以唯心主义为多，故不宜超出时代拔高屈氏的宇宙观

---

① 屈大均：《广东新语》卷1《天语·星聚》，第8页。
② 关汉华、冼剑民：《屈大均及其史学》，《暨南学报》1997年第2期。

与天道观地位。

二 17世纪民间天道观的评估

对于17世纪民间天道观的评估问题，我们必须看到此时适逢明清易代，而两个朝代的统治者对民间关于"天道"的探索采取了两种迥然不同的态度，导致民间天道观的发展也产生了不同的结果。故笔者将之分为前期与后期进行考察，前者以明为主，后者则是入清之后了。

如上所述，屈大均的天道观思想代表着17世纪前期，即明代普通民众对"天"与"天"相关自然现象的看法，其观点基本停留在先秦的阶段，没有取得质的变化。但对于天体的认识，明代专业的科学家比民间百姓有着更为深刻与科学的认识，最大的体现在于历法的修订所反映出来的天道观的进步。

明人开始接触到西方的天文知识，源于意大利的耶稣会传教士利玛窦（Matteo Ricci，1552—1610）。利玛窦于明朝万历年间来到中国，著有《乾坤体义》一书，对托勒密（Clandius Ptolemy，约90—168）的"旧地心说"、亚里士多德（Aristotle，前384—前322）的"四元行论"进行了介绍，第一次将欧洲天文学介绍到了中国，引起了中国上层社会的极大兴趣。

由于受到西方传教士的影响，中国的科学家开始接触西方的天文学，对于"天"的认识取得了一定的进步，徐光启对中国历法的修订与对天体的认识所取得的进步就是最明显的例子。

明末徐光启受命修订历法，将西方历法在《崇祯历书》[①]中进行了解读，负责对全书进行"释义演文，讲究润色，校勘试验"的编译。《崇祯历书》的编译，自崇祯四年（1631）起直至十一年（1638）完成。在书中，徐光启向国人介绍了流行于十六世纪欧洲的第谷（Tycho）"地心说"，并以此为理论体系第一次向国人介绍了地圆的知识理念，并对地球经纬度的概念进行了说明，动摇了长期以来

---

① 徐光启编纂：《崇祯历书》，上海古籍出版社2009年版。

占据中国人意识形态"天圆地方"的观念。其实对于宇宙的认识，哥白尼已经在《天体运行论》（1543年出版）一书中提出了"日心说"，推翻了"地心说"，但《崇祯历书》中对15世纪已经出现的哥白尼"日心说"天体观没有作介绍，这是《崇祯历书》的局限所在。

尽管徐光启在《崇祯历书》中对西方的天道观作了较为系统的介绍，但其理论体系仍未能被普遍民众所接受，甚至对天文历法颇有研究的王夫之对以利玛窦为代表的西方天文观就表现出不屑，这很能代表当时普通民众的思想。王夫之《思问录外篇》认为利玛窦"身处大地之中，目力亦与人同，乃倚一远镜之技，死算大地为九万里，使中国有人焉如子瞻、元泽者，曾不足以当其一笑，而百年以来，无有能窥其狂俟者，可叹也！"又论："西洋历家既能测知七曜远近之实，而又窃张子左旋之说以相杂立论，盖西夷之可取者，唯远近测法一术，其他则皆剽袭中国之余绪，而无通理之可守也。"①

由此，我们可以对明代社会之天道观作一评估，明代天文学的成就已经显示，明代负责天文和历法修订的知识分子和上层统治者已经通过西方天文知识体系得知传统的"天圆天方说"是不正确的，对许多自然现象的知识与解释均比民间科学，也即官方所掌握的天道观尽管与17世纪欧洲相比显得落后，但相比民间仍进步得多，为什么会出现这种现象呢？

明代一如之前的封建时代，对历法的修订十分重视。这一方面是因为历法的修订关乎指导农业的大任，而农业是封建时代的根本，所以历法不能轻易修改。另一方面是出于政治上的考虑，认为历法乃关乎天命之大事，是"古法""古制"。明代奉行的历法为《大统历》，基本理念延袭元代的《授时历》，至成化年间，对天气、节气等许多现象的预测出现了严重的偏差，以至许多人建议修改历法，但统治者均以"古法未可轻变""祖制不可改"② 予以否决。所以对于天文的观察，统治者更看重的是"天道"的变化与统治者之间的感应关系，故对于历法的对错民间是没有权利提出质疑的，更不能私自进行修

---

① 王夫之：《思问录外篇》，《船山遗书》，中国古籍出版社1950年版，第42—46页。
② 张廷玉等：《明史》卷31《历一》，中华书局1974年版，第519页。

订。据明代的文献我们得知"国初,天文有历禁",统治者对民间修订历法处罚是"习历者遣戍,造历者殊死",十分严厉。①

虽然17世纪上半期由于西方天文学知识的传入,统治者也在一定程度上认识到传统观念的错误,但明代的统治者为了维护"天道"的恒常,不愿将科学知识在民间进行宣传与普及,故造成了民间"天道观"滞后的现象。

17世纪下半期,历史已经进入清代,"天文历法之学在清代风靡一时。上至皇帝,下及布衣,凡知识阶层咸以言天文历法为荣"②。清人的天道观随着西方天文学在中国的传播发生了很大的改变,民间天道观逐渐多了科学的成分。

(原载冯明珠主编《盛清社会与扬州研究》,远流出版事业股份有限公司2011年版)

---

① 沈德符:《万历野获编》卷20《历法·历学》,中华书局1997年版,第524页。
② 江晓原:《17、18世纪中国天文学的三个新特点》,《自然辩证法通讯》1988年第3期。

素馨出南海　万里来商舶

——清代中期以前的素馨花研究

素馨花从汉代自异邦传入，对中国人的社会生活产生过较大影响，然而，学术界对此花的研究几为空白，纵有文章涉及，[①] 也并没有系统的学术性研究。故笔者希冀通过对史实的梳理及对时人文集、诗词歌赋之考证，对素馨花的传播路径，及其社会功用之嬗变，以及对人们社会生活诸方面的影响，作深入的学术性探讨。

一

关于素馨花传入的记载，最早见诸文献的为晋人嵇含（263—206）撰《南方草木状》中引汉人陆贾（前240—前170）所著的《南越行纪》一文："南越之境，五谷无味，百草不香，此二花特芳香者，缘自别国移至，不随水土而变，彼之女子以彩丝穿花心，以为首饰。"[②] 然书中并没有明确指出此花由何国传入。嵇含接着在其所著《南方草木状》记载："耶悉茗花、末利花皆胡人自西国移植于南海，南人怜其芳香竞植之。"[③] 又在"指甲花"条中再次明确指出："（指甲花）其树高五六尺，枝条柔弱，叶如嫩榆，与耶悉茗、末利花皆雪白，而香不相上下，亦胡人自大秦国移植于南海。"[④] 这是素馨花由国外移至中国的第一次有国别的明确记载。

[①] 魏露苓：《一生衣食素馨花》，《学术研究》1997年第10期。
[②] 嵇含：《南方草木状》（卷上），广东科技出版社2009年版，第11页。
[③] 嵇含：《南方草木状》（卷上），第11页。
[④] 嵇含：《南方草木状》（卷中），第29页。

至唐，段成式（803—863）有载："野悉蜜，出拂林国，亦出波斯国。苗长七八尺，叶似梅叶，四时敷荣。其花五出，白色不结子，花若开时，遍野皆香，与岭南詹糖相类。西域人常采其花，压以为油，甚香滑。"① 由此，我们可以得知素馨花传入的范围更为宽泛。

宋代，素馨花在中国栽种日久，已然本土化，并由南而北传播，成为宋代时尚之花。对此，宋人高似孙的记载颇能说明一些问题："耶悉茗花，是西国花，色雪白，胡人携至交广之间，家家爱其香气，皆种植之。"②

尽管宋人认为素馨花的种植已本土化，国内各处所种均来自闽广，但仍然没有否认其来自外邦，文献如此叙述："南方花：余向云南方花皆可合香，如末利、阇提、佛桑、渠那香，花本出西域，佛书所载其后，本来闽岭，至今遂盛。"③ "草木之最香者，如沉水、旃檀、龙脑、苏合、薰陆、金颜、蒼卜、蔷薇、素馨、茉莉、鸡舌之属，皆产于岭表海南。"④

明代李时珍在附录"素馨"条作注中采用了前代之说法："素馨亦自西域移来，谓之耶悉茗花。"⑤

纵历代之所述得知，素馨花最迟自西汉由大秦国（罗马）传入广东南海，其后又持续从拂林（拜占庭帝国）和西域（今敦煌市以西地区）地区传入我国的广东、福建等南方沿海地区。

有宋一代，是素馨花在中国种植迅速发展与推广时期。在宋代，素馨花在广东和福建的栽种非常普遍，宋人有诗如此描述："繁盛闽南粤，潜藏霜雪天。素云生宝髻，剩馥借龙涎。"⑥ 这种情形的出现，与宋人掌握了素馨花庭院种植技术有关，对此，范成大作了如下记载：

---

① 段成式：《酉阳杂俎》，中华书局1985年版，第153页。
② 高似孙：《纬略》，中华书局1985年版，第143页。
③ 陈敬：《陈氏香谱》，《四库全书·集部》第278册。
④ 沉作喆：《寓简》，中华书局1985年版，第77页。
⑤ 李时珍：《本草纲目》，第49页。
⑥ 洪适：《盘洲文集》，《四库全书·集部》第387册，第101页。

> 素馨花：（广西）比番禺所出为少，当由风土差寒，故也。茉莉花亦少如番禺，以淅米浆日溉之，则作花不绝，可耐一夏，花亦大且多叶，倍常花。六月六日，又以治鱼腥水一溉益佳①。

以米浆和鱼腥水栽种花，是庭院花卉栽培之所为，而非规模化种植之良方。所以广西的素馨花产量"绝少，土人尤贵重，开时旋掇花头装于他枝"冒充素馨花，"或以竹丝贯之卖于市，一枝二文，人竞买戴"②，成为市中妇女之抢手货。

宋代文人所述显示，素馨花栽种于长江下游流域甚为普遍。高邮人陈造受友人之邀，作园圃芍药之会，因病未能赴约，愈后邀友人"同赏家圃芍药"，并作《长句简诸公县圃酴醾小宴》一诗进行解释，诗中涉及素馨花之佳句有："闽南素馨但舆台，倚烟娉盈复妖嬈。等闲力挽春光回，东皇有情花有意。"③

浙江宁海人舒岳祥从友人刘正仲宅移植素馨花至自家庭院栽种，精心呵护，并专门作《赋素馨花》一诗对之称赞："小蕊清香真有韵，柔条纤叶不胜春。承平时节移新主，离乱风尘见故人。泪重栏干添婀娜，香残笃耨驻絪缊。旧恩深浅君自会，莫问谁家时与亲。"④

浙江会稽人华镇在描写其庭院风光时有"东风入九门，细草有余绿。长杨散金缕，缭乱青楼曲。缃桃美于锦，素馨纯如玉。名园搜未尽，春华已盈目。兰蕙有天香，乃在山之麓。不与东风发，谁知顾中谷"⑤之吟。

长江下游流域涉及素馨花种植的资料，大多为宋代士人吟讴园林之作，故素馨花的种植也只是作为园林之观赏花卉。

黄河流域，气候严寒，不适宜素馨花生长，但由于皇家与达官贵人、名人雅士对素馨花之喜爱，自宋代以来一直有所栽种，人们对之更为呵护。

---

① 范成大：《桂海虞衡志》，中华书局2002年版，第114页。
② 周去非：《岭外代答》，中华书局1985年版，第111页。
③ 陈造：《江湖长翁集》，《宋集珍本丛刊》第60册，线装书局2004年版，第406页。
④ 舒岳祥：《阆风集》，浙江宁海县文联印刷厂2006年版，第191页。
⑤ 华镇：《云溪居士集》，《宋集珍本丛刊》第28册，第110页。

宋人孟元老在罗列"琼林苑"中花之富贵珍稀者时就述及素馨花："（琼林）苑之东南隅，政和间创筑华觜冈，高数丈，上有横观层楼，金碧相射，下有锦石缠道，宝砌池塘，柳锁虹桥，花萦凤舸，其花皆素馨、末莉、山丹、瑞香、含笑、麝香等闽广二浙所进，南花有月池，梅亭牡丹之类，诸亭不可悉数。"①

到了明代，人们对素馨花的生长规律有了更多的了解，掌握了更先进的种植技术。明人方以智对江南人冬天温室栽种素馨、茉莉之情形作了如下记载：

> 茉莉即耶悉茗花，瓣长者素馨也，苏门爪哇有摩梨柰花，即茉莉成树者。岭北江南霜后糊室收之，最畏隙风，晴则取出受日，以午浇之，每大瓯可插猪鬃二百，至春暖后置露天下，晴则三日一浇水，五月则日一浇，燥更倍之，性喜晒浇，亦宜午后，六月则浇二三次。立夏至仲秋皆灌窈汁，五日一灌，灌汁后忌水，俟次日下水，大花汁与水均，小花七水三汁可也。摘嫩枝使再发，则枝繁矣，六月可插枝，种根下生蚁，浇乌豆冷汤。《保生月录》：茉莉花，勿置床头，能引蜈蚣。②

方以智在《植物草》又有"五羊城外三十里有花田"③的记载。方以智，安徽桐城人，生于明神宗万历三十九年，卒于康熙十年，即1611—1671年。从其记载可知，在南方的广州，明末清初时期，已经出现素馨花商品生产基地——"花田"。

明末清初由于素馨花在广州地区已经被大规模种植，出现了职业种花人，素馨花已不再像宋代那样是高雅之品，而是成了普通人可以消费得起的普通饰品："城西九里曰花田，弥望皆素馨花，花田人以种素馨为业，其神为南汉美人，故采摘必以妇女，而彼中妇女多不簪戴，有咏者曰：'花田女儿不爱花，紫丝结缕饷他家，贫者穿花富者

---

① 孟元老撰，伊永文笺注：《东京梦华录笺注》，中华书局2006年版，第676页。
② 方以智：《物理小识》，商务印书馆1937年版，第233页。
③ 方以智：《通雅》，上海古籍出版社1988年版，第186页。

戴，明珠十斛似泥沙'"。由于"广城河南花田多种之，每日货于城中不下数百担"，其作用是"以穿花灯，缀红黄佛桑。其中妇女以彩丝穿绕髻"，因其供过于求，素馨与茉莉一样，在时人眼里一起成了"尤贱"之物。①

由于生产技术的提升，明清时期，素馨花栽种范围进一步拓展，自南方的海南岛至东北均可看到其踪迹。

在明代，素馨与茉莉、香橼、乌榄、绿榄一样，成了广东"府县俱出"的传统物产。② 至清初，素馨花成为广受欢迎之花卉，其种植已发展成为产业，在广州城郊出现了"十里为花田弥望，皆种素馨花"③ 的繁荣情景。此时，福建的福州府、兴化府、泉州府、漳州府、延平府、建宁府、邵武府、福宁府、台湾府、永春州、龙岩州④ 九府二州也成为素馨花的重要产地，可见，素馨花普遍种植于闽粤两省。

清代的海南，素馨花可以一年四季收获不断，邱浚在《醉花》一诗中作了描述："海南地暖无冬春，四时一气和且温。山丹佛桑到处有，素馨茉莉随时新。花开不必尽应候，村酿家家皆有酒。披衣蹑屐任意行，遇酒逢花辄开口。开口向天笑更谑，一任花开复花落。赏花醉酒过年年，人生无如归田乐。"⑤

清代，在黄河流域及以北地区的方志中，我们依然可以看到涉及素馨花的记载，如盛京（今沈阳）方志记载有："素馨：本出福建，今郊原有之，黄白二色，白者团而小，香胜茉莉"⑥；又如甘肃方志有载："素馨、荷花、水仙花、兰云、石砚。"⑦ 此外，我们在清代的河南⑧与山东⑨通志的物产类中也看到素馨花种植的记载。

---

① 赫玉麟纂修：《广东通志·省部》，雍正九年刻本，第 1617 页。
② 李贤等：《明一统志》卷 79，《四库全书·史部》第 161 册，第 653 页。
③ 杜臻：《粤闽巡视纪略》，文海出版社 1983 年版，第 31 页。
④ 赫玉麟纂修：《福建通志·物产》卷 10、11，雍正九年刻本。
⑤ 邱浚：《重编琼台稿》，上海古籍出版社 1991 年版，第 287 页。
⑥ 王河等修：《盛京通志》，文海出版社 1965 年版，第 1318 页。
⑦ 许容等监修：《甘肃通志》，文海出版社 1965 年版，第 1939 页。
⑧ 《河南通志》卷 29《物产》。
⑨ 岳浚：《山东通志》，《四库全书·史部》第 181 册，第 480 页。

二

"素馨花"传入中国,称谓有所不同,称"耶悉茗花",又称"野悉密"等,而变称为"素馨花"者,乃源于中国民间传说。

文献显示,关于"素馨花"传说,最典型者流传于广东与云南。流行于广东的传说,最早见诸宋代文献记载。宋人陈景沂在其著作中,述及素馨花来源之传说:"素馨,旧名那悉茗,一曰野悉蜜。昔刘王有侍女名素馨,其冢上生此花,因以得名。"并赋诗一首:"昔日云鬟锁翠屏,只今烟冢伴荒城,香魂断绝无人问,空有幽花独擅名。"① 宋人方信孺《花田》诗也反映了类似的内容:"千年玉骨掩尘沙,空有余妍剩此花。何似原头美人草,樽前犹作舞腰斜。"诗前附文:"在城西十里三角市。平田弥望,皆种素馨,一名那悉茗"。②

清人将上述传说进一步具体化:"(南汉)后主(著者按:刘鋹,943—980,在位期间为958—971年)贵妃李氏,宦者李托养女也,后主纳托二女于后宫,长者册为贵妃,凡国政禀托以行。美人李氏,亦托养女,后主既立托长女为贵妃,复以其次女充美人之职,一时并宠,宫中称极盛焉。又同时有宫人素馨,以殊色进,性喜插白花,遂名其花曰'素馨花'。波斯女失其名氏,黑腯而慧,光艳绝人,性善淫,后主甚嬖之,赐名媚猪。后主荒纵无度,益求方士媚药为淫亵之戏,又选恶少年配以宫婢,使褪衣露偶,扶波斯女循览为乐,号曰大体双,卒以此亡国。"③

流行于云南的传说,明代《滇略》的记载最为典型与详尽,明人认为素馨花其名来源与宋代云南段氏大理国诸侯王素兴荒政有关:

> 段氏素兴,以宋庆历中嗣位,性好狎游,广营宫室于春登,堤上多种黄花,名绕道金棱。云津桥上多种白花,名萦城银棱。

---

① 陈景沂:《全芳备祖前集》卷25,《四库全书·子部》第310册。
② 方信孺:《南海百咏》,广东人民出版社2010年版,第22页。
③ 吴任臣:《十国春秋》,中华书局2010年版,第879页。

今二棱河名由此也。每春月必挟妓幸，载酒自玉案三泉，溯为九曲流觞，男女列坐，斗草簪花，以花盘髻上为饰，今花中有素馨者，以素兴最爱，故后人名之也，又有花遇歌则开，有草遇舞则动，素兴令妓歌者傍花，舞者对草。①

明代以后的传说，大同小异，仅在此基础上稍作修改补充而已：

> 时仁宗庆历元年也，素兴年幼，好佚游，广营宫室。于东京筑春登、云津二堤，分种黄白花其上，有"绕道金棱"、"萦城银棱"之目，每春月，挟妓载酒，自玉案三泉溯为九曲流觞，男女列坐，斗草簪花以为乐，时有一花，能遇歌则开，遇舞则动，素兴爱之，命美人盘髻为饰，因名素兴花，后又讹为素馨云。素兴立五年，征敛苛急，民不安生，高国相与诸大臣共废之，后死，伪谥天明。②

考诸史书，我们知道，素兴，宋代仁宗庆历元年（1041）即位，在位五年。

至于素馨墓所在之地，宋代已有相关传说，所见最早传说应为宋人黄晔所著之《龟山志》，可惜此书已经失传，同时代的谢维新在《古今合璧事类备要》别集卷"素馨"条中有简单的引文，"旧名那悉茗，昔刘王有侍女名素馨，其冢上生此花"③，其中并没有对墓地具体地址作明晰的交代。至明代，陈耀文通过对文献作了考证后认为："素馨花玉女冢在肇庆府，阳江县玉女名素馨，死葬于此，其墓上生那悉茗花，因名素馨，其花旧名那悉茗因生于素馨冢上，故名。"④ 然而，清人梁廷枏则持不同的说法："素馨，后主司花宫女，以色进御，封美人。性喜簪那悉茗花，因名之素馨。死，葬兴王府（今广州）城西北郊。后主痛之。使人多植那悉茗花于冢上，号其地

---

① 谢肇淛：《滇略》，《四库全书·史部》第168册。
② 冯苏：《滇考》（卷上），成文出版社1967年版，第183页。
③ 谢维新：《古今合璧事类备要》卷36《别集》。
④ 陈耀文：《天中记》，广陵书社2007年版，第1768页。

曰素馨田，坟曰素馨斜。"①

溯故事演变之情形，其最早传说为宋人述说南汉之故事，这故事至宋代已被普遍采用，故我们可以认定素馨花之得名最早应为南汉时期，最迟至宋代。至于素馨之墓终归之处，文献显示广东记载为多，清初以后则以"广州城西北郊"说为引用者为最。

三

素馨花因其洁香芳雅，故被用于观赏；又因其香气独特，又被用于美容、美体等生活方面，总述其物质方面功用，大体如下。

（一）皇家庭院之娇花，文人雅士之植宠

在宋代，素馨花在北方颇受皇家与文人雅士之追捧，成为皇家庭院之娇花，文人雅士之植宠。宋徽宗对南方之花分外喜爱，"移枇杷、橙柚、橘柑、椰栳、荔枝之木，金蛾、玉羞、虎耳、凤尾、素馨、渠那、茉莉、含笑之草"至汴京（今开封）精心栽种，致使这些花草"不以土地之殊，风气之异悉生成"，并且点缀于皇家园苑，"长养于雕阑曲槛，而穿石出罅，冈连阜属，东西相望，前后相续，左山而右水，沿溪而傍陇，连绵而弥满，吞山怀谷，其东则高峰峙立，其下植梅以万数，绿萼承跗芬芳，馥郁结构山根，号萼绿华堂"②，好一派南方草木景象。

夏天，素馨是宫中纳凉之佳品，起提神、醒脑、解暑的作用。宋人周密对此有所记载："禁中避暑，多御复古、选德等殿，又翠寒堂纳凉，长松修竹，浓翠蔽日，层峦奇岫，静窈萦深，寒瀑飞空。下注大池可十亩，池中红白菡萏万柄，盖园丁以瓦盆别种，分列水底，时易新者，庶几美观。又置茉莉、素馨、建兰、麝香藤、朱槿、玉桂、红蕉、阁婆、檐卜等南花数百盆于广庭，鼓以风轮清芬满殿，御笫两

---

① 梁廷枏：《南汉书》，广东人民出版社1981年版，第36页。
② 李濂撰，周宝珠、程民生校注：《汴京遗迹志》卷4《艮岳记略》，中华书局1999年版。

旁,各设金盆数十架,积雪如山,纱厨后先,皆悬挂伽兰、木真、蜡龙涎等。香珠百余,蔗浆金盘,珍果玉壶,初不知人间有尘暑也。"①

宋代皇家以风轮吹素馨香风以解暑之习俗,至明代已成为百姓纳凉之一道风景:"茉莉素馨百合。夏夜最宜多置,风轮一鼓,满室清芬"②,至清代仍有如此习俗。

上有皇帝所好,下必有甚焉,官员与士大之庭院花卉,亦以种植素馨花为时尚,宋人周必大在《玉和堂记》中对其私家园林的描述即是明证:

> 老叟既辟敝庐,东为平园,园西北隅隙地坦然,乃距北垣五十弓余,二肘为堂,三间南直,唐虞二典阁皆为流杯亭,其深四丈二尺,博三丈七尺,崇二丈有奇,敞扉而凉,塞向而燠,可以纳四时之和气,散植红梅、辛夷、桃李、梨杏、海棠、荼蘼、紫荆、丁香、冠以牡丹、芍药,此春景也。前后两沼,碧莲丛生,东则红芰弥望,榴花萱草,杂实其间,此夏景也。岩桂拒霜,橘柚兰菊盛于秋,江梅、瑞香、山茶、水仙盛于冬,时花略备矣,至如佛桑踯躅,山丹素馨茉莉之属,或盛或槛,荣则列之,悴则彻之,而种植未歇也。始造于庆元庚申十月,戊辰八月丁未,与客落其成。共惟圣主在上,众贤和于朝,万物和于野,遂使皤然一叟,得佚老于和气之内,故榜其堂曰玉和志,幸会云时,嘉泰元年也。③

素馨花因其在北方的珍贵,也就成为宋人送礼之珍品,有诗可以证之。《寄南海李龙图求素馨含笑花》:"二草曾观岭外图,开时尝与暑风俱。使君已自怜清分,分得新条过海无。"④《檀越许分一株素馨,见赠作小诗速之》:"顺阳春色元无数,只有秋芳恐未闻,好事

---

① 周密:《武林旧事》,中华书局2007年版,第82—83页。
② 文震亨:《长物志》,中华书局1985年版,第12页。
③ 周必大:《周益公文集》,《宋集珍本丛刊》第49册,线装书局2004年版,第208页。
④ 蔡襄:《端明集》卷6,《四库全书·集部》第364册。

霍侯人不及，许将秋色为中分。"①

至明代，南方"濒海各县"所出之素馨花，与"茉莉、盐海蛤、鹿角菜、紫菜"等物，是南方各省必须进献给宫中的贡品，并作图在"贡物总叙"中加以说明。② 由于皇家对素馨花如此之珍爱，所以"迎春花、金雀、素馨、山矾、红山丹、白花荪、紫花荪"等南方花卉，被达官贵人当作"造物化机，撩人春色"上乘之花，植于私人园苑，成为"快一时心目"③ 之雅品也就不足为奇了。

（二）美容香品

宋代，人们受大食等国的影响，用素馨花与茉莉花一起制作香水："旧说蔷薇水，乃外国采蔷薇花上露水，殆不然。实用白金为钢为甑，采蔷薇花蒸气成水，则屡采屡蒸，积而为香，此所以不败。但异域蔷花气，馨烈非常。故大食国蔷薇水虽贮琉璃缶中，蜡蜜封其外，然香犹透彻，闻数十步，洒着人衣袂，经十数日不歇也。至五羊效外国造香，则不能得蔷薇，第取素馨茉莉花为之，亦足袭人鼻观，但视大食国真蔷薇水，犹奴尔。"④

宋代人又用素馨与其他香料制作具有中国特色的"古龙涎香"，其制作方法是：

> 沉香半两，檀香、丁香、金颜香、素馨花各半两。木香、黑笃、实麝香各一分，颜脑二钱，苏合油一字许右，各为细末。以皂子白浓煎成膏，和匀，任意造作花子佩香及香环之类。如要黑者，入杉木烨炭少许，拌沉檀同研，却以白芨极细作末，少许热汤调得，所将笃耨、苏合油同研，香如要作软者，只以败蜡同白胶香少许，熬放冷，以手搓成铤，广南有最清奇，煮酒尤妙。⑤

---

① 饶节：《倚松诗集》，第31册，线装书局2004年版，第388—389页。
② 章潢：《图书编》，《四库全书·子部》第342册。
③ 高濂：《遵生八笺》，人民卫生出版社2007年版，第204页。
④ 蔡绦：《铁围山丛谈》，中华书局1983年版，第98页。
⑤ 陈敬：《陈氏香谱》，《四库全书·集部》第278册。

"龙涎香"成为宋代甚受欢迎之香品,被诗人称为"犀通神物":

  龙涎香:搴露纫荷楚泽舨,未参南海素馨仙,大门当得桂花酒,小样时分宝月圆,诗挟少陵看妙手,犀通神物为垂涎,使君少住幽兰曲,时傍辇山照鬓边。①

除此之外,流行于当时的素馨香品还有:
心字香:"番禺人作心字香,用素馨茉莉半开者,着净器,薄劈沉水,香层层相间封,日一易,不待花蔫,花过香成。"②
逗情香:"牡丹、玫瑰、素馨、茉莉、莲花、辛夷、桂花、木香、梅花、兰花,采十种花俱阴干,去心蒂用花瓣,惟辛夷用蕊尖,共为末,用真苏合油调和作剂,焚之与诸香有异。"③
宋人除了用素馨制作香品以增加体香之外,还有如下用法:
以香花洗面:"又取干花浸水洗面,滋其香耳。"④
焚香读书:"琢瓷作鼎碧于水,削银为叶轻如纸。不文不武火力均,闭阁下帘风不起。诗人自炷古龙涎,但令有香不见烟。素馨欲开末利折,底迅龙涎和檀栈。平生饱食山村味,不料此香殊妩媚。呼儿急取蒸木犀,却作书生真富贵。"⑤
做香囊用:"广人谓取素馨半开者,囊置卧榻间,终夜有香,用之果然。素馨玉洁小窗前,采采轻花置枕边,髣髴梦回何所似,深灰慢火养龙涎"⑥。
元人王恽主应友人之荐,将降香与素馨同蒸,二香互补,而又各自清香非凡,有异于优于本品之奇效,惊喜之余,作《素馨辞》以记之:

---

① 王洋:《东牟集》,《四库全书·集部》第378册。
② 周嘉胄:《香乘》,《四库全书·集部》第278册。
③ 同上。
④ 吴曾:《能改斋漫录》,上海古籍出版社1979年版,第440页。
⑤ 陈敬:《陈氏香谱》,《四库全书·集部》第278册。
⑥ 郑刚中:《北山文集》,中华书局1985年版,第216页。

五代汉刘隐（著者按：公元931—950年，都汴梁，在位期间为公元948—950年）女曰素馨，死，其墓生花甚香，因以女名目之，后人削降香作薄，采以此花蒸之。及热，比本品极清远，无浓重勃郁之气。颜公仲复诣余试之，诚然。作是辞以纪其异：紫檀为屑世所珍，降香变体吾未闻，汉宫有女号素君，殁而墓花香若熏，降檀气味多浓郁，蒸以素馨清且淑，颜公袖出赤龙鳞，入手如游众香国，夜深一炷云满室，素馨之魂降鹤骨。君不见西施苎萝山下子，膏沐深恩转清美，一朝吴亡随范蠡，邻女效颦终莫拟，素馨得名从此始。①

清人利用其香之特色作醒酒避暑之用：

当宴会酒酣耳热之际，侍人出素馨毯以献客，客闻寒香，而沉醉以醒，若冰雪之沃乎肝肠也。以挂复斗帐中，虽盛夏能除炎热，枕簟为之生凉。谚曰："槟榔辟寒，素馨辟暑"。②

（三）妇女之花饰品

"彩丝贯素馨为饰"，用素馨花编作花环戴于头上以装饰，是汉代以来南方妇女喜好之选。至宋，每年六月素馨花盛产之季节，这成了南方妇女的佩戴时尚，宋代诗人用"含笑香飘坐，素馨娇满簪。老榕虽拥肿，六月十分阴"③ 之句进行形容。"贯花绕髻"习俗至明代仍然如此，"素馨花发暗香飘，一朵斜簪近翠翘，宝马未归新月上，绿杨影里倚红娇"④ 便是写照。

清代，工部尚书杜臻南巡，看到南方妇女"花绕髻之饰至今犹然"，并在其著作中加以记载。⑤

除了上述常见用法之外，素馨花还有其他用法：

---

① 王恽：《秋涧先生大全文集》，新文丰出版公司1985年版，第239—240页。
② 屈大均：《广东新语》，第642页。
③ 朱翌：《灊山集》，中华书局1985年版，第27页。
④ 林鸿：《鸣盛集》卷4，《四库全书·集部》第411册。
⑤ 杜臻：《粤闽巡视纪略》卷2，第31页。

元人以之入药:"后世宴饮自朝廷至于士庶,无六清水醴,凉医酏之制矣,清水之为酒亦不设矣。饮水则冷饮,凉饮以井为水,和酸则梅,和甘则饴,蜜温则曰热水。黄豉、甘草、缩砂、荳□、紫苏草、木之花叶,无所不可。而素馨、茉莉、木犀、沉檀皆可调合丸、药、饵,曰汤、曰饮无数。"①

明人以之制纸:"宣德五年,造素馨纸,印有桑皮者,牙色有矾光者可书,出纸则兴国州、泾县。"②

以之入茶是宋元以来人们一以贯之的习俗:宋诗有"巨笋逢迎效短长,山木剪裁青玉色,茶瓯问荅素馨香,是中空洞无边际"③。

清代,广东端州府出产含有素馨花的顶湖茶,被视为茶中珍品:"端州之白云山顶有湖,僧人于岩际种茶烹之,作素馨花,气味甘淡而滑,然岁收止石许。"④

四

宋代以来,人们不仅将素馨花用于物质的层面,并且赋予其精神文化方面的内涵,具体表现在以下几个方面。

(一) 成为具有地方标志性的名花

作为适宜于南方栽种之素馨花,在北方人眼里,有着地域指向的意义。

宋人将柳州与素馨等南方花品相联系,曾巩在《送李才叔之柳州》一文中,述及柳州:"其物产之美,果有荔子、龙眼、蕉柑、橄榄,花有素馨、山丹、含笑之属,食有海之百物。"⑤ 元人方回送其友人王俊甫赴柳州也引用了这一诗作。⑥

---

① 方回:《续古今考》卷30,《四库全书·子部》第341册。
② 方以智:《通雅》,上海古籍出版社1988年版,第97页。
③ 杨简:《慈湖遗书》卷6,《和胡皷院郊台致斋即事》新编下,四库全书集部本。
④ 赫玉麟纂修:《广东通志》,雍正九年刻本,第1617页。
⑤ 曾巩:《元丰类稿》卷14,《广西通志》卷110《艺文》。
⑥ 方回:《桐江续集》卷31,《四库全书·集部》398册。

明代成化丁酉年（1477）秋七月，何乔新送好友沈克勤往广西任布政使，写下了《送方伯沈公赴广西序》，对广西作了如下的描述："带牛佩犊者转而缘南畮，椎发卉裳者稽首以服，皇化而昔之，疲瘵者讴歌至治，于素馨刺桐之间，吾知庙堂之上，益信老成练达者果可用也，台阁之选舍公而谁哉，遂书以为公赠。"①

明代的广东，因其远离京城，被京官视为畏途，徐明善送好友赴广东任廉访使，写下了《送郑大使之广东序》，文中将素馨与代表广东的荔枝、黄蕉相提并论。②而同时代人作"广州歌"，在选择具有广州代表性的花卉时也有素馨花："公子醉时花满堤，扶留叶青蚬灰白，盘盯槟榔邀上客，丹荔枇杷火齐山，素馨茉莉天香国。别来风物不堪论，寥落秋花对酒樽，回首旧游歌舞地，西风斜日淡黄昏。"③

清人修《广东通志》，述及广州繁华景象，素馨乃是具有代表性花卉之一："至珠江，刺桐木槿含荣吐芳，素馨茉莉旖旎芬香，椰浆醉客侑以槟榔。循河南岸，市比如枅齿，革果布填，铸鬓漆、藤竹诸品，巧逾天出。"④

由此可知，素馨花往往指南方盛产其花之地，因而成为两广与岭南的代名词。

（二）祥异供品之物

素馨花因其洁白淡雅，而被视作献与神之佳品。

在宋代，素馨花是祭祀中常用之供品，"妇人多以竹篾子穿之，像生物，置佛前供养"⑤。宋代显仁年间，皇帝举行祭礼，命大臣刘庆祖传旨，转达皇家对祭祀的具体安排，显示素馨花乃皇家惯用之供品："今次告哀，使既增物如泛，使所有遗留物亦如旧数，更与金二千两，银二万两，其他皇太后已安排了，但以螺钿代银丝，无乐器以

---

① 何乔新：《椒丘文集》，上海古籍出版社1991年版，第12页。
② 徐明善：《芳谷集》卷上，四库全书本。
③ 孙蕡：《西菴集》，书目文献出版社1998年版，第26页。
④ 赫玉麟纂修：《广东通志》，雍正九年刻本，第1617页。
⑤ 吴曾：《能改斋漫录》，中华书局1985年版，第384页。

玉器玻璃代,仍不用锦绫,无素馨沉速,易以他可也。"①

宋徽宗政和五年三月上巳,皇帝与诸大臣饮酒宴乐,席间商议入画吉祥之物,其中就有素馨花:

> (皇帝)赐宰臣以下燕于琼林,侍从皆与,酒半,上遣中使持大杯劝饮,且以《龙翔池鸂鶒图》并题序,宣示群臣。凡与燕者,皆起立环观,无不仰圣文,睹奎画赞叹,乎天下之至神至精也。其后以太平日久,诸福之物,可致之祥,凑无虚日,史不绝书。动物则赤乌、白鹊、天鹿、文禽之属,扰于禁御;植物则桧芝、珠莲、金柑、骈竹、瓜花、来禽之类,连理并蒂,不可胜纪。乃取其尤异者,凡十五种,写之丹青,亦目曰《宣和睿览册》。复有素馨、末利、天竺、娑罗,种种异产,究其方域,穷其性类,赋之于咏歌,载之于图绘,续为第二册已。②

(三)博雅高士寄情达志之物

宋人对素馨评价极高,以"南国英华"称之:"南国英华赋众芳,素馨声价独无双,未知蟾桂能相比,不是人间草木香。"③ 又将其与梅花相提并论:"春花秋卉纷互发,胡葵芍药参徘徊,眼明忽见此奇绝,弟畜素馨兄事梅。夜深飞香性幽独,未许蜂蝶来相陪,糖霜封余有闽土,会须扫取添花栽。吾闻闽山千万本,人或视此齐蒿莱,何如航海上天阙,玉色照映琉璃杯。"④ 宋人黄公度答洪迈《赋素馨诗》,将之与梅兰媲美:"不入东风桃李群,结根远在漳江滨,眼看南国添春色,天遣余波及宝薰。淡泊直疑梅失素,清幽欲与蕙争芬,上林托足虽无地,犹有香名万里闻。"⑤ 宋人陈与义的《素馨》诗也有此喻:"羞将姿媚随花谱,爱伴孤高上月评,独恨遇寒成弱植,色

---

① 周必大:《文忠集》卷172,《四库全书·集部》第384册。
② 邓椿:《画继》,人民美术出版社1983年版,第2—3页。
③ 洪适:《盘洲文集》,《四库全书·集部》第387册。
④ 楼钥:《攻媿集》卷1,中华书局1985年版,第16页。
⑤ 黄公度:《知稼翁集》,线装书局2004年版,第477页。

香殊不避梅兄。"①

明人陈白沙作《素馨说》，以花寓其淡泊无求之志，引申为无为治国之道：

>草木之精气下发于上为英华，率谓之花，然水陆所产，妍媸高下美恶之等，盖万不齐焉。而人于其中择而爱之，凡欲其有益于事，非爱之而溺焉者也。产于此邦曰素馨者，香清而体白，郁郁盈盈，可掬可佩，贯四时而不凋供，一赏而有余，亦花之佳者也。好事者致于予，予既爱之，遂益究其用，取花之蓓蕾者，与茗之佳者，杂贮陶瓶中，经宿，以俟茗饮之入焉。然则是花之用，虽不若麻缕之与菽粟，然盖亦不为无用也。人之资于麻缕，为其可以温也；资于菽粟，为其可以饱也。得之则生，不得则死。今是花也，吾取焉，始以其能郁郁盈盈少裨于茗耳，虽不汲汲可也，不汲汲由用之可已也，使是花之于人，如麻缕之与菽粟然，又安可已哉。可已而已，不可已而不已，引而伸之触类，而长之于道，其庶几乎治国，其庶几乎②。

明代，有官员隐逸后，以之明志："偶挂乌纱帽，悠然修竹林，却看青玉署，宁异白云岑，雪后生新箨，风前袅素馨，自非此君意，谁明大隐心。"③ 至清，人们将之入画，与牡丹、大雁同列④，取其高雅之意。

（四）芳草美人之喻

香草芳花喻美人，是国人之心态，也是文人雅士诗中最常见之作。这种比喻以明清时人的诗文最为直白，如明人陈献章之《素馨说》：

---

① 汪灏：《广群芳谱》卷43《花谱》。
② 陈献章撰，湛若水校订：《陈白沙集》，上海古籍出版社1991年版，第120—121页。
③ 胡直：《衡庐精舍藏稿》，《四库全书·集部》第430册。
④ 王毓贤：《绘事备考》卷7《湖广按察使》，《四库全书·子部》第273册。

登羊城以西，望见绿草之田田，匪织雨而含珠，乃浮香以如烟。吊美人于黄土，照明镜于青天，惟斯花之可认，感今昔而相怜。尔乃向午，如粟薄暮放蕊，望通衢之凝雪，列七门而成市，得人气而转馥。在晚妆之初洗，围宝髻之盘盘，贯玉屑而齿齿，果并掷于车前，香可分于袖底，杂寒具而芬郁。蘸琉璃之露水，则有青楼姊妹，乌衣儿郎，缀流苏如夹缬，挂斗帐之四方，钩珊瑚之横枝，枕琥珀而低昂，如香稻之饲鹦鹉，等竹实之供凤凰，羡同心之可结，羌解佩而垂珰。于是重五之昼，双七之宵，或张翠幄于龙舫，或方兰舟为鹊桥，昼则艾虎累累，朱符飘飘，飞八张如比翼，驰千舸若联镳。踏歌珠寺，燕客西壕，买花齐唤，余钱乱抛，量三斛之苍玑。疑乍泣乎老鲛，与歌声兮同贯，侵酒气兮如消。宵则芳蕤作幄，新月如钩，海上载求仙之童女，水际排乞巧之高楼。灿明灯于重檐，俨列冕之垂旒，何玲珑之雕玉，覆火齐而作舟。总贯蕊之所为，若镂冰而笼篝，布经纬以如意，象禽鱼之优游。恒有香以避暑，纵无声而知秋。复有三五之夕，月出朦胧，巫坛礼斗，神弦舞风，白麟雪狮，翠凤玉龙。覆官街以列帐，峙重台而罩栊，咸当门以结彩，联比户于缾𦁆，被华鬘与缨络，见琼岛之银官，齐观灯而连袂。或驾桥而成虹，譬游蜂之出房，若舞蝶之钻丛，聆梵吹于香国，见闾巷皆花封，乃若博雅高士，道古名家，知为那悉之茗，用代阳羡之茶，或云当与楞严同至，或传载自博望之槎，比石榴而有馨，较菩提而擅花，又乌能起质而问之，夫是以赋芳草于天涯赋。①

又如，清初梁佩兰之《花田》诗："渚云汀日柳条风，人望青遥白又空。几处玉丛清雪里，一团烟散积香中。冥冥金雁沉芳冢，漠漠黄龙失故宫！那似美人香十里，至今游赏众人同。"②

---

① 陈献章撰，湛若水校订：《陈白沙集》，上海古籍出版社1991年版，第120—121页。
② 刘斯奋、周锡选注：《岭南三家诗选》，广东人民出版社1980年版，第312页。

仍为《花田》诗,清人赵翼也作相同的比喻:"十里芳林傍水涯,当年曾是玉钩斜。美人死后为香草,醉守来时正好花。满地种珠夸老圃,千筐带露入豪家。蛋娘头上微风过,勾尽游人是鬓鸦。"①

(五) 具有精神风骨之雅品

宋人根据花之特色,罗列了三十种名花,并逐一冠名,以示其精神特点,素馨被列为韵客而榜上有名:

昔张敏叔有十客图,忘其名,予长兄伯声,尝得三十客。牡丹为贵客,梅为清客,兰为幽客,桃为妖客,杏为艳客,莲为溪客,木犀为岩客,海棠为蜀客,踯躅为山客,梨为淡客,瑞香为闺客,菊为寿客,木芙蓉为醉客,酴醾为才客,腊梅为寒客,琼花为仙客,素馨为韵客,丁香为情客,葵为忠客,含笑为佞客,杨花为狂客,玫瑰为刺客,月季为痴客,木槿为时客,安石榴为村客,鼓子花为田客,棣棠为俗客,曼陀罗为恶客,孤灯为穷客,棠梨为鬼客。②

在宋代,人们还会将素馨花画于扇面,并配以诗作,以示高雅:

应令水墨素馨扇面二首
清似山栀馥似兰,何人淡墨试毫端,若无密叶相遮映,全作江梅春晓看。
玉质生从瘴海傍,轻绡淡墨写微茫,疏花剩作江梅瘦,手底风头只欠香。③

宋代宣和年间,素馨花与金蛾、玉蝉、虎耳、凤尾、渠那、茉莉、含笑八种花草被名著《艮岳》列为最具精神风骨之"八芳草"④。

---

① 赵翼:《瓯北集》,上海古籍出版社1997年版,第337页。
② 姚宽:《西溪丛语》,中华书局1985年版,第10页。
③ 姜特立:《梅山续稿》,《宋集珍本丛刊》第48册,第64页。
④ 周嘉胄:《香乘》,《四库全书·集部》第278册。

在宋代，经名人诗赋渲染，素馨花成为颇具风骨之雅品。

五

至明清时期，素馨花种植业之发展对粤人而言，有着非同一般之意义。

（一）氓民之资

明清时期素馨花的生产已经发展成为一个配套成熟之产业，形成了产供销运一体化之商品生产体系，是可以养活一方之民的产业。在广州城郊"珠江南岸有村曰庄头，周里许，悉种素馨亦曰花田"①。有专门运往广州销售的码头："花渡头在五羊门南岸，花贩每日分载素馨至城，从此上舟，故名。"② 有专门销售之市场：明末清初广东出现著名的四大专业商品市场"东粤四市"，分别是罗浮之药市、东莞寥步之香市、廉州城之珠市，还有广州之花市，花市"在广州七门"，"所卖止素馨，无别花，亦犹雒阳但称牡丹曰花也"③。故清初诗人居巢对素馨花之于人民生活之作用做出了这样的评介，"珠女至今颜色好，一生衣食素馨花"④，诚不为过。

（二）粤人至爱

素馨花有"宜夜，乘夜乃开，上人头髻乃开。见月而益光艳，得人气而益馥，竟夕氤氲，至晓萎，犹有余香。怀之辟暑，吸之清肺气"等特性。根据素馨花的习性，人们只能在天未亮时的"昧爽往摘"，并且"覆以湿布毋使见日"，已开者置之不用，故素馨花传至买家手时仍十分娇嫩诱人。素馨花上市时"花客涉江买以归，一时穿灯者作串与璎珞者数百人，城内外买者万家，富者以斗斛，贫者以

---

① 屈大均：《广东新语》，第640页。
② 汪灏：《广群芳谱》卷43《花谱》。
③ 屈大均：《广东新语》，第43页。
④ 居巢：《庚子劫余草一卷》，《清代诗文汇编》第645册，上海古籍出版社2010年版，第705页。

升，其量花若量珠"，一派买卖兴旺之景象，其原因是"南人喜以花为饰，无分男女，有云髻之美者，必有素馨之围"。

明清时期的广州，在素馨花上市之六七月的夜间，男女均头戴素馨花环以避暑，"入夜满城如雪，触处皆香"①，确是城中的一大妙景。

（三）民俗必用品

明清时期，素馨花是广州端阳、七夕二节应节之花："（海珠）石上有慈度寺，古榕十余株，四边蟠结，游人往往息舟其阴。端阳、七夕作水嬉，多有龙郎蛋女，[贾] 鱼酤酒，零贩荔支、蒲桃、芙蕖、素馨之属，随潮来往。遥望是寺，鱼沫吹门，蚝光次壁，朝晴暮雨，含影虚无，恍忽若鲛宫贝阙，而不可即也。"② 在这两个节日里，素馨花主要用于制作花灯、装饰游艇，以增加节目之气氛："花又宜作灯。雕玉镂冰，玲珑四照，游冶者以导车马。故扬用修云：'粤中素馨灯，天下之至艳者。'" 又说："广中七七之夕，多为素馨花艇，游泛海珠及西濠、香浦。秋冬作火清醮，则千门万户皆挂素馨灯，结为鸾龙诸形，或作流苏，宝带葳蕤，间以朱槿以供神。"③

综上所述，我们大致可以描述素馨对社会影响之大致轮廓："素馨出南海"，自汉代传入广东南海，至宋代由"万里来商舶"④ 经福建传至长江下游的江浙地区，并且进一步往北传，进而成为黄河流域地区富贵人家庭院中之植物娇宠。素馨花对南方地区人们精神文化的影响更甚，特别是在广东，至明代清中期以前，素馨花不仅被当作商品，且发展成为羊城的市花，为后世留下了丰富的精神内涵而传扬至今。

（原载《传统中国社会与明清时代》，天津人民出版社2013年版）

---

① 屈大均：《广东新语》，第695页。
② 同上书，第178页。
③ 同上书，第696页。
④ 蔡襄：《端明集》卷2，《四库全书·集部》第364册。

晚清岭南大儒简朝亮学术思想研究

简朝亮（1852—1933）字季纪，号竹居。顺德简岸村人。在世人眼里被认为是深得名儒朱九江（次琦）学术真传的弟子。其一生著述甚丰，所撰计有《读书堂集》《读书草堂明诗》《尚书集注述疏》《论语集注补正述疏》《孝经集注述疏》《礼记子思子言郑注补正》《粤东简氏大同谱》《顺德简岸简氏家谱》等著作。简先生的一生除以著述实施其理想之外，另一个重要的内容乃是以教化行播儒学之举，一生所育堪称桃李满园，因其对儒学不遗余力之践行与传播，在晚清学术史上有着重要的地位，故康有为推之为晚清民国初年唯一的"岭南大儒"。然而就是这样一位在儒学研究上拥有如此重要地位的广东先贤，后人对其研究甚少，当代学者虽对其学术贡献给予很高的评价，但目前为止，仍然没有专文对其学术思想作专题性的探讨。因此，学术界对简先生的研究与其学术地位是不甚相称的，也是有待深入与深化的。有鉴于此，本文试图结合简先生之所述，对其学术思想进行一次抛砖引玉式之探索，以就教于同人学者，达到共同推进研究之目的。

纵观简朝亮一生所述，笔者认为其学术思想主要体现在三个方面：一是以著述张扬孔道的思想；二是兼容百家，自成一家的学术风格；三是固守师道，通经致用的学术理念。何以言之？试作以下分析。

一 "思借著述使孔道灿著"——以著述张扬孔道之思想

简朝亮生活于清末至民国初年，此时的中国，经过两次鸦片战争，封闭的大门被英军用大炮轰开。随后，八国联军入侵中国，帝国主义在中国掀起瓜分中国领土的狂潮，祖国大地山河破碎，人民历经磨难，直至民国初年仍是军阀混战、生灵涂炭的局面。面对如此情形，简朝亮十分痛心，诗中屡屡表达了对入侵者的愤慨，对人民寄予无限同情的爱国忧民情结。光绪十三年（1887），三十七岁的简朝亮南游香港，看到英国国旗飘扬在太平山上空时，有感而发写下了"太平山已易名新，云雨虽灵限海滨。今日升旗山上望，不知谁是落旗人"①的诗句，希望有朝一日能够将英国国旗从太平山上摘下，尽显其爱国情怀。

简朝亮生活的时期，不仅是社会激烈变荡，山河破碎的时期，文化上也是一个西学东侵的时期。关于"西学"对中国的入侵，我们可以追溯到明末清初，这个时期，西方文化通过传教士以传播西方科学的方式传入了中国，但当时的中国正处于封建社会的鼎盛时期，文化上对西方的入侵有着高度的提防，所以此时的西学最终被中国传统文化所击溃。如上所述，鸦片战争之后中国社会的性质起了根本性的变化，列强除了用武力侵略中国外，在文化上也采取更加强势的手段对中国进行强烈的冲击。随着欧美帝国主义势力在华的侵略与扩张，西学在中国以不同的手段进行渗透，两次鸦片战争后，西方传教士在通商口岸陆续开学堂，设报社、建印书馆。当时的情形是："中国各报除京报外，自始至今共有七十六种，大抵以西人教会报为多。"②"至十九世纪末，欧美的天主教、基督教和沙俄的东正教，先后向中国派遣的传教士已达三千三百人。"③ 此时的西学不仅全面向中国传统文化发出挑战，而且"西学开始向科举渗透"④，威胁到封建政府最核心的文化体系，面对这种局面，中西文化之争已经超越了学科思辨的范畴，上升为一场文化的侵略与反侵略的斗争。阻击西学的入侵

---

① 程中山：《红尘往事：岭南儒宗简朝亮诗中的香港》，香港《文汇报》2004年12月29日。
② 薛福成：《出使日记续刻》卷1，沈云龙主编《中国近代资料丛刊》，文海出版社1966年版。
③ 吴雁南主编：《中国近代史纲》（上册），福建人民出版社1982年版，第179页。
④ 史革新：《十九世纪六十至九十年代西学在中国的传播》，《北京师范大学学报》1985年第5期。

成为此时大多数中国知识分子的观点，他们以"卫吾尧舜、禹汤、文武、周孔之道"①为己任，维护儒学成为爱国的一种表现，只不过是以怎样的方式去维护儒学而已。康有为走的是"思借治术使孔道昌明"的道路，康先生用"术"去抵御列强的文化入侵。康有为所指的学术上的"术"乃是释以经时，以经典为个人所用的"托古改制"之法，所以桑兵先生在评价康有为之学术时认为其"渊源不来自乃师……而今文学在近代思想界的贡献或影响虽然极大，学术上的疑古辨伪，却是语多妖妄怪诞，得不到公认"②。可见，在学术上，康有为虽然打着"治术"的旗号进行治儒，以此达到"昌明孔道"的目的，但其治学是不严谨的，也是受人非议的，时人称之为"南海伪学"③。与康有为治儒术采用"托古改制"的手段不同，简朝亮几乎穷其毕生之力，对儒家的经典进行注疏，后人用"思借著述使孔道灿著"对其进行的评价是十分中肯的，简朝亮之所以获得如此高的评价，原因有以下两点。

第一，简朝亮几乎将一生所有的精力献给了治"经"事业。儒家文化是中国文化的主流文化，所有的儒学者均对儒学经典十分重视，简朝亮在注疏儒学经典时治学精神十分严谨与诚挚。简朝亮在撰写《尚书集注述疏》一书时，前后共用了二十六年，其间多次修改、订正，然后才予以刊行，可谓心力交瘁。简先生在《尚书集注述疏》序中对这个艰苦的修撰过程是这样描述的："自草创以来，既十有一年矣，所以艰屯无悔，必断草毕者，自以读书报国，愧非其才，惟素所习孔子之书，或犹可竭力于斯，以无愧君父之教云尔。"后人评价简氏此书时认为其书在撰写完毕后，并不是草于刊行，而是"又历十五年而行世，盖经讲习讨论而予修正也"。故其"一生精力，大半瘁于是编，诚大有裨益于尚书学也"④。

简朝亮在完成了《尚书集注述疏》后，认为"《论语》之经，六

---

① 薛福成：《筹洋刍议》，沈云龙主编《中国近代资料丛刊》（一）《戊戌变法》，第160页。
② 桑兵：《近代中国学术的地缘与流派》，《历史研究》1999年第3期。
③ 同上。
④ 杜松柏编著：《尚书集注述疏》，新文丰出版公司1984年版，第3册，第377页。

艺之精也，万世之要也"①。所以又对朱熹所集注的论语进行述疏，从1908—1918年，前后历十年才写成《论语集注补正述疏》一书。

除此之外，简先生还对儒家的其他经典著作如《孝经集注述疏》《礼记子思子言郑注补正》进行了数年的述注，由此可见，简朝亮的一生几乎将所有的精力献给了治"经"事业。

第二，时人与后人的评价均可说明简先生之所述，起到了使"孔道灿著"之效。与康有为先生之治儒态度不同，简朝亮以深厚的学术功底，严谨的学术态度对儒家的经典进行认真之注释与阐发，所以简先生的治学成果得到了时人的高度评价，除康有为先生称之为岭南一大儒外，梁启超对简先生学术贡献的评价是"艰苦笃实，卓然人师，注《论语》、《尚书》，折衷汉宋精粹"②，认为简朝亮是晚清深得儒学精粹的"卓然人师"。

所以简朝亮在社会转型时期矢志于儒学的著述与传授，以儒学坚定的守护者身份在特定的历史时期下，成为其保护与弘扬传统文化，彰显爱国情操的一种体现。

二 兼容百家，自成一家的学术风格

简朝亮先生的一生是在激烈的社会转型时期中度过的，其青少年时期目睹了中国从封建社会向近代社会的转型，中晚年时期又处于近代社会向现代社会的过渡时期。此时中国也面临着传统儒学向近代学科的转变，但无论社会如何动荡，简先生依然醉心于儒学的著述与传播。面对如此执着的儒学布道者，有人将简朝亮的学术思想，归之为排斥与守旧，但只要我们分析一下简先生的学术著作便可知事实并非如此。

我们知道，在清代，政府仍然提倡理学，但乾嘉以后，儒家学者已将汉学作为时学的主流，因而在清代学者中出现了"汉宋之

---

① 朱熹集注，简朝亮述疏：《论语集注补正述疏》，北京图书馆出版社2007年版。
② 梁启超：《近代学风之地理分布》，《饮冰室专集》，第9册，台北中华书局1972年版，第33页。

争"，互相排斥的现象，简朝亮是不赞成这种故步自封，排挤他人的学术现象的。其《论语集注补正述疏》一书正是反映了他在学术上兼容百家的思想。简先生说道："朱子之为《论语集注》也自汉迄宋皆集焉，终身累修之，欲其协于经也。其未及修之者，后人补之、正之，宜也。"① 再者，其著也显示了其学术上的兼容胸怀，试举一例说明之。简先生在《论语集注补正述疏》卷一《述而》对孔子的一句话作了如下的阐述："子曰：道千乘之国，敬事而信，节用而爱人，使民以时。"短短之十八个字，简朝亮用了洋洋几千字进行述疏。在书中，简朝亮先以考据学的史学功底对孔子言中所及的名词如"道""千乘""千乘之国""事""敬事""信""节用""爱人""使民""以时"等逐一进行训诂与考证，继而用历史典故进行释纂，如说到如何为之"信"时，便引用了《左传》中"晋侯降原"、商鞅变法严守信用等历史典故进行释说，接着又罗列了从汉至清各家对此之解说，最后用"述曰"的形式，以大量的篇幅阐述君主如何治民之义理。② 从这一例中，我们可以看出，虽其行文的体例十分繁复，让人不能卒读，然而，这正是简氏的行文风格，这样的著述文字虽有繁复艰涩之嫌，但也正显示了其兼容之胸怀，故钟肇鹏《论语集注补正述疏》提要中作了如此评价，"综合汉、宋，择善而从，以符合经文旨意，弘扬儒学为旨归，而不持门户之见"③，这实在是十分中肯的评价。

至于有些学者认为简朝亮守旧，笔者认为，恪守儒学之道，是其个人的经历所形成的节操而已，我们观其所行可知简先生其实并不守旧。虽然简朝亮不屑于康有为以"术"行扬孔子之道，对西学也不热衷，但其在培养学生方面所显示的却是兼容的胸怀。我们知道黄节和邓实是简朝亮的门人，他们在简朝亮严格的传统文化和儒学的熏陶下成长，在治经方面有着坚实和深厚的功底，但当他们接受西学影响的时候并没有受到简先生的斥责，故得以猎取西方的近现代学科知

---

① 朱熹集注，简朝亮述疏：《论语集注补正述疏》，第3册，第3页。
② 同上。
③ 同上。

识。二人于晚清民初在上海主办《政艺通报》和《国粹学报》，对时人影响极大。他们在介绍西学的同时，并没有排斥古学，这二人对中国近代思想与学术，特别是西方学科体系在中国的传播有着较大的影响，而其一生所学均由简启发，所以简先生对中国近代学术史产生的影响是比较深远的。由此可知，简先生的坚守儒学是其个人的理想所致，至于其不追随变法与西学，对于一个毕生治儒之学者，我们实在不应作过多之苛责。

有的学者将简朝亮所述之书刊行不广的原因，归结为不为学者所重，正像梁启超在《中国及三百年学术》中评价《尚书集注述疏》"枝蔓太多"。对于梁启超的评价，笔者认为正是简注疏中的太多枝蔓，才彰显了其兼容百家之气度，其在注疏中也述明了自家的立场，明晰了其对事理的态度。当然简朝亮将其思想与理义过多地注入诸子"注"中，容易使人混淆"注"与"疏"之别，世人指责其为"发挥太多，体例不善"，这就是仁者见仁，智者见智的评判了。

三　固守师道，通经致用的学术理念

朱九江是晚清时期广东儒学的领军人物，其一生淡泊名利，多次辞绝政府"特旨召用"之请，平生倡宋理之学，以"经世救民"为本，奉"四行""五学"为宗旨教授弟子与著述。朱先生所谓的"四行"者，即是"谆行孝悌，崇尚名节，变化气质，检摄威仪"；"五学"者，曰"经学、史学、掌故之学、义理之学，词章之学也"。朱先生反对汉学和宋学门户之见，特别是"以经世救民为归"的主张，对简朝亮的学术思想产生了极大的影响，简朝亮在评述先师时，对其治学思想给予了极高的评价，认为朱是继朱熹后，集汉宋大学于一身的"百世之师"，其说：

> 呜呼，孔子殁而微言绝，七十子终而大谊乖，岂不然哉！天下学术之变久矣，今日之变，则变之变者也。秦人灭学，幸犹未坠。汉之学，郑康成集之，宋之学，朱子集之。朱子又即汉学而稽之者也。会同六经，权衡四书，使孔子之道，大箸于天下，宋

末以来，杀身成仁之士，远轶前古，皆朱子力也。朱子百世之师也。①

简朝亮的一生在学术上可谓是固守师道的一生，在个人操行上也与其师十分相似。二十岁中秀才后，先后五次应考乡里未果，带着终生未曾中举的遗憾，绝意仕途，归简庄乡，建草堂教学著述，专心治学。简朝亮晚岁淡泊功名，在清末时辞绝礼学馆顾问官之聘，民国初年同样婉拒国史馆纂修之职，一生以传经授徒为己任，是一位固守传统文化的学者。

由于简朝亮先生毕生以治儒和布孔道为己任，继承其师"笃行孝弟，变化气节，崇尚名节"，"推重后汉气节，反对空谈，主张通经致用，落实在躬行实践上"的行为准则，同时又不拘泥于当时的学术门户之争，不仅能够将朱九江先生学派发扬光大，而且对后学影响尤深，是晚清时期影响力颇大的一位大儒。

（原载广东顺德区北滘镇人民政府主编《简朝亮学术研讨会论文集》，2008年印行）

---

① 简朝亮编：《朱九江先生集》（卷首），沈云龙主编《中国近代资料丛刊》，文海出版社1969年版。

清末民初广州城市的环卫
制度与环境整治

关于清朝末年至民国初年广州市环卫制度的构建与环境整治问题的研究，目前学术成果仍然欠缺，《广州市志》[①] 卷二《建置志》、卷三《环境卫生志》虽从上古直到现代从长时段对广州市的环境制度与环境治理情况作了较为详细的述说，但没有作学术观点系统性的提炼；另一篇研究广州市环保问题的文章为暨南大学赵文青的《民国时期广州城市环境卫生治理述论》[②]，文中只对民国年间广州市的环境卫生治理作了梳理，学术观点大多在《广州市志》卷二与卷三中可以看到。除此之外，笔者并没有见到相关的对广州市环卫制度与环境整治进行研究的文章，故笔者认为对于这些问题有进行学术探讨的必要。

对于"卫生"一词，环境史学者作了较为充分的研究，基本上认为中国传统意义上的卫生概念主要指养生，清末随着西学的引进，人们对此概念赋予了新的内容，从个人养生转变为具有个人与公共环境卫生等多种含义在内的一种全新的卫生理念。[③] 而"制度"一词主要包括两个方面的内容：一是要求大家共同遵守的办事规程或准则；二是在一定历史条件下形成的政治经济、思想文化等方面的体系。[④] 据

[①] 广州市地方志编纂委员会编：《广州市志》，广州出版社2000年版。

[②] 赵文青：《民国时期广州城市环境卫生治理述论》，硕士论文，暨南大学，2007年。

[③] 参见余新忠《清代江南的卫生观念与行为及其近代变迁初探———以环境和用水卫生为中心》，《清史研究》2005年第2期；杜志章：《论晚清民国时期"卫生"涵义的演变》，《学术月刊》2008年第2期。

[④] 《新华汉语词典》编委员会编：《新华汉语词典》，商务印书馆2004年版，第1567页。

此并综合前辈学者的研究，笔者将"环卫制度"内涵理解为政府领导或倡导下的公共环境治理机制，这种机制包括主管的政府机构、相应的规章制度和固定的市政卫生设施以及规范化的环卫工作程序。依据这样的定义，本文以清末新政后的 1903 年，清政府在广州市第一次设立独立的主管环境卫生的地方性政府机构，将环境治理纳入政府职责范围内的时间窗口为界，将环境治理机制分为以民间为主和以政府行为为主两个不同的制度，并分为三个不同时期对这两种迥异制度指导下的环境整治行为与特点进行探讨，兹述如下。

一 1856 年前，清代广州市的环卫制度与环境整治

（一）广州市的环卫制度

封建时代的中国，官方公共卫生意识和举措虽源于南宋，[①]但城市的环境卫生治理，基本上仍以个人与民间的自发性行为为主，政府的作用是次要的。清末，广州市环境卫生的治理仍然延续了这种管理模式，其体现出来的特点是政府在环境管理中制度的缺失。

"治污"是公共环境整治中的一个重要部分，也是分析这个时期环卫制度的重要依据之一，而这个时期广州市的城市排污与排水系统是重叠的，故要考察广州市的排污治理机制，必须先考察广州市的排水系统。

1. 排水系统的构成与治理机制

广州城位于珠江边上，湿热多雨，易受台风袭击，形成水患，水灾对广州市造成的损失在清代以前的文献上屡有记载，故历代政府对广州市城市排水设施的修筑与维护十分重视。至清代，广州城基本上形成了较为完备的城市排水系统。

清代广州城城市排水系统主要由人工工程和自然河海构成。清代广州市城市排水人工工程主要有两个，一是"六脉渠"，二是"濠"。六脉渠纵横贯穿于广州古城，是一个用砖石砌筑，上盖石板的地下大方暗渠，渠上设水闸以调节水位，是构成广州城排水体系的重要组成

---

① 余新忠：《清代江南的瘟疫与社会》，中国人民大学出版社 2003 年版，第 216 页。

部分。六脉渠源于哪个时代已不可考,然形成于清代所见的六脉渠系统,当形成于明洪武年间。① 六脉渠对清代广州市的排水十分重要,史称"六脉通而城中无水患"②,故清政府对之十分重视。清前期和中期对六脉渠的疏浚和日常管理主要由地方最高长官总督或布政司负责,如乾隆五十六年,总督福康安,嘉庆十五年布政使曾燠;同治九年布政司王凯泰就先后对六脉渠作了多次修治和疏浚。光绪元年(1875)后,政府规定六脉渠必须"三年一修",形成制度,每次修渠所需的"银万余两"资金"由善后局支付"③,故有清一代对六脉渠的治理是有成效的,六脉渠基本处于较为通畅状态。

"濠"是广州古城的护城河,修于宋代,明洪武三年(1370),永嘉侯朱亮祖,将广州三城连为一体,重新开浚宋代旧城濠,使之由宋代的1600丈增长至明代的2356丈。④ 清代的"濠"主要有四条,分别是东、西、南和清水濠,除了北面没有"濠"之外,"濠"环绕着广州的东、南、西三面,是广州重要的绕城水系,也是城市的防御性设施。⑤ 由于"濠"作为城市重要排水设施的同时关系到城市的设防,故政府对之十分重视,不仅将"浚渠"纳入"市政建设之要务",还组织和动员民间集体力量,于嘉庆十六年(1802)在西关地区"成立36街疏濠公所,征费清渠"⑥,故清代广州的四大濠基本处于良好的运作状态。

广州城水系,除了人工开凿所形成的沟渠外,还有自然的江河,《羊城古钞》对它们之间的关系作了这样的描述:"盖城渠之水达于闸,闸之水达于濠,濠之水入于海,此城内之所由通也。"⑦ 文中所指"城渠"即六脉渠,"濠"即如上所述环绕于广州市人工开凿的四条护城河,"海"即指珠江。由此我们可以看到:清代人们将多余的水引入城内四通八达的六脉渠,经六脉渠水闸进行调节后,汇进环城

---

① 广州市地方志编纂委员会编:《广州市志》卷3,第203页。
② 道光《广东通志》卷115《山川略》。
③ 广州市地方志编纂委员会编:《广州市志》卷2,第216页。
④ 广州市地方志编纂委员会编:《广州市志》卷3,第204页。
⑤ 光绪《广州府志》卷64《城池》。
⑥ 广州市地方志编纂委员会编:《广州市志》卷3,第245页。
⑦ 仇巨川纂,陈献猷校注:《羊城古钞》卷1《城池》,广东人民出版社1993年版。

的四条"濠",再注入珠江排入南海,形成一个有效的城市排水体系。

　　以上分析,我们可以知道,清代广州城能够形成一个有效的城市排水系统,政府的作用和治水制度的保障是关键。

　　2. 排污系统的构成与治理机制

　　清代广州城没有专门的排污系统,城市污水的排放,主要是利用上述排水系统,也就是说广州城的排水系统就是城市的主要排污系统,人们将污水直接注入排水系统,流经南海,以达到清污的目的。

　　那么,清代人们是如何利用城市的排水系统进行排污的呢?我们通过考察城市的排污设施便能得出结论。民间要利用现有的排水体系排泄生活和城市污水,必须修筑将污水与排水系统衔接的设施,而我们在文献中没有发现政府投入力量进行大规模修建这种排污设施的例子。查阅清代的文献,我们看到的是大量来自民间的、方法各异的排污设施的修建,民间常用的方法主要有两种:一是修渗井。所谓的渗井,"即是在屋内天井挖一土坑,下垫砂石,上面用镂空的石板盖着,污水从孔眼流入渗井,慢慢渗到土层中去",而从屋内渗井中溢出的多余污水便注入屋外的排水系统;二是铺石板明渠,即"只是在街面挖一土沟,两边砌以砖石,上盖石板"①,将污水引入明渠,再转入城市排水系统。

　　如上所述,我们大致得知这个时期广州城的排污系统的轮廓,即由民间个体所修筑的形式各异接驳的小工程,与城市排水系统相结合而形成的排污体系。

　　那么,这套主要由民间自发构建而成的排污体系的功效如何呢?我们知道,清代广州居民住房多为筹款自建,没有政府的统一规划,城市街道十分狭窄,住房布局相当凌乱,并且分属番禺县和南海县二个不同的行政管理区,没有形成统一的市政管理机制,民间个人修筑的这些排污设施,效果十分不理想,甚至成为城市公共卫生恶劣的源头。石板明渠的建设"无规划,无设计,高低阔窄不一,无一定的水流坡度,又无合理的出水口",故"常因渠水无法排泄而至水淹。有

---

① 广州市地方志编纂委员会编:《广州市志》卷3,第206页。

些连石板也没有,只有不规则的土明沟,雨水、污水沿沟而流,臭气四溢",而渗井的使用"时间长了,地下土层含水饱和,房屋底层潮湿,蚊虫孳生。如遇天雨,土层无法受纳来水,渗井里的污水还会溢上地面,弄得满屋污臭"①。针对这种情形,民间出现了一个专门"担沟渠水"的行业,负责有偿清污工作,清末有一首诗对"担沟渠水"的工作作了如下描述:"下路人家屋紧排,生人到此向难猜。但随水桶空挑者,直到河边是正街。"② 这种以个人的力量、用原始的工具进行清污的方式,其效果自然也是不好的。

所以,我们看到城市排污虽然利用了现有的排水系统,但是由于排污设施和清污工作的民间性,故出现了排污并没有像排水那样通畅的现象。

(二)广州市的环境整治

在封建时代,城市管理没有专门的环保机构,也没有针对公共卫生的专门制度,城市的公共环境卫生处于民间自我管理的无序状态,卫生状况十分恶劣。就算是作为京都的北京也是粪便四溢,人们当街便溺现象比比皆是,清代的夏仁虎在《旧京琐记》③对这种现象作了描述。

在广州,城市的公共环境卫生情形也与北京相类似,主要表现在如下几个方面。

1. 粪便的处理与街道的清扫

粪便的处理。20世纪20年代以前,广州城没有专门的公厕,粪便的收集与清理主要由郊区的农民负责,市民将每天的排泄物用粪桶装好,清晨放在家门口,等待"倒尿佬"和"倒屎娘"入城收取,广州人称这种行为为"倒夜香"。19世纪的外国人对这种情形以绘画的形式作了记载,时人也有诗对这种现象作描述:"费收洁净家家催,

---

① 广州市地方志编纂委员会编:《广州市志》卷3,第206页。
② 黄时鉴、沙进编著:《十九世纪中国市井风情录》,上海古籍出版社1999年版,第182页。
③ 夏仁虎:《旧京琐记》卷8《城厢》,北京古籍出版社1986年版。

得罪城丁或祸胎。垃圾满街蝇蚋恶,寄声黄沈缓重来。"① 可见,清晨的广州城经常处于臭气熏天的状态。

街道的清扫。古代的广州城没有扫街的清道夫,"街道由商店、住户各自清扫或由街道居民自行筹办清扫,经费亦是自行筹集"②,政府既不扶助也不干预,完全是民间的自发性行为。

2. 饮水卫生

市民饮水的水源主要为民间自筹款项凿建的井水或是直接饮用的珠江水。在干旱的季节里,大量的城市生活污水涌入珠江,由于没有雨水的冲刷,珠江水质变得非常污浊而不卫生。井水同样由于没有雨水的过滤与补充而枯竭。这种现象的出现,会导致疫症的产生,进而危及人们的生命安全,尽管民众与当地官员均意识到民间饮水的不卫生与不安全,但这种情况一直得不到改善。到了19世纪80年代,因西方卫生观念的影响,国人已经意识到饮水的卫生问题,人们要求饮用自来水的呼声很高,当地官员也多次派员进行考察与论证,然而由于没有政府的支持,这项涉及民生的工程没有得以实施。终于在1891年初,广州市由于干旱导致饮用水污染,最终发生了一场"亡者日以百计"的大瘟疫。1891年2月2日的《申报》将这次瘟疫的原因归结为"天久不雨,井泉枯涸,民间日用之水大半秽浊不堪"③。

如上所述,我们可以看到,在1856年以前,清代广州的城市环境治理,完全是民间自发性的行为,政府的作用是缺失的,更遑论制度上的保障。

二 1856年至1903年,广州市的环卫制度与环境整治

(一) 西方环卫理念的影响

欧洲从18世纪工业革命开始,逐步建立了一套环境卫生制度。

---

① 黄时鉴、沙进编著:《十九世纪中国市井风情录》,上海古籍出版社1999年版,第197页。
② 广州市地方志编纂委员会编:《广州市志》卷3,第664页。
③ 《申报》1891年2月2日第2版。

在英国，1848年制定了首部公共卫生法规，并于1875年正式颁布实施，将城市环境卫生的治理纳入了法治的轨道，从此城市卫生治理变成了政府的职责，他们以政府的力量，兴建了诸多大型环卫设施，如大型的城市排污系统等，使城市公共卫生得到了极大的改善。

19世纪中叶，中国封闭的大门被打开，西方的卫生意识通过传教士传入了中国，并在中国租界内得以践行。19世纪末，殖民者首先在上海租界建立了相对完善的近代公共卫生系统。1856年第二次鸦片战争爆发，1858年清政府被迫与英法殖民者签订了《天津条约》，1861年，依据条约规定，沙面成为英法殖民主义者共同"租借"的地区。英法殖民者入住租界后，按西方近现代环保理念进行了市政规划，着手对市政公共卫生设施进行修建，修建了完整的道路系统和公共绿化区，并对公共环境进行了整治。比如，将流经沙面的六脉"暗渠"改造为易于清理的"明沟"便是一个明显改善公共卫生的一个例子。

清末随着城市的发展，许多房屋建在了以六脉渠为主的暗渠之上，造成了排污的堵塞，对环境卫生产生了很大的影响，英国人将这种暗渠的排污功能比作一只"经常出毛病"的"妇装手表"，所以沙面英租界主席格里菲思（T. E. Griffith）先生在1902年至1905年，花费了2万元将这种暗渠改变成可以看得见的更易于清理的明渠，此后，"居民健康状况很快得到了显著的改善，伤寒及疟疫实际上已告绝迹——换言之，已经把过去那个多少遭受疟疫之害的岛屿变成了华南地区最卫生的地方之一"①。

西方环保理念在中国租界的灌输所造成的示范性影响，使政府在环境整治理念与行为上出现了一些变化。但至1903年，政府在环卫制度方面的建设和环境整治工作方面，总体仍如从前，始终没有取得突破。

（二）从广州市其他地方的环境治理情形看政府环卫治理机制的变化

清政府虽然于光绪十二年（1886），在天字码头堤岸修筑了广州

---

① 广州市地方志编纂委员会办公室、广州海关志编纂委员会编译：《近代广州口岸经济社会概况——粤海关报告汇集》，暨南大学出版社1995年版，第982页。

的第一条马路,但长度只有36.6米,随后修筑的由东濠涌口至西濠口的长堤马路,全长也仅为3600米,这种情况一直维持至1918年,广州的市政建设"前进的步伐不大"①,广州仍然以狭窄的街道为主。尽管西方卫生理念在清末传入中国,并在沙面租界树立了良好的卫生示范区,但由于政府并没有建立相应的环境治理制度,广州市的其他地方卫生状况仍然没有得到改善。到1901年,广州还"缺乏卫生预防措施。阴沟每五年才清理一次,为了预防鼠疫,官方一再申令民众注意清洁卫生,但不幸的是,这种努力时松时紧,不能持之以恒"②。

纵然如此,在这个时期,我们仍然看到政府在治理公共环境卫生方面的某些变化,比如,1891年,在政府的支持下,一家负责"收集并运走街道上各种废物和垃圾"的公司成立,虽然由于"居民们对此项卫生措施极为反感。致使这家公司无法进行活动而不得不结束"③。又比如,1901年9月12日的《申报》,记载了一年多来,由政府参与的以商人为主体提出的在广州市"创设自来水"的动议,后因商人之间利益分配纠缠而没有成功。④从这些事例中我们可以看出,在环境治理方面,由于受西方环卫理念的影响,政府已经意识到城市环境卫生的重要性,开始有意识地参加城市的环境治理,并尝试组织民间力量参与到环境整治中来,改变了以前城市环境整治以个人为主,政府作用缺失的现象。

三 1903年至20世纪20年代广州市的环卫制度与环境整治

从1903年政府将环境治理工作正式纳入市政管理开始,政府便着手构建城市环卫制度,至20世纪20年代,基本完成了广州市近代化环卫制度的构建,在这个过程中,政府的主导作用逐渐在环境整治

---

① 广州市地方志编纂委员会办公室、广州海关志编纂委员会编译:《近代广州口岸经济社会概况——粤海关报告汇集》,第877页。
② 同上书,第878页。
③ 同上书,第923页。
④ 《申报》1901年10月12日。

中得到体现,从而取得了较为显著的治理成效。

(一) 广州市环卫制度的构建

1. 环卫制度构建的历史背景

1901年1月29日,慈禧太后用光绪皇帝的名义颁布上谕,宣布实行新政,并在上谕中对新政变法的重要性作了强调,声称国家"安危强弱全系于斯"①,痛下决心进行改革。

新政参照西方君主立宪体的原则,进行三权分立的政体设置,光绪帝建议将政府各部门分为外务部、吏部、民政部、度支部、礼部、学部、陆军部、法部、农工商部、邮传部、理藩院。各部设尚书一人,侍郎二人,②对封建社会沿袭多年的中央行政机构六部制,进行分拆、合并与重新组合,并在此基础上进行细化。这次变革最终虽然以失败结束,但这是对我国沿袭了两千多年封建政体的一次重大的改革,是中国政治体制迈向近代资本主义的一次尝试,广州市近现代化环保制度的构建正是在这种背景下展开的。

2. 环卫制度的构建

其一,环卫管理机构的设置。按照新政的要求,清政府仿照西方政体,展开了一系列包括公共卫生在内的制度性变革。1901年7月,光绪帝下谕让各省成立巡警机构,次年4月,成立了内城工巡局(亦称"工巡总局"),一个类似西方的警察机构,除了社会治安与缉拿罪犯等警察应具职责之外,第一次明确地将街道的整治,交通卫生的管理归入职责范围之内。1905年10月,改为"巡警部",主管全国警政。徐世昌任巡警部尚书,巡警部警保司,卫生科归属其辖下,这里的"卫生"一词,与以往养生概念不同,政府第一次将之明确为管理公共卫生的专职行政机构。1906年,民政部设立,巡警部随之划归其管辖,卫生科升格为卫生司。但全国各地方政府仍然没有设置专门的卫生管理机构,1907年清政府在各省增设巡警道,下设卫生课,明确其职责为"掌卫生警察之事。凡清道、防疫、检查食物、屠

---

① 故宫博物院明清档案部编:《义和团档案史料》,中华书局1959年版,第916页。
② 朱寿朋编:《光绪朝东华录》,中华书局1958年版,第5578页。

宰考验医务、医科及官立医院各事项皆属之"。① 至此，中央民政部卫生司与地方巡警道卫生课才一起组成了一套从中央到地方的卫生行政管理机制。

广州比较早地将环境整治理管理归属于警务机构，"清光绪二十九年（1903）一月十六日，广州巡警总局内部设卫生科，科内分设清洁课，主管清洁卫生工作"②，这是广州最早管理环境卫生的政府机构。1921年2月广州市政府成立，国民政府将原来隶属于警察厅的卫生课独立出来，升格为政府的一个独立行政机构——卫生局，下设四课，分别为洁净课、防疫课、统计课与教育课，专管环境治理、防疫及相关的疫情统计与卫生教育事项。民国期间卫生局作为公共环境管理和整治主管机构始终存在，并发挥了其应有的积极作用。

其二，环卫规章制度的设立。广州市卫生局成立后的十年内，先后颁布了多项关于环境卫生治理的制度，重要的有1922年1月颁布的《取缔轮船在行驶河道抛弃煤渣炭屑章程》、1922年5月颁布的《取缔广州市烘溺公司规定》、1923年颁布的《广州市取缔厕所清洁规则》、1925年12月颁布的《禁止吐口水落地规则》、1926年2月颁布的《广州市取缔垃圾规则》。③ 这些法规的颁布与实施，使政府将城市环境卫生管理，纳入了有法可依的近现代化管理轨道。

（二）广州市近现代环卫制度下的环境整治

1903年后，随着政府将环境卫生的整治纳入其职责范围，环境整治获得了固定的资金来源。民国时期"资金来源有市库拨款、发行债券、征收筑路费、清渠费、建筑附加费和群众社团集资等。民国十年至二十六年（1921—1937）间，市库先后拨付建设费共约2438.66万元（当时货币单位，下同），发行债券共275万元"④。至20世纪20年代，政府了兴建了比较齐全的近现代化环保设施，开始了近现代化的城市公共环境卫生整治工作，并取得了一定的成效，主要表现

---

① 《大清光绪宣统新法令》第1函，第4册，第2类《官制》二《外官制》。
② 广州市地方志编纂委员会编：《广州市志》卷3，第698页。
③ 这些档案均见于广州档案馆，资政类。
④ 广州市地方志编纂委员会编：《广州市志》卷3，第248页。

在以下几个方面。

1. 马路的修建与街道的清扫

1918年，广州成立市政公所，开始对旧城进行改造，1921年以后，政府"大力兴筑市区马路，使广州现代城市建设初具规模，市区马路四通八达，市区日趋繁荣"，为道路的清扫提供了较好的条件。在街道的清扫方面，政府将"全市划分为6个卫生区，每个区配备职员5人——一位负责人、两位督察员、两监工，管理全区卫生工作。每区的负责人需向督察员呈送每日报告，卫生统计资料由卫生局统一保管，并每月在报纸上公布，长期雇佣约1000名苦力组成清洁队，每天清扫全市街道"①，形成一套可执行的保障性常规制度，使城市主要街道的公共卫生相比以前有了较大的改善。

2. 公厕的建造与粪便的清理

民国以前，广州没有公共厕所，私厕的建立杂乱无章，或建于大小河涌之上，或建于房墙屋角，没有统一的消毒管理，老街区经常臭气熏天。为了改变这种情形，1921年，广州市政府成立后，决定由卫生局、工务局负责，以投标形式招商承建公厕，但这项工程的承建极为缓慢。至1928年9月，市卫生局提出《改良厕所办法》，强行推行对私厕的改建，出现了第一批公厕（全部是男厕），然而收效甚微。至1931年，广州全市建成的"新式卫生的厕所"只有15间，"在新开辟道路上，还有几间仍在建造中"②。可见20世纪20年代实施的公厕改革收效甚微。

至于对粪水的收集，政府的初衷是招商承建厕所，作为回报，粪水由承建商负责收集以牟利，但遭到当地农民的反对，粪水的清理与运输，一直得不到有效的管理，政府被迫向当地农民妥协。至1930年，政府被迫"将7个边沿区的尿水划给农民清倒，于民国24年又增划2个区，共9个警区，即东山、前鉴、大东、小北、德宣、西山、西禅、逢源、黄沙，并规定以肩挑自用为限"③，这种情况一直

---

① 广州市地方志编纂委员会办公室、广州海关志编纂委员会编译：《近代广州口岸经济社会概况——粤海关报告汇集》，第1046页。

② 同上书，第1116页。

③ 广州市地方志编纂委员会编：《广州市志》卷3，第667页。

维持至 1949 年初。

虽然民国政府对城市公厕的建设和对粪便的清理并没有收到预期的效果，但是在民国初年实施的这些规范化的建设与管理，仍然是公共环境卫生近现代化整治过程中的重要内容，为以后的规范化管理开了良好的先河。

3. 排水排污系统的改造

从 1903 年开始，清政府开始对广州市部分地区淤塞的排水系统进行改造，至 1905 年取得了初步成效。但至 1921 年止，在没有改良的其他大部分地区排水系统仍然不畅。1921 年 4 月至 7 月，政府"用了 4 个月的时间对 126 条旧式阴沟（全长共 55121 英尺）进行了清理、整治，有些地段还进行了重建"①。至 1931 年，通过对将"旧式阴沟改为混凝土水管"，"并利用城市道路重建的机会铺设了下水道"②，同时拨专款对淤塞的六脉渠进行清理与改建，基本上完成了对广州市排水工程的改造，使城市的排污得到了比较好的解决。

4. 自来水厂的修建与市民饮水卫生的改善

这个时期，政府在饮水卫生方面所做的最有亮点的工作便是修建自来水厂。自来水厂倡议修建，始于 19 世纪末，至 1905 年 11 月市政府"用重资聘得沪上工程师三人到粤"③，规划和设计自来水厂，自来水厂的筹建才进入了实质性阶段。光绪三十四年（1908）八月，增埗自来水厂终于建成并向居民供水，但生产能力有限，绝大部分广州居民的饮水来源与以前相比仍然没有太大的变化。直到"东山自来水厂于 1929 年在广州杨箕村建成"，这才缓解了东山一带缺水状况。"1944 年自来水厂被盟军炸毁"④，水厂停止使用。

除了上述环保市政设施外，当时还添置了环卫车辆等机械设备，并对用于装卸垃圾、粪水的固定船坞等公共环卫设施进行修建。20 世纪 20 年代，广州市的环卫事业已初具近现代化管理雏形。

---

① 广州市地方志编纂委员会办公室、广州海关志编纂委员会编译：《近代广州口岸经济社会概况——粤海关报告汇集》，第 1046 页。

② 同上书，第 1117 页。

③ 《申报》1905 年 11 月 25 日第 4 版。

④ 广东省立中山图书馆编著：《羊城寻旧》，广东人民出版社 2004 年版，第 123 页。

综上所述，我们可以看到清末民初广州市的环卫制度经历了一个从无到有的发展过程。与之相应的，环境整治工作也从民间自发至有政府倡导，整合民间集体与个体力量，再到以政府行为为主导的过程，这些变化，最终使广州市的环卫制度与环境整治从20世纪20年代开始走向近现代化环境治理模式。

（原载《史学月刊》2010年第3期）